STUDENT ACTIVITIES MANUAL

Marina de Fazio
University of Kansas

Cecilia Boggio
Università di Torino

for

PERCORSI

L'ITALIA ATTRAVERSO LA LINGUA E LA CULTURA

Third Edition

FRANCESCA ITALIANO   IRENE MARCHEGIANI

PEARSON

Boston Columbus Indianapolis New York San Francisco Upper Saddle River
Amsterdam Cape Town Dubai London Madrid Milan Munich Paris Montréal Toronto
Delhi Mexico City São Paulo Sydney Hong Kong Seoul Singapore Taipei Tokyo

Senior Acquisitions Editor: Tiziana Aime
Senior Digital Product Manager: Samantha Alducin
Development Editor: Barbara Lyons
MyLanguageLabs Development Editor: Bill Bliss
Media Coordinator: Regina Rivera
Director of Program Management: Lisa Iarkowski
Team Lead Program Management: Amber Mackey
Program Manager: Nancy Stevenson
Team Lead Project Manager: Melissa Feimer
Project Manager: Marlene Gassler
Project Manager: Melissa Sacco, PreMediaGlobal
Cover Art Director: Kathryn Foot
Cover Designer: Michael Black
Cover Image: Cypress Tree in Tuscany, Peter Zelei
Operations Manager: Mary Fischer
Operations Specialist: Roy Pickering
Editorial Assistant: Nathalie Murray
Editor in Chief: Bob Hemmer
Director of Market Development: Kristine Suárez
World Languages Consultants: Yesha Brill, Melissa Yokell, Denise Miller

10 9 8 7 6 5 4 3 2 1

PEARSON

ISBN-10: 0-205-99919-0
ISBN-13: 978-0-205-99919-4

CONTENTS

PRELIMINARE

TANTO PER COMINCIARE

PERCORSO I

Italian Pronunciation and Spelling: The Italian Alphabet

P.1 L'alfabeto. Listen to each letter of the Italian alphabet. Then give your pronunciation of each letter orally. Finally, listen to the audio again to compare your pronunciation with that of the native speaker.

a / b / c / d / e / f / g / h / i / l / m / n / o / p / q / r / s / t / u / v / z

P.2 Le lettere straniere. Write the five letters of the Italian alphabet that only appear in foreign words.

1. _______
2. _______
3. _______
4. _______
5. _______

P.3 Le lettere dell'alfabeto. Listen to the sounds of the following letters and write down each letter you hear.

1. _______
2. _______
3. _______
4. _______
5. _______
6. _______
7. _______
8. _______
9. _______
10. _______
11. _______
12. _______

Le vocali (Textbook, p. 5)

P.4 Ascolta e ripeti: le vocali. Listen to the English and Italian vowel sounds. Then give your pronunciation of each Italian word orally. Finally, listen to the audio again to compare your pronunciation with that of the native speaker.

	English	Italian
a	father	male
e	day	sera
e	pet	sei
i	machine	libro
o	cold	nome
o	soft	nove
u	rule	lunedì

Le consonanti (Textbook, p. 6)

P.5 Ascolta e ripeti: le consonanti *b, f, m, n e v.* Listen to the pronunciation of the consonants *b, f, m, n,* and *v,* which are pronounced the same as in English, except that in Italian they are articulated more clearly. Then give your pronunciation of each Italian word orally. Finally, listen to the audio again to compare your pronunciation with that of the native speaker.

	English	Italian
b	bat	batto
f	fable	favola
m	mad	matto
n	nephew	nipote
v	veil	velo

P.6 Ascolta e ripeti: le consonanti *c* e *g*. Listen to the pronunciation of these consonants, which can have a soft or hard sound, depending on the letter that follows them. Then give your pronunciation of each group of words orally. Finally, listen to the audio again to compare your pronunciation with that of the native speaker.

c	cena	cinese	piacere
c	calendario	come	acuto
ch	che	chi	Michelangelo
g	gelato	giorno	oggi
g	gatto	agosto	auguri
gh	ghetto	luoghi	spaghetti

P.7 Ascolta e ripeti: le consonanti *d* e *t*. Listen to the following pairs of words and compare the sound of the consonants *d* and *t*. They are almost identical to the English pronunciation, except that the tongue is closer to the upper teeth, and unlike English, *t* is never aspirated. Then give your pronunciation of the Italian words orally (first the ones that begin with *d*, then the ones that begin with *t*). Finally, listen to the audio again to compare your pronunciation with that of the native speaker.

	English	Italian
d	debt	debito
	dictator	dittatore
t	telephone	telefono
	too	tu

P.8 Ascolta e ripeti: *gli* e *gn*. Listen to the sound of these Italian consonant combinations. Then give your pronunciation of the words orally (first the ones that contain *gli*, then the ones that contain *gn*). Finally, listen to the audio again to compare your pronunciation with that of the native speaker.

gli	luglio
	foglio
	famiglia
gn	cognome
	compagna
	lasagne

P.9 Ascolta e ripeti: la consonante *h*. Listen to the following words that begin with the consonant *h*, which is always silent at the beginning of a word. Then give your pronunciation of the words orally. Finally, listen to the audio again to compare your pronunciation with that of the native speaker.

h	ho
	hai
	hanno
	hotel

P.10 Ascolta e ripeti: la consonante *l*. Listen to the following pairs of words, paying attention to the pronunciation of the consonant *l*, which is similar to English, but is pronounced with the tongue closer to the upper teeth. Then give your pronunciation of the Italian words orally. Finally, listen to the audio again to compare your pronunciation with that of the native speaker.

	English	Italian
l	letter	lettera
	lesson	lezione
	telephone	telefono

P.11 Ascolta e ripeti: la consonante *p*. Listen to the following pairs of words, paying attention to the pronunciation of the *p*, which in Italian, unlike in English, is never aspirated. Then give your pronunciation of the Italian words orally. Finally, listen to the audio again to compare your pronunciation with that of the native speaker.

	English	Italian
p	Peter	Pietro
	personal	personale
	present	presente

P.12 Ascolta e ripeti: *qu*. Listen to the sound of the Italian *qu* in each word. Then give your pronunciation of the words orally. Finally, listen to the audio again to compare your pronunciation with that of the native speaker.

	English	Italian
qu	qua	qua
	question	questione
	quota	quota

P.13 Ascolta e ripeti: la consonante *r*. Listen to the following pairs of words, paying close attention to the sound of the *r*, which in Italian is trilled. To pronounce it, the tip of the tongue is flapped on the ridge behind the upper teeth. Then give your pronunciation of the Italian words orally. Finally, listen to the audio again to compare your pronunciation with that of the native speaker.

	English	Italian
r	Rome	Roma
	rose	rosa
	rare	raro

P.14 Ascolta e ripeti: la consonante *s*. Listen to the sound of the consonant *s*, which is pronounced like the English *z*, *s*, or *sh* depending on the letters that follow and precede it. Then give your pronunciation of the words orally, in groups according to the sound (*z*, *s*, or *sh*). Finally, listen to the audio again to compare your pronunciation with that of the native speaker.

s	frase
	casa
	Pisa
	Lisa
	stadio
sc	scuola
	nascita

Nome: ______________________ Data: ______________________

Le consonanti doppie (Textbook, p. 6)

P.15 Ascolta e ripeti: le consonanti doppie. Listen to the following pairs of words, paying attention to the pronunciation of double consonants, which are longer and more forceful than a single consonant. Notice how the vowel that precedes a double consonant becomes shorter. Then give your pronunciation of the words orally, in pairs. Finally, listen to the audio again to compare your pronunciation with that of the native speaker.

camino	cammino
speso	spesso
sono	sonno
pena	penna
tuta	tutta

P.16 Come si scrive? Write the six full names that you hear spelled out. Make sure to leave a space when you hear a pause between the spelling of each first and last name.

1. ______________________
2. ______________________
3. ______________________
4. ______________________
5. ______________________
6. ______________________

P.17 Come si chiamano? You have learned that Italians use the names of major cities to spell their last names. As you hear the last names of four famous people spelled in Italian, write them out.

1. Irene ______________________ (cantante)
2. Sergio ______________________ (manager, Fiat CEO)
3. Vasco ______________________ (cantante)
4. Raoul ______________________ (attore)

P.18 I nomi italiani. Now listen to the names of four famous people and give your own pronunciation of the names orally. Then listen again to compare your pronunciation with that of the native speaker.

1. ...
2. ...
3. ...
4. ...

P.19 **Le consonanti doppie.** You will hear pairs of words. The words in each pair have almost the same spelling: the only difference is that one of them has an additional consonant. Listen and write down the words you hear.

1. ____________ / ____________
2. ____________ / ____________
3. ____________ / ____________
4. ____________ / ____________
5. ____________ / ____________
6. ____________ / ____________

PERCORSO II

Useful Expressions for Keeping a Conversation Going

P.20 **Espressioni utili in classe.** Match each Italian sentence with its English equivalent.

1. Studiate a casa. _______
2. Leggete la risposta. _______
3. Capite? _______
4. Prendete un foglio di carta. _______
5. Ripetete la frase. _______
6. Aprite il libro. _______

a. *Read the answer.*
b. *Repeat the sentence.*
c. *Study at home.*
d. *Open your books.*
e. *Get a piece of paper.*
f. *Do you understand?*

Nome: ______________________ Data: ______________________

P.21 Ascoltate l'insegnante! Look at the following pictures of a teacher giving several commands to her students. Match each drawing with the command that it illustrates.

1. ______________

2. ______________

3. ______________

4. ______________

5. ______________

a. Ascolta!

b. Apri il libro!

c. Leggi!

d. Chiudi il libro!

e. Scrivi!

P.22 **Come si dice?** What would you say in these situations? Respond in Italian, using the correct expression from the word bank.

Non capisco.	Che cosa vuol dire...?	Come si dice...?
Ripetete per favore.	Come si scrive...?	Come si pronuncia...?

1. You don't know how to spell ***Umbria***.

   ____

2. You didn't hear what your classmates said.

   ____

3. You don't know what ***capoluogo*** means.

   ____

4. You don't know how to pronounce ***Perugia***.

   ____

5. You don't know how to say *island* in Italian.

   ____

6. You don't understand what your teacher explained.

   ____

P.23 **Le parole simili.** What do the following words mean? Write the English word next to each cognate.

1. navigare ____________
2. manuale ____________
3. edizione ____________
4. esperto ____________
5. numero ____________
6. psicologia ____________
7. geometria ____________
8. telefono ____________
9. necessario ____________
10. idea ____________
11. intelligente ____________
12. cinema ____________

Nome: ______________________ Data: ______________________

P.24 Che cosa vogliono dire? Can you figure out what these services available at an Italian airport mean? Write the English equivalent of each word or expression, using your knowledge of cognates.

1. Informazioni ______________________
2. Banca ______________________
3. Controllo passaporto ______________________
4. Controllo di sicurezza ______________________
5. Ufficio postale ______________________
6. Toilette uomo/donna ______________________
7. Rampa accesso per disabili ______________________
8. Ristorante ______________________

ATTRAVERSO LA PENISOLA ITALIANA

P.25 La geografia dell'Italia. Answer the following questions about Italy based on the information in the **Capitolo preliminare** of your textbook.

1. Which are the two major islands of Italy?

____

2. Which king united the various states of the peninsula and the islands of Sicily and Sardinia?

____

3. In what year did the unification become final?

____

4. What is it that makes the Italian peninsula distinctive and fascinating?

____

P.26 Come si pronunciano? Listen to the names of the following Italian regions and cities. Then give your pronunciation orally. Finally, listen to the audio again to compare your pronunciation with that of the native speaker.

Regioni	**Città**
Valle d'Aosta	Aosta
Piemonte	Torino
Trentino	Trento
Liguria	Genova
Sardegna	Sassari
Abruzzo	Pescara
Lazio	Roma
Campania	Napoli
Puglia	Bari
Sicilia	Palermo

P.27 Conosci la regione d'origine? Using the map of Italy provided, write the names of the following famous Italian-American people.

1. An actor from Puglia: ______________________________
2. A famous singer from Abruzzo: ______________________________
3. A politician from Campania: ______________________________
4. An actor from Calabria: ______________________________
5. A singer from Molise: ______________________________
6. A sports star from Sicily: ______________________________.

CAPITOLO 1

COME VA, RAGAZZI?

PERCORSO I

Ciao, sono...

VOCABOLARIO

Buongiorno! Come ti chiami? (Textbook, pp. 13–14)

1.1 Cosa rispondi? How would you respond to the following questions and statements? Select the most appropriate response to each question or exchange.

1. Buongiorno, come va?
   a. A domani.
   b. Bene, grazie.
   c. E tu?
2. Ciao, a domani.
   a. Piacere. Mi chiamo Ugo.
   b. Buongiorno.
   c. Ciao!
3. Ti presento Carlo.
   a. Ciao.
   b. Piacere. Mi chiamo Sandro.
   c. Arrivederci.
4. Buonanotte. Ci vediamo domani.
   a. Sì, a domani.
   b. Buongiorno.
   c. Ti presento Claudia.

1.2 Incontri. The first day of school, people are greeting each other. Complete each exchange with the correct words or phrases from the word bank.

ti presento	Molto bene	Mi chiamo	come si chiama
Come ti chiami	Le presento	Come sta	

A. LUIGI: (1) ____________________?

PAOLO: Mi chiamo Paolo, e tu?

LUIGI: Luigi. Come stai?

PAOLO: (2) ____________________, grazie. E tu?

B. RENATA: Giovanni, (3) ____________________ Rita.

GIOVANNI: Piacere.

C. DOTTOR PASTORE: Buonasera, professoressa. (4) ____________________?

PROFESSORESSA LODI: Benissimo, grazie. Dottor Pastore, (5) ____________________ il professor Agresti.

DOTTOR PASTORE: Piacere, professore. Scusi, (6) ____________________?

PROFESSOR AGRESTI: (7) ____________________ Antonio Agresti.

1.3 Saluti e presentazioni. The new semester is beginning, and people are introducing each other. You will hear six different greetings. Select the most appropriate response to each greeting.

1. ______
2. ______
3. ______
4. ______
5. ______
6. ______

a. Piacere, Luca.
b. A domani!
c. Abbastanza bene, grazie.
d. Si chiama Fabio.
e. Io mi chiamo Sofia.
f. Piacere.

1.4 Come si salutano? Listen as the different people shown greet each other. Then select the letter of the exchange that corresponds to each drawing.

1.

a. b. c.

2.

a. b. c.

3.

a. b. c.

Nome: ______________________ Data: ______________________

GRAMMATICA

I pronomi soggetto (Textbook, p. 17)

1.5 Chi è? Indicate whether each of the following personal pronouns is **singolare** or **plurale** and **maschile** and/or **femminile**. More than one answer will apply for each.

1. io:	singolare	plurale	maschile	femminile
2. tu:	singolare	plurale	maschile	femminile
3. lei:	singolare	plurale	maschile	femminile
4. lui:	singolare	plurale	maschile	femminile
5. Lei:	singolare	plurale	maschile	femminile
6. noi:	singolare	plurale	maschile	femminile
7. voi:	singolare	plurale	maschile	femminile
8. loro:	singolare	plurale	maschile	femminile
9. Loro:	singolare	plurale	maschile	femminile

1.6 Che pronome usi? Fill in the blanks with the pronouns you would use in the following social situations.

A. You are talking *about* the following people:

1. il signor Lippi ______________________
2. la signora Tonello ______________________
3. Carla e Giulia ______________________
4. Fabio e Damiano ______________________
5. tu (*yourself*) ______________________
6. tu e Sandra ______________________

B. You are talking *to* the following people:

7. il professore d'italiano ______________________
8. il dottor Rossi e la dottoressa Vigna ______________________
9. un amico ______________________
10. la signora Bonino ______________________
11. Gianni e Roberto ______________________
12. una bambina ______________________

1.7 Tu o Lei? Complete the following exchanges with **tu** or **Lei** as appropriate.

1. LUISA: Ciao, Pietro. Come stai?

   PIETRO: Bene, grazie, e ____________________?
2. SIGNOR LENTINI: Buongiorno, signora. Come va?

   SIGNORA ANTONACCI: Non c'è male. E ____________________, signor Lentini?
3. ANDREA: Mi chiamo Andrea. E ____________________, come ti chiami?

   SILVIA: Mi chiamo Silvia.
4. SIGNORA MILANI: Buonasera, dottor Guarnero. Come sta?

   DOTTOR GUARNERO: Bene, grazie, e ____________________?

1.8 Formale o informale? You will hear four brief conversations at a party. Indicate whether each is **formale** or **informale**.

1. formale informale
2. formale informale
3. formale informale
4. formale informale

Il presente di *stare* (Textbook, p. 18)

1.9 Come stanno? Complete the following sentences with the correct form of the verb **stare**.

1. Giulio, come ____________________?
2. Paolo e Giovanni, come ____________________?
3. Signori Rossi, come ____________________?
4. Signora Gilardini, come ____________________?
5. Noi ____________________ bene.
6. Come ____________________, Patrizia e Licia?

1.10 Un incontro ai giardini. Dr. Benedetti sees Mr. Amarante and his children, Clara and Matteo, at the park and asks how they are. Complete their conversation with the correct forms of **stare**.

DOTTOR BENEDETTI: Buongiorno. Come (1) ____________________ (voi)?

CLARA E MATTEO: Noi (2) ____________________ molto bene, grazie.

DOTTOR BENEDETTI: E Lei, signor Amarante?

SIGNOR AMARANTE: Io (3) ____________________ abbastanza bene, ma mia moglie (*my wife*) (4) ____________________ male. Ha una brutta influenza.

DOTTOR BENEDETTI: Ah...

SIGNOR AMARANTE: E Lei, dottore, come (5) ____________________?

DOTTOR BENEDETTI: Non c'è male, grazie. Arrivederci.

SIGNOR AMARANTE, CLARA E MATTEO: Arrivederci, dottor Benedetti!

Nome: ______________________ Data: ______________________

1.11 Chi parla? Listen to each statement and provide the missing subject pronoun.

1. ______________________
2. ______________________
3. ______________________
4. ______________________
5. ______________________
6. ______________________

1.12 Come va? A group of friends is talking about each other's health. Complete each sentence with the correct form of **stare**.

1. Oggi io e Giulia non ______________________ molto bene.
2. Io ______________________ così così.
3. Voi come ______________________ stasera?
4. Luisa ______________________ male.
5. Noi ______________________ benissimo!
6. E tu, come ______________________?

PERCORSO II

Le date, i giorni e i mesi

VOCABOLARIO

Che giorno è oggi? Qual è la data di oggi? (Textbook, p. 21)

1.13 Date importanti da ricordare. Write the dates of the following holidays in Italian. Be sure to follow the model closely as you give your answer.

ESEMPIO: il Natale *(Christmas)* *il 25 dicembre*

1. il giorno dell'indipendenza americana ______________________
2. la vigilia di Capodanno (*New Year's Eve*) ______________________
3. San Valentino ______________________
4. *Halloween* ______________________

1.14 **Trova i giorni della settimana.** Complete the following crossword puzzle by writing the seven days of the week in the appropriate boxes.

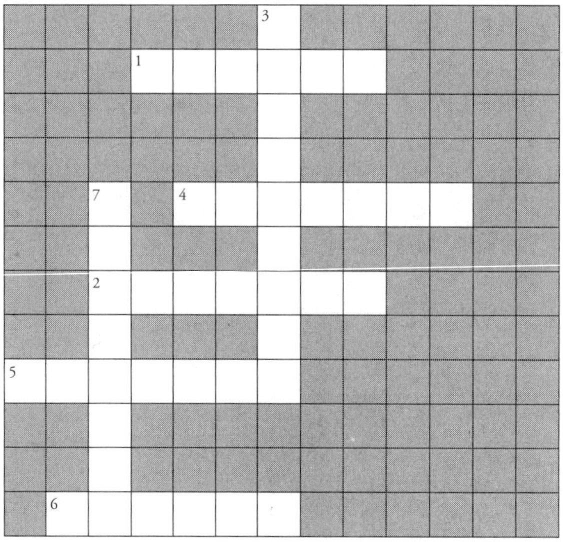

1.15 **Le feste italiane.** Listen to the dates of five different Italian holidays. For each date write all the words you hear: the article, the day of the month in numerals, and the month.

1. la festa della Donna ____________________
2. la festa del Papà ____________________
3. la festa della Liberazione ____________________
4. la festa della Repubblica ____________________
5. Ferragosto ____________________

GRAMMATICA

I numeri da 0 a 100 (Textbook, p. 23)

1.16 **Che numero è?** Fill in the missing vowels in each number.

1. TR_NT_S_I
2. D_C_OTT_
3. S_D_C_
4. V_NT_N_V_
5. D_C_ _ SS_TT_
6. Q_ IND_C_
7. C_NT_
8. Q_ _TTR_

1.17 **I numeri.** You will hear ten numbers. Write them, using numerals.

1. ____________________
2. ____________________
3. ____________________
4. ____________________
5. ____________________
6. ____________________
7. ____________________
8. ____________________
9. ____________________
10. ____________________

1.18 Quanto fa? Write the answers to the following math operations in words, as in the model.

ESEMPIO: uno + quattro = *cinque*

1. venti + diciotto = ______________
2. quaranta − dodici = ______________
3. sessanta + ventidue = ______________
4. ottanta − nove = ______________
5. quarantanove + sette = ______________
6. settantanove + undici = ______________

1.19 La serie di Fibonacci. You will first hear the multiplication table of 2 and then the first thirteen numbers of the famous Fibonacci number sequence. As you listen, fill the missing numbers.

1. 2, 4, ______________, 8, ______________, 12, ______________, 16, ______________, 20
2. 0, 1, ______________, 2, ______________, 5, ______________, 13, ______________, 34, ______________, 89, 144

PERCORSO III

Informazioni personali

VOCABOLARIO

Di dove sei? Qual è il tuo numero di telefono? (Textbook, pp. 25–26)

1.20 Qual è la nazionalità? On Facebook, Paolo has friends from all over the world. For each of the people below, give the correct nationality.

1. Emma abita negli Stati Uniti. Lei è ______________.
2. Enrique abita in Messico. Lui è ______________.
3. Han abita in Corea. Lui è ______________.
4. Heather abita in Canada. Lei è ______________.
5. Vicente abita in Argentina. Lui è ______________.
6. Pierre abita in Francia. Lui è ______________.
7. Dieter abita in Germania. Lui è ______________.
8. Alba abita in Brasile. Lei è ______________.
9. Zoe abita in Australia. Lei è ______________.
10. Wang abita in Cina. Lui è ______________.

1.21 La rubrica. Your address book was ruined in the rain and you are having difficulty reading the information. You call a friend who gives you all the information again. Listen to what he says and fill in the missing items.

A.

1. Nome: ____________________
2. Cognome: ____________________
3. Indirizzo: via Faenza, 78, ____________________
4. Numero di telefono: 055/____________________

B.

5. Nome: ____________________
6. Cognome: ____________________
7. Indirizzo: Piazza del Popolo, 12, ____________________
8. Numero di telefono: 06/____________________

C.

9. Nome: ____________________
10. Cognome: ____________________
11. Indirizzo: via Massaia, 42, ____________________
12. Numero di telefono: 081/____________________

1.22 La nazionalità. Professor Cortese has invited his international group of colleagues out to lunch. Indicate the nationality of each of the following people.

1. Il signor Vasilakis è di Atene. È...
   a. greca.
   b. greco.
   c. turco.
   d. turca.
2. Ian Ritchie è di Sidney. È...
   a. americano.
   b. australiana.
   c. inglese.
   d. australiano.
3. La signora Yamaguchi è di Tokio. È...
   a. giapponese.
   b. cinese.
   c. coreano.
   d. coreana.
4. Il dottor Lear è di Londra. È...
   a. americano.
   b. americana.
   c. inglese.
   d. irlandese.
5. Il professor Ruiz è di Madrid. È...
   a. messicana.
   b. argentina.
   c. brasiliano.
   d. spagnolo.
6. La professoressa Hansen è di Berlino. È...
   a. tedesco.
   b. tedesca.
   c. russa.
   d. francese.

1.23 Di dove sono? You will hear several people talking about themselves and their families and friends. Select the correct nationality of each person.

A.

1. Io:	italiana	americana
2. Mio padre:	australiano	americano
3. Mia madre:	francese	irlandese

B.

1. Paul:	inglese	francese
2. Suo padre:	libanese	russo

C.

1. Io:	cinese	francese
2. La mia amica:	tedesca	giapponese

D.

1. Michel:	francese	inglese
2. Raúl:	spagnolo	messicano

E.

1. Io:	coreana	argentina
2. Jutta:	tedesca	brasiliana

1.24 Italiani famosi. Listen to the following statements about four famous Italian designers and complete each line with the missing information.

Nome	Cognome	Luogo di nascita	Data di nascita
1. Valentino	____________	Voghera	11 maggio 19 _____
2. ____________	Armani	____________	_____ luglio 1934
3. ____________	Versace	Reggio Calabria	2 _____ 1955
4. ____________	Dolce	Polizzi Generosa	_____ agosto 1958
5. ____________	Gabbana	____________	14 novembre 19 _____

GRAMMATICA

Il presente di *essere* (Textbook, p. 29)

1.25 Di dove sei? Listen to the following conversations and write the forms of **essere**, if any, that you hear in each sentence.

A.

—Mi chiamo Franco. Piacere.

—Piacere. (1) ____________ Steve.

—Di dove (2) ____________?

—(3) ____________ di Toronto.

—Ah! (4) ____________ canadese. Anche i miei amici Paula e Tim (5) ____________ canadesi.

B.

—Jorge e Juana, (6) ____________ i nuovi studenti, vero?

—Sì, professore.

—Di dove (7) ____________?

—(8) ____________ messicani. E Lei professore, di dov' (9) ____________?

—(10) ____________ americano, ma la mia famiglia (11) ____________ italiana.

1.26 I Paesi e le città d'origine. Some students and professors are talking about their nationalities and countries of origin. Complete their statements with the correct forms of the verb **essere**.

1. Io ____________________ di Firenze.
2. Giuliano ____________________ di Siena.
3. Io e Carlo ____________________ italiani.
4. Di dove ____________________ Rosalba e Mariella?
5. Lui ____________________ greco.
6. Tu e John ____________________ americani?
7. Gina, di dove ____________________ tu?
8. Professore, Lei ____________________ italiano?
9. Io? ____________________ francese.
10. Noi ____________________ tedeschi; loro ____________________ messicani.

1.27 Chi sono? You will hear a series of statements using the verb **essere.** For each one, give the correct subject pronoun.

1. ______________
2. ______________
3. ______________
4. ______________
5. ______________
6. ______________

1.28 Presentazioni tra studenti. Listen to the following conversation. For each set of statements, write the form(s) of the verb **essere** that is (are) used.

1. ______________
2. ______________ ______________
3. ______________
4. ______________
5. ______________
6. ______________
7. ______________

1.29 Qual è la risposta corretta? You will hear a series of questions. For each one, select the most appropriate response.

1. ____
2. ____
3. ____
4. ____
5. ____
6. ____

a. Corso Marconi, 18.
b. No, non sono sposata.
c. La mia email è marisa.speziale@libero.it.
d. A Genova.
e. Sono nata a Perugia.
f. 02/53 24 687

1.30 Conosciamo meglio Tommaso! Tommaso, a new Italian student, is getting to know his classmates. Select the correct response to each of their questions.

1. **a.** Sono studente.
   b. Sono di Milano.
   c. Siamo di Milano.
2. **a.** Sono nato a Los Angeles.
   b. Sei nato a Roma.
   c. Ho diciotto anni.
3. **a.** Ho diciannove anni.
   b. Sì.
   c. A Napoli.
4. **a.** Il suo indirizzo è via delle Quattro Fontane, 38.
   b. Il mio indirizzo è via delle Quattro Fontane, 38.
   c. Il tuo indirizzo è via delle Quattro Fontane, 38.

ATTRAVERSO IL PIEMONTE

1.31 Il Piemonte. Read the following passage about the Mole Antonelliana, and then select the phrase that best completes each of the sentences below.

MUSEO NAZIONALE DEL CINEMA
FONDAZIONE MARIA ADRIANA PROLO - Torino Mole Antonelliana
Tariffe ingressi
Museo
Intero €7,00
Ridotto €5,00
(Studenti universitari fino a 26 anni, over 65, gruppi min. 15 persone)
Giovani e scuole. €2,00
(da 6 a 18 anni, gruppi scolastici)
Gratuito
(fino a 10 anni, disabili e accompagnatore)
Ascensore panoramico
Intero €5,00
Ridotto €3,50
(Studenti universitari fino a 26 anni, over 65, gruppi min. 15 persone)
Gratuito
(fino a 10 anni, disabili e accompagnatore)

La Mole Antonelliana

La Mole Antonelliana è il monumento simbolo di Torino. Situata nel centro storico di Torino, prende il nome dall'architetto che la costruisce, Alessandro Antonelli. Costruita originariamente come sinagoga, è comprata nel 1878 dalla (*it was bought by*) città di Torino per farne un monumento all'unità nazionale. È alta 167,5 metri ed è l'edificio più alto (*tallest*) d'Italia.

Dal 19 luglio 2000 la Mole Antonelliana è sede permanente del Museo Nazionale del Cinema. All'interno della Mole c'è un ascensore panoramico (*panoramic elevator*) che permette di salire fino al «tempietto» (*small temple*), un balcone dal quale si possono ammirare la città di Torino e il magnifico anfiteatro delle Alpi.

1. La Mole Antonelliana è
   - a. il simbolo del capoluogo del Piemonte.
   - b. il centro storico di Torino.
   - c. il nome di un architetto.
2. Il Museo Nazionale del Cinema è
   - a. sulle Alpi.
   - b. all'interno della Mole Antonelliana.
   - c. un magnifico anfiteatro.
3. Dal «tempietto» è possibile ammirare
   - a. un balcone e un anfiteatro.
   - b. un ascensore panoramico e la Mole.
   - c. Torino e le Alpi.

Nome: ______________________________ Data: ______________________

In pratica

GUARDIAMO

1.32 Prima di guardare: Taylor incontra Giulia. Preview without sound the first episode of "Ritorno a Roma" where Taylor arrives at the beautiful villa of his childhood friend Giulia. Then, you provide the script! Write a short dialogue where you imagine what Taylor and Giulia say to each other as they meet again after many years.

____

____

____

____

____

____

1.33 Mentre guardi: Chi è Taylor? Now view the first episode of "Ritorno a Roma" in its entirety. As you watch, listen for and fill in the following information about Taylor.

Taylor arriva il 2 (1) ____________________. Taylor è metà italiano, metà (2) ____________________. È nato in (3) ____________________, ma abita a (4) ____________________. Il numero di telefono di Taylor è (5) ____________________ sei quattro sei cinque otto zero.

1.34 Dopo aver guardato: Mettiamo i sottotitoli! Match each image with the appropriate caption from the video.

1. ______________________

2. ______________________

3. ______________________

4. ______________________

a. «Taylor, hai già un numero italiano?»

b. «Piacere, Roberto. Mi chiamo Taylor.»

c. «Due baci, Taylor! Non uno...»

d. « E questa... è la nuova coinquilina? Cioè tu... sei un uomo!»

Nome: ____________________ Data: ____________________

1.35 Dopo aver guardato: Presentazioni. Imagine that you are a friend of Giulia's and that you drop by the villa after Taylor's arrival. Write a dialogue in which you and Taylor introduce yourselves and ask each other a little about yourselves.

____

____

____

____

____

____

____

____

LEGGIAMO

1.36 Prima di leggere: Una pubblicità interessante. Look at the following advertisement, focusing on the design and the major headings. Try to understand its main point and purpose, and then do the related activity.

Offriamo corsi di lingua italiana a tutti i livelli in immersione totale.

Affinché un programma d'insegnamento di lingua abbia successo, dovete vivere la lingua. Dovete vivere e fare esperienza nel Paese in cui la lingua è parlata. Per questo motivo, oltre ad organizzare attività culturali, escursioni, gite in montagna e al mare e attività di socializzazione con studenti madrelingua, offriamo soggiorni in famiglie italiane selezionate per una esperienza completa, un rapido progresso e un'immersione totale nello stile di vita italiano.

Scopri Firenze, Roma o Torino e impara l'italiano!

Come? È molto facile:

1. Completa il modulo d'iscrizione allegato a questo volantino e spediscilo al seguente indirizzo: Casella Postale 1313, 20100 Milano.
2. Chiama il numero gratuito 800-77 79 799 (puoi ottenere informazioni sia in inglese che in italiano).

Il nostro metodo garantisce ottimi risultati e... divertimento assicurato. Che cosa aspetti? Telefonaci Subito!

Nome e cognome: ______________________________

Indirizzo: ____________________ C.A.P ____________________

Numero di telefono: ______________________________

Numero di fax: ______________________________

Email: ______________________________

In quale città vuoi studiare?

________________ Firenze ________________ Roma ________________ Torino

Select the statement that best describes the purpose of this advertisement:

1. The advertisement promotes Italian language courses in major American cities.
2. The advertisement promotes a unique opportunity to learn Italian in one of Italy's major cities.
3. The advertisement offers a trip to Milan.
4. The advertisement offers cheap hotel rates in Torino, Rome, or Florence.

Nome: ______________________ Data: ______________________

1.37 Mentre leggi: Parole simili. Reread the advertisement and write at least 10 words or expressions that you understand.

____

____

____

____

____

1.38 Dopo la lettura: Le conclusioni. Now, based on the information in the reading, select the two phrases that best complete each of the following sentences.

1. You can learn Italian in...
   a. any city you want in Italy.
   b. Florence and Milan.
   c. Turin and Florence.
   d. Florence and Rome.
2. The advertisement suggests that students in the program...
   a. must have some prior knowledge of Italian.
   b. take trips to the mountains.
   c. may live with an Italian family.
   d. will take a course in Italian fashion.
3. To obtain more information, you can...
   a. mail the form to the school in Florence.
   b. mail the form to the Milan address provided.
   c. email the school in Florence.
   d. call the free number.
4. To enroll, you must provide the following information:
   a. your email address.
   b. your age.
   c. the city where you want to study.
   d. your school's address.

PARLIAMO

1.39 Conosciamoci meglio. You are meeting Ilaria, an Italian exchange student, for the first time. Record your greeting as you say hello, give your name, and say how you are doing today. Then ask her name and how she is doing.

1.40 I tuoi dati personali. You are at the job placement office applying for an on-campus job. The assistant asks you some questions so she can complete your application. Listen to each of her questions and record your responses.

1. ...
2. ...
3. ...
4. ...
5. ...
6. ...

SCRIVIAMO

1.41 Prima di scrivere. Prepare a student identification card for yourself, giving the following personal information: **nome, indirizzo, telefono, età e professione.**

1.42 Scriviamo. Write a text message to a classmate and give him/her information about yourself. Be sure to include your phone number and address. Then ask your classmate for information about himself/herself.

Ciao! Sono...

CAPITOLO 2

CHE BELLA LA VITA DA STUDENTE!

PERCORSO I

In classe

VOCABOLARIO

Cosa c'è in classe? (Textbook, pp. 43–44)

2.1 L'aula d'italiano. Below are some of the objects and people you can find in your Italian classroom. Complete each word you see by filling in the missing vowels.

Oggetti

1. B_RS _
2. G_ _RN_L_
3. Z_ _N_
4. G_MM_
5. SCH_RM_
6. T_L_V_S_R_

Persone

7. PR_F_SS_R_
8. C_MP_GN_
9. _M_C_
10. R_G_ZZ_
11. D_NN_
12. _ _M_

2.2 L'aula della professoressa Bianchi. Listen to Professor Maria Bianchi describe her classroom. As you listen, write down the objects and people she mentions. Be sure to write them in the order in which you hear them.

Insegno in una ____________________ (1) molto bella e luminosa. Ci sono una ____________________ (2), uno ____________________ (3) e un ____________________ (4). Vicino alla lavagna c'è un ____________________ (5) con un ____________________ (6). C'è Jennifer, una ____________________ (7) americana che ha una bella ____________________ (8). In classe c'è anche John. John è un ____________________ (9) di Jennifer. Oggi lui non ha un ____________________ (10).

2.3 Tante domande! To practice Italian vocabulary, Professor Rossi asks his class questions about things and people in their classroom. Match each question with the statement that logically answers it.

1. Chi è quel ragazzo? _______
2. Dov'è una borsa? _______
3. Dov'è uno schermo? _______
4. Mi dai un giornale italiano? _______
5. Questo è un giornale? _______
6. Siete tutti presenti? Dov'è Sara? _______
7. Come ti chiami? _______
8. Che cos'è? _______
9. Chi è quell'uomo? _______
10. Dov'è il computer del professore? _______

a. È sulla cattedra.
b. Non c'è. Oggi è assente.
c. Ecco uno schermo. Guardiamo un film?
d. Ecco un giornale italiano! È il *Corriere della sera* di oggi.
e. È una gomma. È la gomma di Antonio.
f. È un nuovo compagno, si chiama James.
g. Ecco una borsa, È di Giulia.
h. Mi chiamo Lisa.
i. È un professore. È il professor Jones.
l. No, non è un giornale, è un dizionario.

GRAMMATICA

Il genere dei nomi (Textbook, pp. 45–46)

2.4 Informazioni. Complete the following short exchanges by filling in the missing noun endings.

1. —Dov'è la lezion_ d'italiano?
   —È nella class_ al terzo piano.
2. —C'è uno scherm_ in classe?
   —No, ma c'è un compute_.
3. —Chi è la ragazz_ in prima fila?
   —È una nuova compagn_. È australiana.
4. —Che cos'è?
   —È il giornal_ di oggi.
5. —Apro la port_?
   —Sì, va bene.
6. —Che cos'è?
   —La fot_ della mia ragazza.
7. —Chi è?
   —Un amic_ di Luigi.
8. —La madr_ di Gianna è molto simpatica.
   —Sì, è vero. Il padr_ invece è molto timido.

2.5 Parole, parole, parole... Listen to the following Italian words and complete them by writing the missing letters. The last two letters of each word are given.

1. ____________________ le
2. ____________________ ca
3. ____________________ ne
4. ____________________ re
5. ____________________ ce
6. ____________________ ci
7. ____________________ to
8. ____________________ io
9. ____________________ zo
10. ____________________ ne

Nome: ______________________ Data: ______________________

2.6 Maschile o femminile? Indicate which of the words below are feminine (**femminile**) and which are masculine (**maschile**).

1. madre:	maschile	femminile
2. schermo:	maschile	femminile
3. lezione:	maschile	femminile
4. scrittore:	maschile	femminile
5. scrittrice:	maschile	femminile
6. bici:	maschile	femminile
7. auto:	maschile	femminile
8. uomo:	maschile	femminile
9. cattedra:	maschile	femminile
10. computer:	maschile	femminile

L'articolo indeterminativo (Textbook, p. 46)

2.7 Qual è l'articolo corretto? Complete the following short exchanges with the correct indefinite articles. Use their endings and the words next to them to help you remember the gender of the nouns.

1. —Chi è Roberto Benigni?

   —Come, non lo sai? È ______________________ attore italiano!

   —E chi è Cecilia Bartoli?

   —Anche lei è italiana. È ______________________ cantante lirica.

2. —Ecco ______________________ autobus!

   —È il nostro?

3. —Io ho ______________________ zaino nuovo.

   —Io, invece, ho ______________________ orologio nuovo.

4. —C'è ______________________ studente con ______________________ auto molto bella.

   —Ah... io ho solo ______________________ bici vecchia.

2.8 Che cos'è? Look at each drawing and write the name of the item with the correct indefinite article.

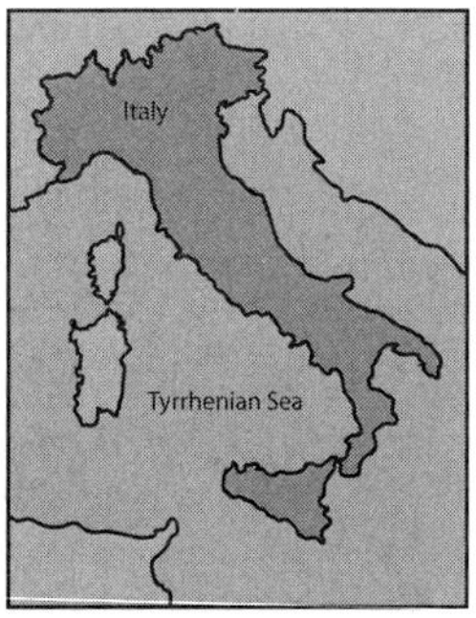

1. ____________________

2. ____________________

3. ____________________

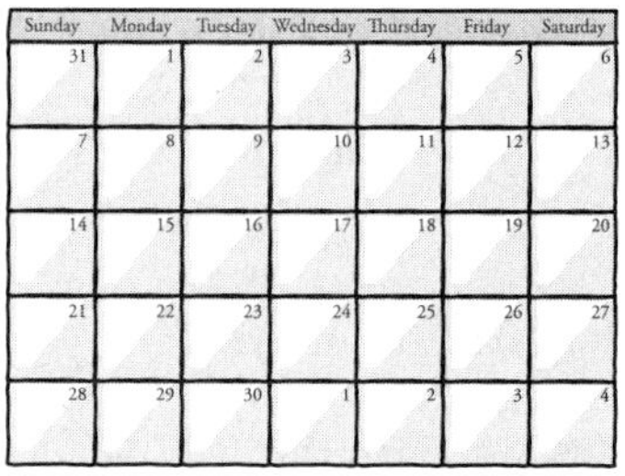

4. ____________________

5. ____________________

6. ____________________

7. ____________________

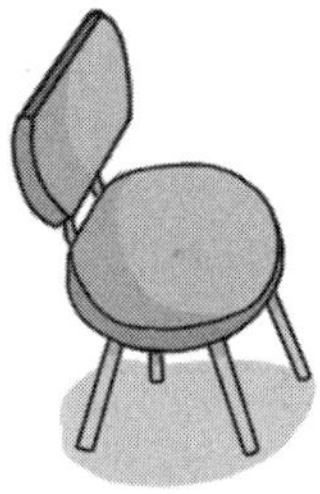

8. ____________________

9. ____________________

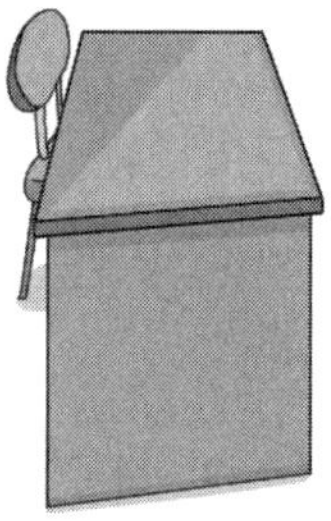

10. ____________________

Il presente di *avere* (Textbook, p. 47)

2.9 Io, tu, lei... loro. Match each subject with the correct verb phrase to form complete sentences.

1. Laura _____	a. hai uno zaino nuovo.
2. Tu _____	b. ho una penna rossa.
3. Sabrina e Anna _____	c. abbiamo l'indirizzo di Simona.
4. Io e Pietro _____	d. hanno il quaderno degli esercizi.
5. Tu e Lorenzo _____	e. ha una calcolatrice.
6. Io _____	f. avete il libro d'italiano.

2.10 Renato e gli altri. Listen to Renato's statements about some of his friends and acquaintances. Then complete the sentences with the correct form of **avere** and the item that different people have.

ESEMPIO: Matteo *ha un computer.*

1. I signori Rossi ______________ una ______________.
2. Io e Giulio ______________ diciotto ______________.
3. Giovanni ______________ un ______________.
4. Loredana e Alberto ______________ un ______________ e un ______________.
5. Il professore di italiano ______________ uno ______________.
6. Marta ______________ un ______________ di carta e una ______________.
7. Tu ______________ un ______________ italiano.
8. Io ______________ un amico ______________.

PERCORSO II

L'università

VOCABOLARIO

I palazzi, gli edifici e le strutture (Textbook, pp. 50–51)

2.11 L'intruso. Select the word or expression that does not belong in each group.

1. a. vecchio	b. basso	c. alto
2. a. bello	b. nuovo	c. brutto
3. a. grande	b. bello	c. piccolo
4. a. antico	b. brutto	c. moderno
5. a. bello	b. sotto	c. sopra
6. a. davanti a	b. dietro a	c. qui vicino
7. a. a sinistra di	b. sotto	c. a destra di
8. a. tra	b. fra	c. vicino a

2.12 Alla scoperta dell'università. Look at the map of the university buildings below and select the appropriate expression to complete each sentence.

1. Il teatro è (vicino ; dietro ; davanti) al laboratorio linguistico.
2. Il laboratorio linguistico è (sopra ; sotto ; tra) il teatro e la biblioteca.
3. Gli appartamenti sono (sotto ; lontano ; di fronte) alla fontana.
4. La biblioteca è (a destra ; davanti ; a sinistra) della Facoltà di lingue e letterature straniere.

2.13 Una nuova studentessa. Elena is a third-year student at the Università di Bologna. Elisa, a freshman (**una matricola**), asks her for information about the university's facilities. Listen to the conversation between Elisa and Elena and select the phrase that best completes each sentence.

1. Elena studia
   a. lingue e letterature straniere.
   b. psicologia.
   c. inglese.
2. All'Università di Bologna
   a. c'è una mensa.
   b. ci sono due mense.
   c. ci sono tre mense ma due sono lontane.
3. Al Centro Universitario Sportivo Record
   a. ci sono due piscine.
   b. ci sono dodici piscine.
   c. c'è una piscina.
4. La libreria CLUEB
   a. è vicino al bar.
   b. è davanti al bar.
   c. è davanti alla mensa.
5. Il numero di telefono di Elena è
   a. 340–3644552.
   b. 340–3684551.
   c. 331–3684551.
6. Elena oggi va alla mensa
   a. con Elisa.
   b. da sola.
   c. con due amiche e Elisa.

GRAMMATICA

Il plurale dei nomi (Textbook, pp. 53–54)

2.14 Quanti sono? Complete the following questions with the correct plural form of the nouns in parentheses.

1. Quante (penna) ______________________ ci sono?
2. Quante (gomma) ______________________ ci sono?
3. Quanti (quaderno) ______________________ ci sono?
4. Quanti (computer) ______________________ ci sono?
5. Quante (sedia) ______________________ ci sono?
6. Quanti (banco) ______________________ ci sono?
7. Quanti (ragazzo) ______________________ ci sono?
8. Quante (ragazza) ______________________ ci sono?

2.15 Più di uno! In each sentence, change the noun to the plural, as in the example.

ESEMPIO: Ho un compagno. Ho molti *compagni.*

1. Ho un'amica del cuore (*close friend*).

   Ho due ______________________ del cuore.
2. Il giornale è sul banco.

   I ______________________ sono sui ______________________.
3. Il numero di telefono del professore è nel libro.

   I ______________________ di telefono del professore sono nel libro.
4. La lezione d'italiano è interessante.

   Le ______________________ d'italiano sono interessanti.
5. La biblioteca dell'università è grande.

   Le ______________________ delle ______________________ sono grandi.
6. C'è un campo da tennis, uno stadio e una piscina.

   Ci sono tre ______________________ da tennis, due ______________________

   e due ______________________.

L'articolo determinativo (Textbook, p. 55)

2.16 Quale articolo? For each word, select the appropriate definite article.

1. edificio
   a. il
   b. l'
   c. i
2. piscina
   a. la
   b. le
   c. il
3. giornale
   a. lo
   b. la
   c. il
4. laboratori linguistici
   a. le
   b. il
   c. i
5. zaini
   a. gli
   b. i
   c. le
6. ristoranti
   a. le
   b. gli
   c. i
7. foto
   a. gli
   b. i
   c. le
8. studente
   a. il
   b. lo
   c. le

2.17 Scegli il nome giusto. Complete each of the following sentences by filling in the blanks with the correct noun from the word bank.

studenti	classe	stadio	borse
professori	studentesse	campi	cinema

1. Federica e Gaia sono ______________________.
2. Gli ______________________ americani sono simpatici.
3. Ecco i ______________________ d'italiano!
4. Loro hanno due ______________________ rosse.
5. La ______________________ d'italiano è vicino alla biblioteca.
6. Ci sono due ______________________ da tennis vicino al cinema.
7. Il ______________________ è davanti al museo.
8. Lo ______________________ è di fronte alla palestra.

2.18 Il campus di un'università americana. Look at each of the following drawings and write the name of what is represented, along with its correct definite article.

1. ____________________

2. ____________________

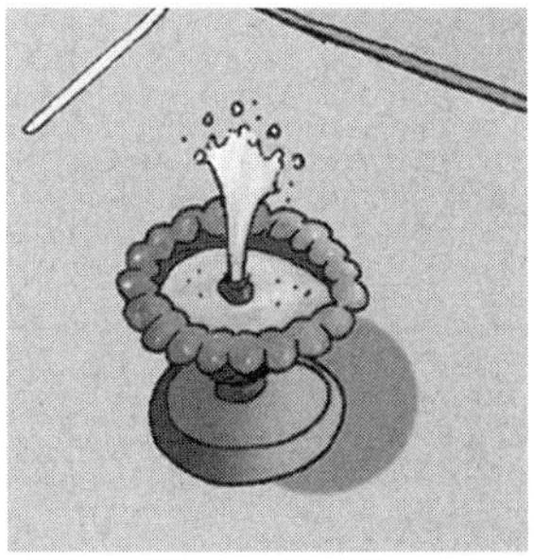

3. ____________________

4. ____________________

5. ____________________

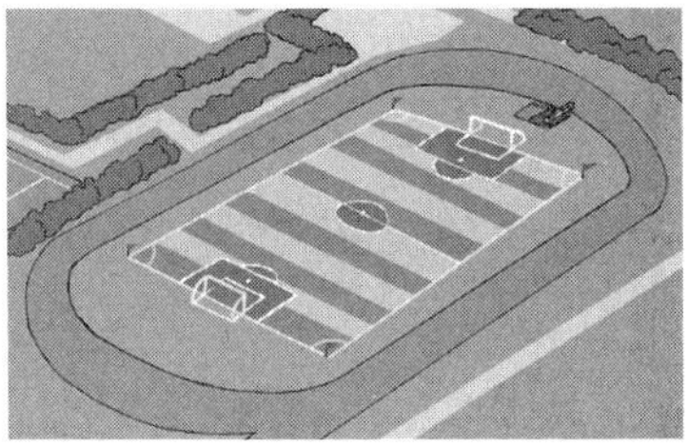

6. ____________________

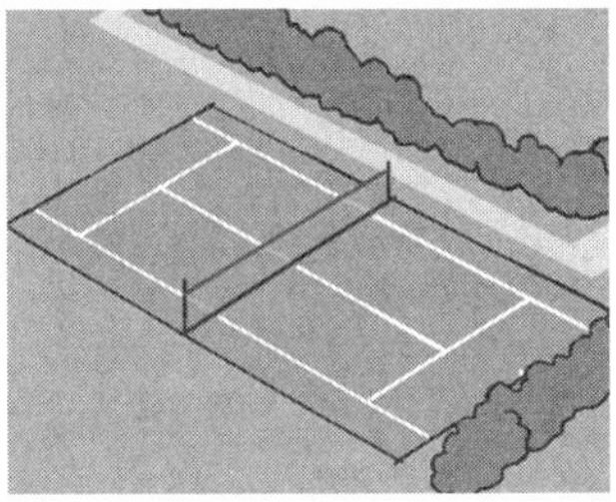

7. ____________________

8. ____________________

2.19 Dove sono? Complete the sentences with the correct definite article.

1. ____________________ matite sono sopra ____________________ quaderni.
2. ____________________ orologi sono sotto ____________________ libri.
3. ____________________ giornali sono sotto ____________________ banchi.
4. ____________________ professore è vicino al televisore.
5. ____________________ ragazzi e ____________________ ragazze sono vicino alla porta.
6. ____________________ zaini sono sotto ____________________ sedie.
7. ____________________ schermo è sopra ____________________ cattedra.
8. ____________________ studentesse sono davanti alle lavagne.

PERCORSO III

Le attività a scuola

VOCABOLARIO

Cosa fai ogni giorno a scuola? (Textbook, pp. 58–59)

2.20 Dove lo facciamo? Answer the questions by selecting the most appropriate place for each activity.

1. Dove mangia Carlo ogni giorno?
2. Dove nuota Serena ogni mattina?
3. Dove ascoltiamo la professoressa?
4. Dove compri un libro?
5. Dove giocano a tennis Luisa e Sandra?
6. Dove studiate?
7. Dove guardiamo una partita (*game*) di calcio?

a. In classe.
b. Allo stadio.
c. In libreria.
d. Alla mensa.
e. In biblioteca.
f. In piscina.
g. Al campo da tennis.

2.21 I corsi di laurea e le materie. Depending upon your major (**corso di laurea**), you are required to take certain classes. Select the classes that each of these students might take, according to their majors. More than one answer may be correct for each student.

1. Viviana:	2. Stefano:	3. Matteo:	4. Tiziana:	5. Fabio:
Fisica	**Storia**	**Letteratura inglese**	**Ingegneria**	**Scienze politiche**
Sociologia	Sociologia	Sociologia	Sociologia	Sociologia
Letteratura Nord-americana	Letteratura Nord-americana	Letteratura Nord-americana	Letteratura Nord-americana	Letteratura Nord-americana
Chimica	Chimica	Chimica	Chimica	Chimica
Lingua inglese	Lingua inglese	Lingua inglese	Lingua inglese	Lingua inglese
Matematica	Matematica	Matematica	Matematica	Matematica
Geografia	Geografia	Geografia	Geografia	Geografia
Storia contemporanea	Storia contemporanea	Storia contemporanea	Storia contemporanea	Storia contemporanea
Economia	Economia	Economia	Economia	Economia
Informatica	Informatica	Informatica	Informatica	Informatica

Nome: ______________________ Data: ______________________

2.22 Che cosa studiano? Listen to the following students talk about the classes they are taking this semester and about their interests. Then write their majors (**corso di laurea**) and two of their classes (**corsi**).

1. Renato Fabrizi

____

____

2. Sabrina Semeria

____

____

3. Roberta Biagi

____

____

GRAMMATICA

Il presente dei verbi in *-are* (Textbook, pp. 61–62)

2.23 Gli studenti raccontano. Complete each question or statement with the correct form of the verb in parentheses.

1. Io e la mia compagna d'appartamento (ascoltare) ______________ spesso musica classica.
2. Tu (guardare) ______________ volentieri la TV?
3. Anna (studiare) ______________ poco o molto?
4. Noi non (fumare) ______________.
5. Lei, professoressa, (giocare) ______________ a tennis?
6. Tu e Gianni (mangiare) ______________ alla mensa tutti i giorni.
7. Il professor Riva (spiegare) ______________ e (insegnare) ______________ molto bene.
8. Io (suonare) ______________ il pianoforte.
9. Chiara e Simona (cercare) ______________ sempre corsi facili!
10. Voi (parlare) ______________ spesso al telefono.

2.24 Studenti superimpegnati. Listen to the following sentences, paying attention to the verb forms. Then match each one with the corresponding subject pronoun.

1. _____	a. tu
2. _____	b. io
3. _____	c. lei/lui
4. _____	d. noi
5. _____	e. voi
6. _____	f. loro

Il presente di *fare* (Textbook, p. 63)

2.25 Chi fa che cosa? Complete the following short conversations with the correct forms of **fare.**

1. ANTONIO: Che lavoro ______________________ Luca?
   MARIA: Non lavora, studia. ______________________ ingegneria.
   ANTONIO: Anch'io ______________________ ingegneria.
2. LUCIA: Sandra e Oriana, che cosa ______________________ stasera?
   SANDRA E ORIANA: ______________________ i compiti d'italiano. E tu?
   LUCIA: Io ______________________ una partita a tennis.
3. STEFANO: Signori Gandino, che cosa ______________________ le vostre figlie?
   SIGNORI GANDINO: ______________________ le insegnanti.

2.26 La vita universitaria. Fill in the verbs as you hear them in the following passages and conversations.

A. Claudia (1) __________________ Scienze politiche all'Università di Palermo. Molti suoi compagni (2) __________________ vicino all'università. Claudia, però, non (3) __________________ vicino all'università.

B. La mattina io e Patrizia (1) __________________ colazione alle 7. Poi (2) __________________ in biblioteca per tre ore. Alle 10 io (3) __________________ in piscina e Patrizia (4) __________________ aerobica in palestra. A mezzogiorno (5) __________________ gli amici alla mensa e (6) __________________ tutti insieme.

C. — Che cosa (1) __________________ tu e Leonardo il pomeriggio?
— Io (2) __________________ i compiti al laboratorio di lingue e poi (3) __________________ a pallavolo. Leonardo (4) __________________ il violino e poi (5) __________________ a calcio. Alle 5 (6) __________________ uno spuntino (*snack*) al bar dell'università. Io (7) __________________ un panino e Leonardo (8) __________________ una brioche.

ATTRAVERSO L'EMILIA-ROMAGNA

2.27 L'Emilia-Romagna. Read the following passage about Bologna, the capital city of the Emilia-Romagna region, and then answer the questions below.

Curiosità su Bologna

L'Università di Bologna è considerata la più antica del mondo occidentale. La data ufficiale di fondazione è il 1088. La vita della città e la vita dell'università sono intimamente connesse fin dal medioevo. Ecco perché Bologna è chiamata «la Dotta». Ma il detto «Bologna la Dotta» va a braccetto con il detto «Bologna la Grassa» perché anche la cucina bolognese è strettamente legata all'università. Infatti, la mescolanza di tanti studenti e professori di nazionalità diverse ha reso la cucina bolognese varia e ricca. Le specialità bolognesi più famose sono la mortadella, i tortellini, le lasagne e le tagliatelle al ragù. Un'altra curiosità? In Italia, una nazione dominata dalla passione per il calcio, Bologna è chiamata «Basket City» perché lo sport più popolare è il basket. Le due squadre di basket di Bologna si chiamano Fortitudo e Virtus, e sono tra le più forti squadre italiane e europee.

Indica le cose che adesso sai: (1) dell'Università di Bologna, (2) dello sport a Bologna e (3) della cucina bolognese.

1. ____
____
2. ____
____
3. ____
____

In pratica

GUARDIAMO

2.28 Prima di guardare: Roberto e Taylor si conoscono meglio. At the beginning of this chapter's video episode, Taylor and Roberto get to know each other over breakfast. As you preview this scene, complete their exchanges with the missing words.

A.

ROBERTO: Insomma, che cosa (1) ________________________ a Roma?

TAYLOR: (2) ________________________ un corso all'università.

ROBERTO: Un corso di cosa?

TAYLOR: (3) ________________________ dell'arte medievale...

ROBERTO: Ah sì, quella roba (*stuff*)(4) ________________________ ...

B.

ROBERTO: Questo è il mio gruppo (*band*)! I Controsenso...

TAYLOR: Ma tu cosa fai? (1) ________________________? (2) ________________________?

ROBERTO: Cosa faccio io? Io faccio tutto! Faccio il sito, (3) ________________________ le date, organizzo i concerti.

TAYLOR: Insomma, (4) ________________________ il manager...

ROBERTO: Più o meno...

TAYLOR: Ma fai anche (5) ________________________?

ROBERTO: Sì, Scienze della comunicazione.

Nome: ______________________ Data: ______________________

2.29 Mentre guardi: Chi lo dice? As you watch the video episode, listen carefully to what Taylor, Roberto, Giulia, and Elena say, and then select the person who makes each statement.

Giulia

Elena

Taylor

Roberto

1. «Comunque Giulia ha il ragazzo. Dico per informazione: Giulia ha il ragazzo.»
   a. Giulia b. Taylor c. Elena d. Roberto
2. «Sì, comincio stamattina.»
   a. Giulia b. Taylor c. Elena d. Roberto
3. «Allora, quando vai in fondo a quella strada, dopo la Farnesina, hai presente...? Sulla sinistra...»
   a. Giulia b. Taylor c. Elena d. Roberto
4. «Studio cinema e fotografia, cioè tutte e due. (*Laughs.*) Ma il tuo accento è strano perché... Io sono di Bologna! Tu di dove sei?»
   a. Giulia b. Taylor c. Elena d. Roberto

2.30 Dopo aver guardato: Le conclusioni. Select the appropriate subject to complete the following statements by Taylor, Roberto, Giulia, and Elena.

1. ______ ha il ragazzo.	Taylor	Roberto	Giulia	Elena
2. ______ studia storia dell'arte medievale.	Taylor	Roberto	Giulia	Elena
3. ______ organizza i concerti per il suo gruppo.	Taylor	Roberto	Giulia	Elena
4. ______ comincia l'università oggi.	Taylor	Roberto	Giulia	Elena
5. ______ arriva all'università con Giulia.	Taylor	Roberto	Giulia	Elena
6. ______ incontra Taylor all'università.	Taylor	Roberto	Giulia	Elena
7. ______ studia cinema.	Taylor	Roberto	Giulia	Elena
8. ______ è di Bologna.	Taylor	Roberto	Giulia	Elena

2.31 Dopo aver guardato: Taylor incontra Elena. Taylor meets another student, Elena, at the end of this episode, but she is flustered and speaks so rapidly that he cannot understand her. He asks her to repeat more slowly what she has said. Imagine the continuation of their conversation.

ELENA: *Ah davvero? Eh... Io mi chiamo Elena e studio cinema e fotografia... cioè tutte e due. Ma il tuo accento è strano perché... Io sono di Bologna! Tu di dove sei?*

TAYLOR: *Non ho capito una parola! Puoi ripetere più piano?*

ELENA: ______________________________

TAYLOR: ______________________________

ELENA: ______________________________

TAYLOR: ______________________________

ELENA: ______________________________

TAYLOR: ______________________________

Nome: ______________________ Data: ______________________

LEGGIAMO

2.32 Prima di leggere. Che cos'è? Examine the text and then choose the appropriate answer to each question that follows.

Vuoi studiare Business o Economia all'Università di Bologna? Partecipa alle Giornate di Orientamento!

La Facoltà di Economia (*School of Economics and Business*) dell'Università di Bologna apre le porte della sua sede (*main campus*) di Bologna, venerdì 17 e sabato 18 marzo dalle ore 9 alle ore 15, alle Giornate di Orientamento per i ragazzi impegnati nella scelta dell'università. Sono in programma:

- presentazione dei corsi di laurea;
- informazioni sulle strutture dell'Università di Bologna e sugli aiuti finanziari;
- simulazione del test di ammissione;
- visite guidate e virtuali della Facoltà di Economia-Bologna.

La novità assoluta delle Giornate di Orientamento di quest'anno è la zona video con proiezioni nonstop della struttura Multicampus della Facoltà formata dalla sede di Bologna e dai Poli (*campus branches*) di Cesena, Forlì, Ravenna e Rimini. Inoltre, sabato 18 marzo alle ore 11.00, è previsto un incontro con i genitori per spiegare anche a loro tutto quello che la Facoltà di Economia offre.

Infine va ricordato che tutti possono partecipare alle Giornate di Orientamento, ma possono iscriversi effettivamente alla Facoltà di Economia solo gli studenti che passano il test di selezione. Sabato 22 aprile tutti gli interessati possono sostenere il test di selezione in una di queste città dell'Emilia-Romagna: Bologna, Cesena, Forlì, Ravenna e Rimini. I candidati sono valutati per il 50% sulla base del risultato del test di selezione e per il restante 50% sulla base del curriculum scolastico.

1. Che cosa è questo testo?
   a. una pubblicità **b.** un articolo **c.** una lettera **d.** un'email
2. Di che cosa parla il brano (*passage*)?
   a. una scuola **b.** un hotel **c.** un'università **d.** un museo
3. In che città sono le giornate di orientamento?
   a. Milano **b.** Bologna **c.** Venezia **d.** Roma

2.33 Mentre leggi: Parole simili. Read the passage again. As you read, identify the cognates (words that are similar to English) and write at least 10 of them below.

____

____

____

2.34 Dopo la lettura: Le conclusioni. For each group of options listed below, select the two that complete the initial phrase in order to form true statements.

1. Le Giornate di Orientamento
   a. sono tre.
   b. aiutano (*help*) gli studenti a scegliere cosa studiare.
   c. permettono (*allow*) agli studenti di visitare la Facoltà.
   d. cominciano il 18 marzo.
2. Il test di selezione
   a. non è necessario per studiare in questa università.
   b. è necessario per partecipare all'Orientamento.
   c. è il 22 aprile.
   d. è uno dei criteri per l'ammissione a questa università.

PARLIAMO

2.35 La tua giornata a scuola. Isabella, an Italian acquaintance, is curious about your campus life and asks you a lot of questions. Listen to her questions and then give your answers orally.

1. ...
2. ...
3. ...
4. ...
5. ...

2.36 Dove fanno queste attività gli studenti? A friend asks you some questions to see if you remember some campus vocabulary that you studied in your Italian class. Listen to each question and then give your answers orally.

1. ...
2. ...
3. ...
4. ...
5. ...
6. ...

Nome: ______________________ Data: ______________________

SCRIVIAMO

2.37 Prima di scrivere. Read Cristiana's e-mail to her friend Matt about her studies at the University of Bologna. Then complete the list that follows with information about your own major, your classes, your campus, and your preferred activities.

Matt,

come stai? Quest'anno sono una matricola all'Università di Bologna. Studio filosofia. I corsi sono difficili ma molto interessanti. Abito nella Casa dello studente.

Bologna è una città antica e bella e la Facoltà di Filosofia è nel centro storico. Non è lontana dalla famosa Basilica di San Petronio e, andando a scuola, vedo la famosa Torre degli Asinelli (la torre pendente più alta d'Italia) tutti i giorni. Ti immagini?

Il palazzo della facoltà è vecchio e basso ma le aule sono nuove e grandi. C'è una bella biblioteca dove studio spesso con le mie amiche e c'è anche un'aula informatica molto moderna. Tre pomeriggi alla settimana lavoro nella libreria CLUEB dell'università. Non è facile essere indipendente! Come puoi ben immaginare, ho poco tempo libero per fare sport ma qualche volta gioco a tennis con la mia amica Alessandra. Non ho la televisione e quindi, la sera, studio o leggo un libro. Qualche volta vado al Cineforum dell'università e guardo un film.

Insomma, sto bene e mi piace la vita della studentessa universitaria. E a te piace l'università? Quando torni in Italia?

Un abbraccio.

Cristiana

La mia università:

1. Città: ______________________
2. Anno di corso: ______________________
3. Corso di laurea: ______________________
4. Corsi frequentati questo semestre: ______________________

____

____

5. Attività della mattina: ______________________

____

____

6. Attività del pomeriggio: ______________________

____

____

7. Attività della sera: ______________________

____

____

2.38 Scriviamo. Write an e-mail to an Italian friend describing your university and your daily routine.

CAPITOLO 3

MI RICONOSCI?

PERCORSO I

La descrizione delle persone

VOCABOLARIO

Come sono? (Textbook, pp. 77–78)

3.1 L'intruso. Select the word or expression that does not belong in each group.

1. **a.** atletico	**b.** calmo	**c.** nervoso
2. **a.** allegro	**b.** espansivo	**c.** elegante
3. **a.** avaro	**b.** buffo	**c.** generoso
4. **a.** noioso	**b.** generoso	**c.** pigro
5. **a.** stanco	**b.** bravo	**c.** comprensivo
6. **a.** antipatico	**b.** cattivo	**c.** espansivo

3.2 Come sono queste persone? Describe the following famous people in complete sentences. Include two adjectives from the word bank that you think are most suitable for each person.

bravo	carina	allegra	alto	espansivo
atletico	intelligente	elegante	calma	simpatico

ESEMPIO: Com'è Roberto Benigni?
È *espansivo e buffo.*

1. Com'è Miley Cyrus?
   È ______________________________.
2. Com'è Leonardo Di Caprio?
   È ______________________________.
3. Com'è Kobe Bryant?
   È ______________________________.
4. Com'è Hillary Clinton?
   È ______________________________.

3.3 Chi sono? You're at a gathering where there are several Italian students. Look at the drawing and indicate which student fits each description.

1. Lucia ha i capelli biondi, corti e lisci.	a. b. c. d. e. f. g.
2. Matteo ha i capelli neri e corti. È molto timido.	a. b. c. d. e. f. g.
3. Mario ha i capelli scuri e ricci. È allegro ed espansivo.	a. b. c. d. e. f. g.
4. Amanda ha i capelli neri e lunghi e gli occhi scuri.	a. b. c. d. e. f. g.
5. Fabio è di fronte a Chiara. Lui è molto studioso.	a. b. c. d. e. f. g.
6. Chiara ha i capelli lisci e lunghi e porta gli occhiali. È la ragazza di Fabio.	a. b. c. d. e. f. g.
7. Ugo è il fratello di Fabio. È serio e intelligente.	a. b. c. d. e. f. g.

3.4 Paragoni e contrasti. Write six statements comparing and contrasting yourself and a friend, as shown in the example. The following adjectives and connectors will help you.

molto	poco	proprio	o / oppure
anche	invece	ma / però	

generoso/a	sportivo/a	calmo/a	estroverso/a	pigro/a	serio/a

ESEMPIO: Io sono allegra ma Amanda è nervosa.
Io sono allegra e anche Amanda è allegra.

1. ______________________
2. ______________________
3. ______________________
4. ______________________
5. ______________________
6. ______________________

3.5 Mi riconosci? Look carefully at the photos. Then listen to the descriptions and identify each person by writing the letter of the description that best describes him or her.

1. ______________

2. ______________

3. ______________

4. ______________

5. ______________

6. ______________

GRAMMATICA

L'aggettivo (Textbook, pp. 80–82)

3.6 Opinioni. For each descriptive adjective given, choose the person or people from the list that it applies to.

1. simpatici:
   a. le professoresse
   b. gli studenti
   c. il bibliotecario
2. estroverse:
   a. il padre di Luisa
   b. il professore
   c. le atlete professioniste
3. dinamica:
   a. la famiglia Agnelli
   b. il Presidente della Repubblica
   c. le attrici
4. antipatiche:
   a. la donna
   b. le amiche di Giulia
   c. l'insegnante d'italiano
5. intelligente:
   a. l'architetto Renzo Piano
   b. le mie compagne di appartamento
   c. Mario e Anna
6. avaro:
   a. il figlio dei signori Rispoli
   b. le studentesse
   c. la signora Calvi e la signora Andreasi

3.7 Femminile o maschile? In each sentence, change the words in italics from masculine to feminine or from feminine to masculine, making any necessary changes. Follow the example carefully.

ESEMPIO: *Il professore* è *basso* e *bruno*.
La professoressa è bassa e bruna.

1. *L'amico spagnolo* di Carlo è *un ragazzo bravo* e *studioso*.

   ____

2. *L'amica* di Serena è sempre *allegra*.

   ____

3. *La professoressa* di storia è *gentile* ma *severa*.

   ____

4. *Il signor* Paolini è *anziano* e *simpatico*.

   ____

5. È *alto* e *magro*.

   ____

6. È spesso *triste*.

   ____

Nome: ______________________ Data: ______________________

3.8 Singolare o plurale? Change the following sentences from singular to plural or from plural to singular, making all necessary changes. Remember to keep the gender (masculine or feminine) the same. Follow the example.

ESEMPIO: La tua amica italiana è timida e pigra.
Le tue amiche italiane *sono timide* e *pigre*.

1. Io sono estroversa.

   Noi ______________ ______________.

2. Le ragazze americane sono carine.

   La ragazza americana ______________ ______________.

3. Gli studenti sono magri e muscolosi.

   Lo studente ______________ ______________ e ______________.

4. L'adolescente è avaro ma simpatico.

   Gli adolescenti ______________ ______________ ma ______________.

5. La professoressa di matematica è brava.

   Le professoresse di matematica ______________ ______________.

6. Tu sei sempre elegante.

   Tu e Pietro ______________ sempre ______________.

3.9 Università e dintorni. Transform the following students' statements about their university using correct adjective placement. Make sure to use the correct form of the indefinite article and follow the example closely.

ESEMPIO: Lo studente è giovane.
È un giovane studente.

1. Il professore di matematica è bravo.

   ____

2. La fontana è bella.

   ____

3. L'università è grande.

   ____

4. Lo stadio è nuovo.

   ____

5. La biblioteca è vecchia.

   ____

6. Il cinema è piccolo.

   ____

3.10 Commenti tra amici. You will hear two Italian students making comments about their university and friends. Indicate whether each of their statements is **singolare** or **plurale**.

1. singolare plurale
2. singolare plurale
3. singolare plurale
4. singolare plurale
5. singolare plurale
6. singolare plurale
7. singolare plurale
8. singolare plurale
9. singolare plurale
10. singolare plurale

3.11 Come sono? Listen to the descriptions of the various people shown. Indicate which description best corresponds to each person.

1. ____________________

2. ____________________

3. ____________________

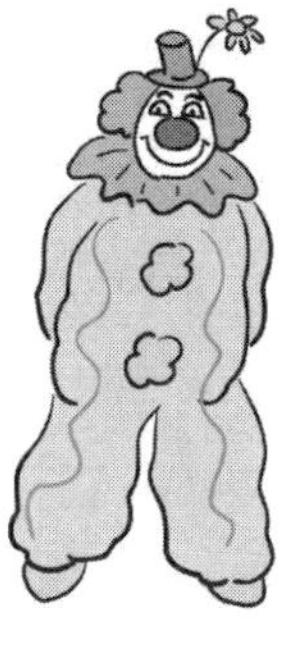

4. ____________________

5. ____________________

6. ____________________

7. ____________________

Nome: ______________________ Data: ______________________

PERCORSO II

L'abbigliamento

VOCABOLARIO

Che cosa portano? (Textbook, p. 84)

3.12 In un negozio d'abbigliamento. Label each piece of clothing by writing the correct Italian word, including its definite article.

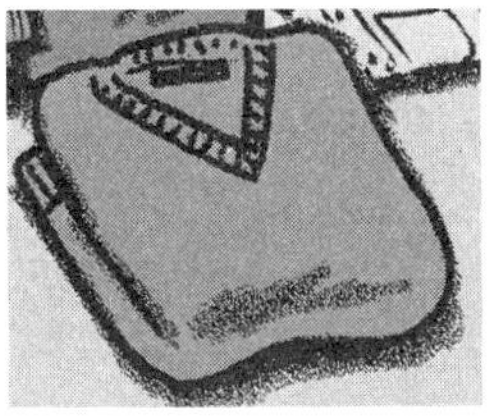

1. ______________________

2. ______________________

3. ______________________

4. ______________________

5. ______________________

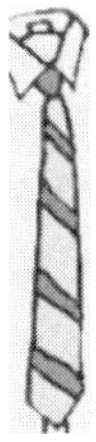

6. ______________________

3.13 Il cruciverba. Complete the following crossword puzzle by giving the Italian word for each clothing item you see. Do not use articles.

Orizzontali

3. 

5. 

7. 

Verticali

1. 

2. 

4. 

6. 

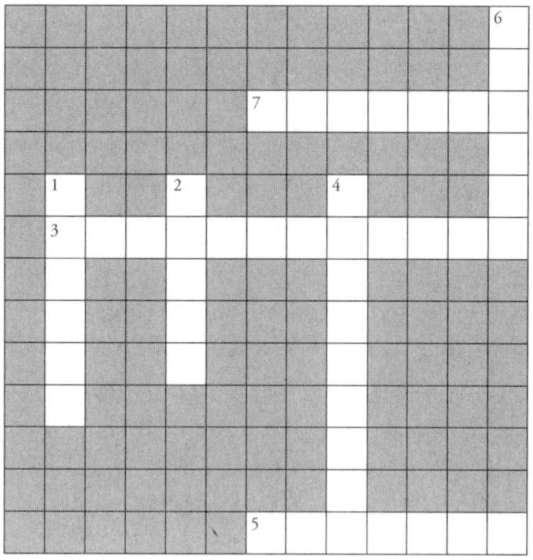

Nome: ______________________ Data: ______________________

3.14 Ti piace? Listen to the conversation between Camilla and Sara and select each item of clothing that you hear mentioned.

vestito
scarpe
camicia
zaino
felpa
maglia
pantaloni
occhiali

GRAMMATICA

La quantità: *dei, degli, delle* (Textbook, pp. 86–87)

3.15 Chiacchiere tra amiche. Marina and Giulia are talking about the students in their Italian class. Complete their comments with the correct word of indefinite quantity: **dei, degli,** or **delle.**

1. Oggi Carlo ha ______________________ pantaloni molto belli.
2. Luisa porta sempre ______________________ magliette fuori moda.
3. Giorgio ha ______________________ zaini sempre pieni di libri.
4. Laura ha sempre ______________________ belle gonne.
5. Oggi Mariella porta ______________________ stivali neri.
6. Anna porta spesso ______________________ scarpe rosse.

3.16 Articoli d'abbigliamento. Write the correct word of indefinite quantity (**dei, degli, delle**) for each word given.

1. ______________________ cravatte
2. ______________________ impermeabili
3. ______________________ giacche
4. ______________________ scarpe da ginnastica
5. ______________________ blu jeans
6. ______________________ vestiti
7. ______________________ zaini
8. ______________________ felpe
9. ______________________ occhiali
10. ______________________ camicie

3.17 E se è uno solo? Write the singular form of each item listed with the corresponding indefinite article (**un, una, uno**).

ESEMPIO: maglie *una maglia*

1. giacche ______________________
2. stivali ______________________
3. zaini ______________________
4. vestiti ______________________
5. calze ______________________
6. borse ______________________

3.18 Che cosa compri? Listen to the following list of clothing items and select the correct word of indefinite quantity for each.

1. delle dei degli
2. delle dei degli
3. delle dei degli
4. delle dei degli
5. delle dei degli
6. delle dei degli
7. delle dei degli
8. delle dei degli

Bello e *quello* (Textbook, pp. 87–88)

3.19 Che cosa compriamo? You and your friends are shopping in a clothing and accessories store. Indicate what you want to buy by completing the phrases with the correct forms of **quello.**

ESEMPIO: *quelle* maglie

1. ________________ gonna
2. ________________ impermeabile
3. ________________ occhiali
4. ________________ cravatte
5. ________________ pantaloni
6. ________________ scarpe da ginnastica
7. ________________ vestito
8. ________________ orologio

3.20 Gli amici americani di Alberto. Alberto is describing a photo of some American friends to his parents. Complete his description by selecting the correct forms of the definite article or **quello** or **bello.**

Kim ha (1) (bei / begli) capelli biondi e (2) (bei / begli) occhi verdi. Il ragazzo di Kim, Kyle, ha (3) (i / gli) capelli castani e (4) (i / gli) occhi azzurri. John e Spencer sono (5) (quei / quelli) ragazzi con (6) (la / le) bicicletta gialla. Lindsey è (7) (quel / quella) ragazza con un (8) (bello / bel) vestito a fiori (*floral*). (9) (Quell' / Quel) uomo che vedete sullo sfondo (*background*) è (10) (il / lo) maestro di tennis dell'università. È molto simpatico.

3.21 Un pomeriggio di shopping. Two roommates are taking the afternoon off to relax and do some shopping in town. Complete their questions and comments with the correct form of **quello.**

1. Scusi, ______________________ autobus va in via Verdi?
2. Vedi ______________________ ragazzo vicino alla porta? È Lucio, il fratello di Clara.
3. Quanto costa ______________________ camicia di seta (*silk*) in vetrina?
4. Guarda ______________________ occhiali! Che belli!
5. ______________________ jeans di Armani sono proprio belli.
6. I pantaloni blu che mi piacciono sono vicino a ______________________ magliette bianche.
7. ______________________ pantaloni blu di lino (*linen*) sono molto eleganti.
8. Ma quanto costa ______________________ impermeabile nero?

Nome: ______________________ Data: ______________________

PERCORSO III

Le attività preferite

VOCABOLARIO

Cosa ti piace fare? (Textbook, pp. 91–92)

3.22 Sei una persona socievole oppure no? What are your favorite free-time activities? For each activity listed, indicate how frequently you do it (**raramente, qualche volta, spesso, sempre**).

1. seguire le partite alla televisione ______________________
2. parlare al telefono con gli amici ______________________
3. scrivere poesie ______________________
4. rispondere alle mail ______________________
5. leggere un libro ______________________
6. discutere di sport con gli amici ______________________
7. vedere un film ______________________
8. prendere un caffè al bar ______________________
9. dipingere ______________________
10. conoscere gente nuova ______________________

3.23 Associazioni. For each item or place mentioned, write an activity that you associate with it.

ESEMPIO: Ajax o Lysol: *pulire la casa*

1. Nike o Adidas: ______________________
2. AMC Theaters: ______________________
3. Optimum Online: ______________________
4. Starbucks: ______________________
5. iPhone: ______________________
6. Barnes & Noble: ______________________

3.24 La domenica di Giulio e Roberta. Giulio and Roberta like to spend their Sundays differently, at least in part. Listen to the narration and then complete the sentences with Giulio's and Roberta's favorite Sunday activities.

1. La mattina, a Giulio piace incontrare gli amici al caffè, e ______________________
o ______________________.
2. Nel pomeriggio gli piace ______________________ di calcio alla televisione.
3. La mattina a Rita invece piace ______________________ con sua madre e ______________________ dei suoi amici americani.
4. Nel pomeriggio le piace ______________________ con le amiche al nuovo bar vicino al teatro.
5. La sera Giulio e Rita preferiscono ______________________ americano o inglese al nuovo cinema dell'università.

3.25 Questione di gusti... You will hear a student expressing her likes and dislikes. Listen and then indicate whether each of the following statements is **vero** (*true*) or **falso** (*false*) or **non menzionato** (*not mentioned*).

1. Non le piace Carla.	Vero	Falso	Non menzionato
2. Le piace giocare a tennis.	Vero	Falso	Non menzionato
3. Non le piace conoscere gente nuova.	Vero	Falso	Non menzionato
4. Non le piace pulire.	Vero	Falso	Non menzionato
5. Non le piace il caffè.	Vero	Falso	Non menzionato
6. Le piace dormire.	Vero	Falso	Non menzionato

GRAMMATICA

Il presente dei verbi in *-ere* e in *-ire* (Textbook, p. 93)

3.26 Che cosa fanno? Emma and Alice are discussing what they and their friends often do. Complete each sentence with the correct form of the verb in parentheses.

1. Rosanna (scrivere) ______________________ molte mail agli amici.
2. (Noi) (prendere) ______________________ l'autobus per andare all'università.
3. Alessia e Arianna (dormire) ______________________ fino a tardi tutti i giorni.
4. (Tu) (pulire) ______________________ spesso la tua camera?
5. Perché Paolo e Fulvio (discutere) ______________________ sempre di politica?
6. Io (finire) ______________________ le lezioni alle 5 del pomeriggio.
7. Tu e Silvia (leggere) ______________________ il giornale raramente.
8. Melissa è una nuova studentessa. (Lei) (capire) ______________________ l'italiano?

Nome: ______________________________ Data: ______________________

3.27 Che cosa preferiscono fare? Emma tells some of her friends what she does in her free time and asks them what they prefer to do in theirs. Complete their responses, using the correct forms of the verb **preferire**, and following the example.

ESEMPIO: Io mangio al ristorante con le amiche. E voi?
Noi *preferiamo mangiare* a casa.

1. Io dipingo nature morte (*still life*). E tu, Ada?

   Io ______________________ ritratti (*portraits*).

2. Io discuto spesso di politica. E voi?

   Noi ______________________ di sport.

3. Lucia scrive poesie. E Federica?

   Federica ______________________ racconti (*short stories*).

4. Io prendo un cappuccino al bar. E Matteo e Luca?

   Loro ______________________ un caffè.

5. Oggi Leonardo segue la partita di calcio allo stadio. E io che cosa faccio?

   Tu ______________________ la partita alla televisione.

6. Io ascolto musica rock. E tu e Nadia?

   Noi ______________________ musica classica.

3.28 Una serata a casa di Sandro e Ugo. Listen to Sandro, a college student who shares an apartment with his friend Ugo, describing the evening activities at his place. Then select the statement that best completes each sentence.

1. Sandro e Ugo
   a. prendono l'autobus per tornare a casa dall'università.
   b. prendono l'automobile per tornare a casa dall'università.
2. Prima di cena Sandro
   a. corre e Ugo nuota.
   b. nuota e Ugo corre.
3. Dopo cena, qualche volta Sandro
   a. dipinge.
   b. corre.
4. Dopo cena, Ugo
   a. preferisce leggere un libro o ascoltare la musica.
   b. preferisce guardare la televisione o scrivere mail.
5. Sandro e Ugo invitano degli amici
   a. sempre.
   b. qualche volta.
6. Quando Ugo discute con gli amici, Sandro preferisce
   a. anche discutere di politica.
   b. non intervenire (*interfere*).

ATTRAVERSO LA LOMBARDIA

3.29 La Lombardia. Read the following passage about La Scala Theater in Milano, and then give short answers to each of the questions below.

Il Teatro alla Scala

Il Teatro alla Scala di Milano, chiamato spesso più semplicemente «La Scala», è un teatro famoso in tutto il mondo ed è conosciuto come «il tempio della lirica». È situato in una delle piazze più eleganti di Milano, l'omonima Piazza della Scala.

Il Teatro alla Scala viene costruito per volontà dell'Imperatrice Maria Teresa d'Austria, e inaugurato nel 1778 con *Europa riconosciuta* (*Europa Revealed*) di Antonio Salieri. Il nome del teatro deriva dal luogo sul quale il teatro viene edificato: la chiesa di Santa Maria alla Scala, demolita (*demolished*) per fare posto (*to make room*) al teatro. A partire dal 1812, con le opere di Gioacchino Rossini (*Il barbiere di Siviglia*), la Scala diventa il luogo deputato (*appointed place*) del melodramma italiano. Nel 1839 si apre l'era (*age*) di Giuseppe Verdi (1813–1901), il compositore che più di ogni altro è legato alla storia della Scala. L'opera *Nabucco* (1842) è il suo primo grande successo e viene replicato alla Scala sessantaquattro volte (*times*) solo nel suo primo anno di esecuzione.

Oggi la stagione teatrale (*season*) del Teatro alla Scala è un evento molto importante della vita culturale milanese ed è composta da opera lirica, balletto e concerti di musica classica.

1. Che cos'è La Scala? Perché è famoso?

____

2. Qual è l'anno d'inaugurazione della Scala?

____

3. Qual è il compositore italiano più legato alla storia della Scala?

____

4. Quante volte viene replicata l'opera Nabucco nel 1842?

____

5. Che cos'è oggi la stagione teatrale della Scala per la città di Milano?

____

Nome: ______________________ Data: ______________

In pratica

GUARDIAMO

3.30 Prima di guardare: Come sono? Che cosa portano? Look at the photos of Giulia, Taylor, Roberto, and Elena, and then complete each statement with the phrase that best describes their physical appearance and their clothing.

1. Giulia ha i capelli
   a. biondi, lunghi, e lisci.
   b. castani, corti e ricci.
   c. rossi, corti, e lisci.
   d. castani, lunghi, e ricci.

2. Giulia porta
   a. dei pantaloni neri.
   b. una blusa (*blouse*) arancione.
   c. una gonna lunga rossa.
   d. una felpa arancione.

3. Taylor è
   a. basso e grasso.
   b. atletico e calvo.
   c. alto e magro.
   d. sportivo e basso.

4. Taylor porta
   a. una felpa grigia.
   b. una giacca blu.
   c. una camicia azzurra.
   d. una maglietta di molti colori

5. Roberto
   a. è anziano e magro.
   b. è calvo.
   c. ha i baffi.
   d. ha i capelli corti e lisci.

6. Roberto porta
   a. una cravatta verde.
   b. un impermeabile beige
   c. una giacca marrone.
   d. una maglietta grigia.

7. Elena
   a. ha i capelli corti e gli occhi verdi.
   b. è alta e grassa.
   c. è anziana.
   d. è bionda e magra.

8. Elena porta
   a. un vestito bianco.
   b. una giacca jeans.
   c. degli stivali neri.
   d. un bell'impermeabile nero.

3.31 Mentre guardi: prima al bar e poi a fare shopping! In this episode, Giulia, Roberto, Elena, and Taylor converse over a Sanbittèr while sitting at a café. As they leave, Giulia and Elena agree to go shopping together. As you watch, select the best word to complete the following statements and answer the question.

1. Giulia studia
   a. design
   b. restauro
   c. cinema
2. Elena studia
   a. design
   b. restauro
   c. cinema
3. Chi compra tutti i vestiti in Via Montenapoleone?
   a. Giulia
   b. Elena
   c. Roberto
4. Nel negozio di abbigliamento, Giulia prova un vestito
   a. rosso
   b. rosa
   c. nero

3.32 Dopo aver guardato: Chi lo fa? Complete each statement by selecting the appropriate person.

1. A Giulia piace il vestito di ________________.
   a. Giulia b. Taylor c. Roberto d. Elena
2. A ________________ piace la moda.
   a. Giulia b. Taylor c. Roberto d. Elena
3. Secondo (*According to*) ________________, New York è la città giusta per fare un film.
   a. Giulia b. Taylor c. Roberto d. Elena
4. ________________ offre al bar.
   a. Giulia b. Taylor c. Roberto d. Elena
5. Il gruppo di ________________ è in finale per l'*Estate Rock Festival.*
   a. Giulia b. Taylor c. Roberto d. Elena
6. A ________________ non piacciono molto le foto del gruppo di Roberto.
   a. Giulia b. Taylor c. Roberto d. Elena
7. ________________ invita Elena a fare shopping con lei domani.
   a. Giulia b. Taylor c. Roberto d. Elena

3.33 Dopo aver guardato: una festa per Roberto. Imagine that you have been invited to the party Giulia is going to give to celebrate the success of Roberto's band. You look forward to meeting interesting people there, and want to make an impression. Write four sentences describing in detail what you are planning to wear. Be creative!

____

____

____

____

Nome: ______________________________ Data: ____________________

LEGGIAMO

3.34 Prima di leggere: parole simili. Examine the text of the contest *Milano di Moda*, published by an Italian fashion magazine, and make a list of all the cognates you recognize.

Grande Concorso MILANO DI MODA

Partecipa al gioco «ModaMust» e spedisci subito il tagliando con il risultato. In palio c'è un soggiorno nella capitale italiana della moda durante la settimana di presentazione delle prossime collezioni primavera estate e un pass per vivere da vicino, nella sezione riservata ai VIP, l'emozione di una sfilata di Dolce & Gabbana!

____

____

____

3.35 Mentre leggi: un gioco elegante. Now play the game by matching the names of the looks with their descriptions.

Gioca a <<ModaMust>>

Il nome del look:

1. *Il denim strappato* ______
2. *Atmosfere indiane* ______
3. *La city jacket* ______
4. *Il total white* ______
5. *La sahariana* ______
6. *Shanghai girl* ______

a. Jeans, camicia rossa e scarpe rosse. Tutto Dolce & Gabbana.

b. Giacca blu e rossa in stile cinese, pantaloni blu. Tutto Armani.

c. Maglietta, gonna di seta (*silk*) blu e gialla con fiori ricamati (*with embroidered flowers*). Tutto Roccobarocco.

d. Tutto in bianco luminoso. Tutto Versace.

e. Giacca marrone con bottoni d'oro, gonna e scarpe di plastica. Tutto Gucci.

f. Giacca marrone chiaro con cintura in stile safari, gonna di cotone. Tutto MaxMara.

3.36 Dopo la lettura: il tuo stile preferito. Drawing inspiration from the descriptions in «Gioca a ModaMust», answer the questions about your own preferred style—and the style you would like to create for yourself.

Gioca a <<ModaMust>>

- Jeans, camicia rossa e scarpe rosse. Tutto Dolce & Gabbana.
- Giacca blu e rossa in stile cinese, pantaloni blu. Tutto Armani.
- Maglietta, gonna di seta (*silk*) blu e gialla con fiori ricamati (*with embroidered flowers*). Tutto Roccobarocco.
- Tutto in bianco luminoso. Tutto Versace.
- Giacca marrone con bottoni d'oro, gonna e scarpe di plastica. Tutto Gucci.
- Giacca marrone chiaro con cintura in stile safari, gonna di cotone. Tutto MaxMara.

1. Qual è il tuo stile preferito?

   ____

2. Qual è lo stile più elegante per te?

   ____

3. Per te, qual è lo stile più sportivo?

   ____

4. Descrivi il tuo stile nuovo. Come si chiama?

   ____

   ____

   ____

PARLIAMO

3.37 Che cosa ti metti? You will hear several questions asking about what you wear on specific occasions. Give your answers orally, mentioning three items of clothing in each of your responses.

1. …
2. …
3. …
4. …

3.38 Come sei? Your new Italian roommate calls you over the summer and wants to know how he/she will recognize you when you arrive in town. He/she also wants to get to know you a little before you meet in person. Listen to his/her questions and then give your answers orally.

1. …
2. …
3. …
4. …
5. …
6. …

SCRIVIAMO

3.39 Prima di scrivere. Look at the list below and complete it with adjectives that describe your physical characteristics, your personality, your likes and dislikes, and your tastes in clothing.

1. Le mie caratteristiche fisiche:

____

____

2. Le mie caratteristiche psicologiche:

____

____

3. Le mie attività preferite:

____

____

4. Il mio abbigliamento preferito:

____

____

3.40 Scriviamo. Now write a paragraph in which you introduce yourself to a friend from Brescia that you met online. Make your description as interesting as possible, highlighting different aspects of your appearance, your temperament, and your tastes.

____

____

____

____

____

____

____

____

CAPITOLO 4

GIORNO PER GIORNO

PERCORSO I

Le attività di tutti i giorni

VOCABOLARIO

Cosa facciamo ogni giorno? (Textbook, pp. 107–108)

4.1 Alle sette suona la sveglia di Riccardo e... Match each drawing with the statement that correctly describes what is going on.

1. ______

2. ______

3. ______

4. ______

5. ______

6. ______

a. Si fa la doccia.

b. Si alza.

c. Si sveglia.

d. Fa colazione.

e. Si veste.

f. Si lava i denti.

4.2 La routine mattutina di Marina e Mirella. Marina and Mirella are best friends, but they have different personalities and habits. Read the description of each girl's daily routine, and then answer the questions by selecting the correct names.

> **Marina:** Non mi piace svegliarmi presto. Mi sveglio ogni giorno alle otto e mezza e mi faccio una doccia di venti minuti. Poi mi guardo allo specchio (look in the mirror) per truccarmi. Non faccio colazione perché sono quasi sempre in ritardo. Generalmente arrivo all'università tardi.
>
> **Mirella:** Di solito mi alzo alle sei della mattina. Mi faccio subito una doccia veloce (*quick*). Poi mi guardo allo specchio e mi pettino in fretta. Alle sette meno un quarto faccio colazione e poi mi lavo i denti. Alle sette e mezza prendo l'autobus per andare all'università. Arrivo sempre presto all'università, così ho il tempo per leggere le mail.

1. Chi si alza presto?	Marina	Mirella
2. Chi fa colazione?	Marina	Mirella
3. Chi si fa una lunga doccia?	Marina	Mirella
4. Chi si trucca?	Marina	Mirella
5. Chi si pettina?	Marina	Mirella
6. Chi arriva sempre in ritardo all'università?	Marina	Mirella

4.3 Che ore sono? Match the time of day in digits with the most appropriate expression in words.

1. 20.30 _____
2. 16.15 _____
3. 7.50 _____
4. 24.00 _____
5. 1.10 _____
6. 12.00 _____
7. 22.40 _____
8. 15.30 _____
9. 6.45 _____
10. 00.25 _____

a. È l'una e dieci di notte.
b. Sono le otto meno dieci di mattina.
c. È mezzanotte.
d. Sono le undici meno venti di sera.
e. Sono le tre e mezza del pomeriggio.
f. Sono le quattro e un quarto del pomeriggio.
g. Sono le otto e mezza di sera.
h. È mezzogiorno.
i. Sono le sette meno un quarto di mattina.
j. È mezzanotte e venticinque.

4.4 Chi è più efficiente? Sara and Irene have the same routine every day. Sara, however, is more efficient. Listen to the narration and write the times, in digits, that each girl does the activities in her morning routine.

Sara:

1. Si sveglia alle ____________________.
2. Si alza alle ____________________.
3. Si lava i denti e si fa la doccia alle ____________________.
4. Si pettina e si trucca alle ____________________.
5. Fa colazione alle ____________________.
6. Prende l'autobus alle ____________________.

Irene:

7. Si sveglia alle ____________________.
8. Non si alza prima delle ____________________.
9. Si lava i denti e si fa la doccia alle ____________________.
10. Si pettina e si trucca alle ____________________.
11. Fa colazione alle ____________________.
12. Prende l'autobus alle ____________________.

Nome: ______________________ Data: ______________________

4.5 **E tu, a che ora fai queste attività?** Complete the sentences giving the times of the day that you do each activity.

ESEMPIO: Mi sveglio alle sette di mattina.

1. Mi alzo ______________________.
2. Mi lavo i denti ______________________.
3. Mi faccio la doccia ______________________.
4. Mi pettino ______________________.
5. Pranzo ______________________.
6. Mi riposo ______________________.
7. Mi diverto con gli amici ______________________.
8. Ceno ______________________.

4.6 **Uno studente molto impegnato.** Listen to Oliviero as he describes his daily routine. Then complete the statements by selecting the appropriate phrase.

1. Il lunedì Oliviero...
   a. si sveglia alle 6.30.
   b. si sveglia alle 7.30.
   c. si sveglia alle 8.30.
2. Alle nove di mattina Oliviero...
   a. è al bar.
   b. è a casa.
   c. è all'università.
3. All'una del pomeriggio Oliviero...
   a. pranza.
   b. beve un caffè al bar.
   c. si riposa.
4. Dopo la lezione di statistica, Oliviero...
   a. va a casa.
   b. va a lezione.
   c. va nell'aula d'informatica.
5. Alle otto di sera Oliviero...
   a. cena.
   b. prende l'autobus.
   c. arriva a casa.
6. Alle undici di sera Oliviero...
   a. si addormenta.
   b. si lava i denti.
   c. si fa la doccia.

GRAMMATICA

Il presente dei verbi riflessivi (Textbook, pp. 111–112)

4.7 **Anche noi...** Rewrite the following sentences using reflexive verbs and **noi** as the subject pronoun.

ESEMPIO: Ti alzi tardi la mattina. Anche noi *ci alziamo* tardi la mattina.

1. Ti svegli presto la mattina. Anche noi ______________ presto la mattina.
2. Ti vesti in fretta. Anche noi ______________ in fretta.
3. Ti trucchi sempre. Anche noi ______________ sempre.
4. Ti riposi spesso il pomeriggio. Anche noi ______________ spesso il pomeriggio.
5. Ti lavi i denti ogni sera. Anche noi ______________ i denti ogni sera.
6. Qualche volta ti addormenti tardi. Qualche volta anche noi ______________ tardi.

4.8 **Che domanda fai?** Based on the answers provided, complete the following questions logically, using a reflexive verb.

ESEMPIO: — *A che ora ti svegli* la mattina?
— Alle sette e un quarto.

1. — ________________________________ la mattina?
   — Alle sette e mezza.
2. — ________________________________ tutti i giorni?
   — Sì, tutti i giorni.
3. — ________________________________ qualche volta?
   — No, mai.
4. — ________________________________ un vestito elegante per andare a scuola?
   — No, i jeans e una camicia.
5. — ________________________________ dopo pranzo?
   — No, mai.
6. — ________________________________ di solito?
   — A mezzanotte.

4.9 Qual è il verbo giusto? Some friends are discussing their daily routines. Complete the following sentences with the correct reflexive verb from the word bank.

ci divertiamo	ti fai	si mettono
vi vestite	mi sveglio	si fa

1. Di solito (io) __________________ molto presto, alle 6.
2. Tu e Giorgia __________________ sempre molto bene.
3. (Tu) __________________ la doccia adesso? Ma è tardi!
4. Renato __________________ la barba tutti i giorni.
5. Qualche volta Giada e Sonia __________________ la gonna ma di solito portano i pantaloni.
6. Io e Paolo giochiamo a tennis il sabato mattina e __________________ molto.

4.10 Che cosa facciamo? While waiting for their Italian class to start, two classmates talk about what they and their friends do most weekdays. Listen to the statements and complete each one with the reflexive verb or verb phrase that you hear.

1. Tu e Arianna __________________ sempre tardi.
2. Gioia e Stefano __________________ presto la mattina.
3. Fabrizio __________________ solo il sabato.
4. Io __________________ prima di fare colazione.
5. Ilaria __________________ davanti allo specchio.
6. Elena, __________________ qualche volta?
7. Io e Matteo __________________ a giocare ai videogiochi.
8. Il professor Ghirardato __________________ sempre molto bene.

PERCORSO II

I pasti e il cibo

VOCABOLARIO

Cosa mangiamo e beviamo? (Textbook, pp. 115–116)

4.11 A quale categoria appartengono? For each food item listed, select whether it is a **primo piatto**, **secondo piatto**, **contorno**, or **dolce**.

1. bistecca:	primo piatto	secondo piatto	contorno	dolce
2. carote:	primo piatto	secondo piatto	contorno	dolce
3. macedonia:	primo piatto	secondo piatto	contorno	dolce
4. gelato:	primo piatto	secondo piatto	contorno	dolce
5. fagiolini:	primo piatto	secondo piatto	contorno	dolce
6. insalata:	primo piatto	secondo piatto	contorno	dolce
7. arrosto:	primo piatto	secondo piatto	contorno	dolce
8. pasta:	primo piatto	secondo piatto	contorno	dolce

4.12 Primo, secondo, contorno, dolce o bevanda? It's your first day in Italy and you are a bit confused about Italian dishes and beverages. A friend is helping you to choose from the menu. Complete his/her statements.

ESEMPIO: La bistecca è un ______________.
La bistecca è un *secondo*.
La birra è una ______________.
La birra è una *bevanda*.

1. Il riso è un ______________ .
2. Il gelato è un ______________.
3. Il vino è una ______________.
4. Il pollo è un ______________ .
5. L'arrosto è un ______________ .
6. I pomodori sono un ______________.
7. L'aragosta è un ______________.
8. Il tiramisù è un ______________.
9. L'acqua minerale è una ______________.
10. Gli spaghetti alle vongole sono un ______________ .

4.13 Tre amici al bar. Listen to the conversation among three friends who are having a bite to eat before class. Indicate whether each statement is **vero** or **falso** or includes content not mentioned (**non menzionato**) by anyone.

1. Enzo prende un cappuccino e un croissant.	Vero	Falso	Non menzionato
2. A Enzo non piace il caffè.	Vero	Falso	Non menzionato
3. Alessio non fa colazione perché non ha fame.	Vero	Falso	Non menzionato
4. Enzo ha molta fame.	Vero	Falso	Non menzionato
5. Lucia prende un cappuccino e un biscotto.	Vero	Falso	Non menzionato
6. Lucia non ha molta fame.	Vero	Falso	Non menzionato
7. Enzo ordina un cappuccino, due caffè, due croissant e un bicchiere di succo di frutta.	Vero	Falso	Non menzionato
8. Enzo offre la colazione agli amici.	Vero	Falso	Non menzionato

Nome: ______________________________ Data: ______________________

GRAMMATICA

La quantità: *del, dello, dell', della* (Textbook, p. 117)

4.14 Il partitivo. Match the correct expression of indefinite quantity to each food item.

1. vino _____ a. della
2. olio d'oliva _____ b. dell'
3. zucchero_____ c. degli
4. pasta _____ d. del
5. patate _____ e. delle
6. fagiolini _____ f. dello
7. spinaci _____ g. dei

4.15 Cosa c'è in tavola? An Italian friend has invited you over for dinner. Take a look at the foods and beverages she is serving and write the name of each item with the correct expression of indefinite quantity.

ESEMPIO:

della frutta ______________

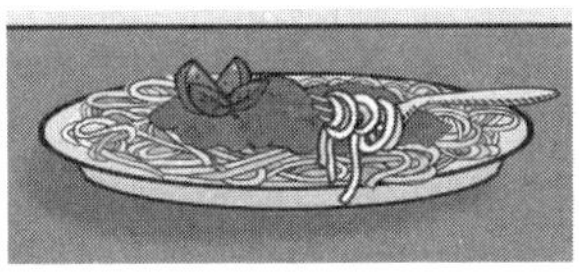

1. ______________________

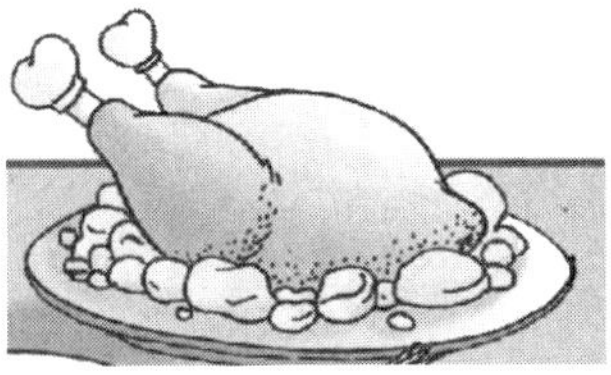

2. ______________________

3. ______________________

4. ______________________

5. ______________________

6. ______________________

7. ______________________

8. ______________________

4.16 La lista della spesa. Antonio is going to the grocery store. Cristiano, his roommate, tells him what to buy. Listen to what Cristiano says and write down the foods on their shopping list in the order that you hear them, with the correct expression of indefinite quantity.

ESEMPIO: You hear: Antonio, per favore, compra delle mele.
You write: *delle mele*

La lista della spesa:

1. ______________________________
2. ______________________________
3. ______________________________
4. ______________________________
5. ______________________________
6. ______________________________
7. ______________________________
8. ______________________________

Il presente di *bere* (Textbook, p. 119)

4.17 Che cosa bevono? Complete each sentence with the correct form of **bere**.

1. A colazione, Anna _______________ un cappuccino.
2. Paolo e Pietro _______________ sempre Coca-Cola.
3. Signor Calzolari, cosa _______________ Lei di solito a cena?
4. Io _______________ solo vino rosso.
5. Signori Odasso, cosa _______________ a pranzo?
6. Noi siamo dei salutisti, perciò _______________ sempre e solo acqua minerale.

4.18 Che sete! Listen to the subjects given and for each of them, select the correct form of the verb **bere**.

ESEMPIO: You hear: Liliana
You select: *beve*

1.	bevo	bevi	beve	beviamo	bevete	bevono
2.	bevo	bevi	beve	beviamo	bevete	bevono
3.	bevo	bevi	beve	beviamo	bevete	bevono
4.	bevo	bevi	beve	beviamo	bevete	bevono
5.	bevo	bevi	beve	beviamo	bevete	bevono
6.	bevo	bevi	beve	beviamo	bevete	bevono
7.	bevo	bevi	beve	beviamo	bevete	bevono
8.	bevo	bevi	beve	beviamo	bevete	bevono

Nome: ______________________ Data: ______________________

PERCORSO III

Le stagioni e il tempo

VOCABOLARIO

Quale stagione preferisci? (Textbook, pp. 121–122)

4.19 Le previsioni del tempo. Describe the weather conditions shown by each of the following symbols, using appropriate weather expressions.

1. ______________________

2. ______________________

3. ______________________

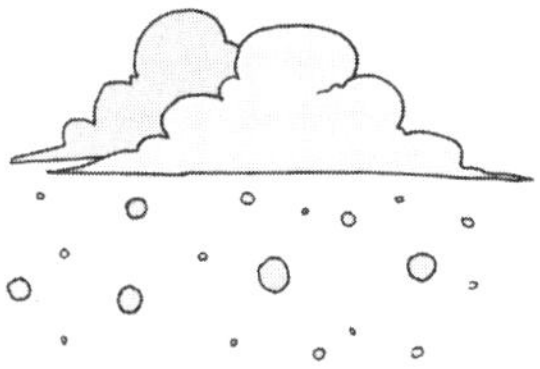

4. ______________________

5. ______________________

4.20 Il tempo. Select the phrase that best completes each sentence.

1. Quando il tempo è brutto,...
   a. c'è il sole.
   b. fa freddo.
   c. fa caldo.
2. Quando è nuvoloso, molto spesso...
   a. c'è il sole.
   b. il tempo è bello.
   c. piove.
3. Quando il tempo è bello, fa caldo e...
   a. c'è il sole.
   b. è nuvoloso.
   c. nevica.
4. Quando non fa caldo ma non fa neanche freddo, diciamo che...
   a. c'è nebbia.
   b. fa fresco.
   c. è nuvoloso.
5. Chicago è chiamata la «the windy city» perché spesso...
   a. nevica molto.
   b. c'è molta nebbia.
   c. tira vento.
6. In Canada, in inverno...
   a. fa molto freddo.
   b. fa molto caldo.
   c. non c'è mai nebbia.

4.21 Dipende dal tempo... What do people usually do in different weather conditions? Match each statement with the appropriate weather description.

1. Tutto è bianco. La gente porta il cappotto. _____
2. Le persone portano l'ombrello. _____
3. Nicoletta va al mare e prende il sole. _____
4. Facciamo un picnic perché il tempo è perfetto. _____
5. Cesare e Marco restano a casa e bevono un caffè. _____
6. Non fa caldo, ma ti metti una giacca e esci a fare una passeggiata. _____

a. Fa caldo e c'è il sole.
b. Fa fresco.
c. Il tempo è bello.
d. Piove.
e. Fa freddo.
f. Nevica.

4.22 Che tempo fa? Some friends are talking about the weather over a cup of coffee. Listen to the short dialogues and select all the weather conditions you hear mentioned in each one.

1.	bello	caldo	freddo	nuvoloso	nebbia	pioggia	vento
2.	bello	caldo	freddo	nuvoloso	nebbia	pioggia	vento
3.	bello	caldo	freddo	nuvoloso	nebbia	pioggia	vento
4.	bello	caldo	freddo	nuvoloso	nebbia	pioggia	vento

4.23 Cosa fai e in quale stagione? Next to each season, write two activities that you do during that time of the year.

1. In primavera:

____

2. In estate:

____

3. In autunno:

____

4. In inverno:

____

4.24 Che stagione è? Listen to each weather description. Then write the name of the season that corresponds to each description.

1. ______________________
2. ______________________
3. ______________________
4. ______________________

Nome: ______________________ Data: ______________________

GRAMMATICA

Il presente di *andare, venire* e *uscire* (Textbook, pp. 123–124)

4.25 C'è chi viene e c'è chi va. You will hear ten conjugated forms of the verbs **andare**, **venire**, and **uscire**. For each verb form, select the corresponding personal pronoun.

1.	io	tu	lei/lui/Lei	noi	voi	loro/Loro
2.	io	tu	lei/lui/Lei	noi	voi	loro/Loro
3.	io	tu	lei/lui/Lei	noi	voi	loro/Loro
4.	io	tu	lei/lui/Lei	noi	voi	loro/Loro
5.	io	tu	lei/lui/Lei	noi	voi	loro/Loro
6.	io	tu	lei/lui/Lei	noi	voi	loro/Loro
7.	io	tu	lei/lui/Lei	noi	voi	loro/Loro
8.	io	tu	lei/lui/Lei	noi	voi	loro/Loro
9.	io	tu	lei/lui/Lei	noi	voi	loro/Loro
10.	io	tu	lei/lui/Lei	noi	voi	loro/Loro

4.26 Vanno o escono? Paolo, Marcello, and Giulio are roommates and Paolo describes their typical daily routine. Complete the following passage with the correct forms of the verbs in parentheses.

Io, Marcello e Giulio siamo coinquilini (*roommates*). Il lunedì noi (1. uscire) ______________ di casa alle otto e mezza del mattino e (2. andare) ______________ all'università. Marcello (3. andare) ______________ in biblioteca a studiare e Giulio (4. andare) ______________ nell'aula d'informatica a leggere le mail e i quotidiani sportivi online. Io (5. andare) ______________ a nuotare in piscina. Alle dieci Marcello e Giulio (6. andare) ______________ alla lezione di biologia e io (7. andare) ______________ alla lezione di fisica. Loro (8. uscire) ______________ dall'università alle cinque del pomeriggio e (9. andare) ______________ in palestra a giocare a basket. Io, invece (10. uscire) ______________ dalla lezione di chimica alle 7 di sera e (11. andare) ______________ subito a casa. Dopo cena, verso le nove, noi (12. uscire) ______________ con gli amici.

4.27 Che domanda fai? Write the most appropriate question for each answer given, using the correct forms of **andare**, **venire**, or **uscire**.

ESEMPIO: — *A che ora esci?* — Esco alle sette e mezza di sera.

1. — ______________________ — Sì, vengo in discoteca.
2. — ______________________ — Usciamo alle otto.
3. — ______________________ — Lui va a lezione alle nove di mattina.
4. — ______________________ — Andiamo a letto alle undici.
5. — ______________________ — No, non vengono in piscina.
6. — ______________________ — Sì, veniamo al bar.
7. — ______________________ — Sì, vado al mare in estate.
8. — ______________________ — No, esco soltanto il sabato sera.

Espressioni con *avere* (Textbook, p. 125)

4.28 Ma perché? Marco explains what his friends do and why. Match their activities with the most appropriate idiomatic expression with **avere.**

1. Emma e Alice corrono perché ______
2. Tu e Gianni mangiate un panino perché ______
3. Enrico oggi festeggia un compleanno importante perché ______
4. Oggi c'è il sole e fa caldo ma noi siamo in biblioteca perché ______
5. Sandra va al mare perché ______
6. Beviamo un bicchiere d'acqua perché ______
7. Loro si mettono una giacca pesante perché ______
8. Questa sera Enrico va a letto tardi perché ______

a. compie diciotto anni!
b. hanno fretta.
c. non ha sonno.
d. abbiamo bisogno di prendere dei libri.
e. abbiamo sete.
f. avete fame.
g. ha voglia di prendere il sole.
h. hanno freddo.

4.29 Che vita dura! Giacomo is an Italian college student. Complete the description of what he does on a Monday morning with the correct expressions with **avere** from the word bank.

ha fame	**ha ventun'anni**	**hanno bisogno di ripetere la lezione diverse volte per ricordarla**
ha fretta	**non ha sete**	**ha voglia di andare al bar**
ha sonno	**hanno freddo**	

Giacomo (1) ________________ e vive a Pesaro ma studia a Bologna. Il lunedì mattina (2) ________________ perché deve prendere il treno per Bologna. Alla stazione di Pesaro ci sono molti studenti universitari che aspettano il treno delle 7 per Bologna. Loro (3) ________________ perché tira molto vento. Giacomo sale sul treno e si addormenta perché (4) ________________. Quando si sveglia, (5) ________________ perché non ha fatto colazione. Per fortuna ha un panino nello zaino. Quando arriva alla stazione di Bologna, incontra la sua amica Mara. Giacomo e Mara (6) ________________ perché alle tre hanno l'esame di chimica. Giacomo (7) ________________ a bere un succo d'arancia ma Mara (8) ________________ e vuole andare subito in biblioteca a studiare.

Nome: ______________________ Data: ______________________

ATTRAVERSO LE MARCHE

4.30 Le Marche. Read the following passage about the Marche region, and then answer the questions in complete sentences.

Mare e spiagge delle Marche

Le Marche offrono ben 180 chilometri di bellissime spiagge di sabbia dorata, ghiaia (*gravel*) o scogli (*rocks*) con verdi palme che si specchiano nell'azzurro del mar Adriatico. La costa settentrionale (*northern*) è conosciuta come «riviera delle colline» e le sue spiagge sono principalmente sabbiose (*sandy*). Questa costa è attraversata da una piacevole strada panoramica (*scenic road*) che, attraversando pittoreschi paesi di pescatori (*fishermen's villages*), conduce sino a Pesaro, la città del grande compositore Gioachino Rossini. Da Pesaro, proseguendo sulla strada panoramica, si giunge a Senigallia, città dalle origini molto antiche, famosa in tutta Europa per la sua «spiaggia di velluto», dodici chilometri di sabbia finissima (*very fine*). Procedendo verso sud si arriva ad Ancona che è il capoluogo (*capital*) di regione. Qui la spiaggia sabbiosa finisce improvvisamente ed inizia la meravigliosa «riviera del Conero», vari chilometri di spiagge rocciose (*rocky*) e scogliere (*cliffs*) raggiungibili soltanto percorrendo piccoli sentieri (*trails*) o con la barca.

1. Qual è il mare delle Marche?

   ____

2. Come sono le spiagge della costa settentrionale?

   ____

3. Quale personaggio famoso è nato a Pesaro?

   ____

4. Per che cosa Senigallia è molto famosa?

   ____

5. Qual è il capoluogo delle Marche?

   ____

6. Come si chiama la spiaggia a sud di Ancona?

   ____

In pratica

GUARDIAMO

4.31 Prima di guardare: Taylor e Elena a Campo de' Fiori. Taylor and Elena have just done some grocery shopping at the market in Campo de' Fiori. Preview this scene from this chapter's video episode and fill in the blanks with the words you hear.

1. ELENA: Dai! Sbrigati! Roberto e Giulia __________ __________ a casa!
2. TAYLOR: Ma se Roberto non __________ __________ mai prima di __________.
3. ELENA: __________ __________. Lo sai che anch'io __________ __________? Ho __________ sete...

4.32 Mentre guardi: Chi lo dice? As you watch the video episode, match each line with the person who says it.

1. Ma ti svegli sempre così tardi tu?

   a. Giulia　　b. Taylor　　c. Roberto　　d. Elena

2. Ma scusa, dov'è il tuo ragazzo quando abbiamo bisogno di lui?

   a. Giulia　　b. Taylor　　c. Roberto　　d. Elena

3. Ho già caldo!

   a. Giulia　　b. Taylor　　c. Roberto　　d. Elena

4. Simpatica. E bella. E ha talento!

   a. Giulia　　b. Taylor　　c. Roberto　　d. Elena

5. Io sona la regista!

   a. Giulia　　b. Taylor　　c. Roberto　　d. Elena

6. Ma è il tuo ragazzo?

   a. Giulia　　b. Taylor　　c. Roberto　　d. Elena

7. Giulia, che bel vestito!

   a. Giulia　　b. Taylor　　c. Roberto　　d. Elena

4.33 Dopo aver guardato: Che cosa succede? Complete each statement by selecting the appropriate word or phrase.

1. Oggi è...
   a. lunedì.
   b. domenica.
   c. sabato.

2. Elena e Taylor vanno al mercato di Campo de' Fiori a...
   a. mezzogiorno e mezzo.
   b. mezzogiorno e un quarto.
   c. mezzogiorno meno un quarto.

3. Nella lista della spesa ci sono...
   a. insalata, pomodorini, mozzarella e parmigiano.
   b. insalata, pomodorini, riso, parmigiano.
   c. insalata, piselli, burro e parmigiano.

4. Taylor ha...
   a. freddo.
   b. caldo.
   c. fame.

5. Giulia dice che...
   a. è sempre necessario truccarsi.
   b. è sempre necessario riposarsi.
   c. è sempre necessario divertirsi.

6. Roberto chiede a Elena di...
   a. andare in discoteca a sentire la band.
   b. girare un video per la band.
   c. fare delle foto della band.

7. Prima Giulia dice che Pietro arriva stasera, poi dice che…
   a. non viene.
   b. vanno a sentire la band.
   c. vanno al cinema perché piove.

4.34 Dopo aver guardato: Ah, Giulia! After the party, Taylor can't stop thinking about Giulia! He sends an e-mail to his friend Marco telling him all about her. He describes her physical appearance, her character, and what she likes to do. Write the text of Taylor's e-mail using your imagination.

Ciao, Marco! Devo assolutamente parlarti di Giulia! Giulia è…

____

____

____

____

____

____

____

____

LEGGIAMO

4.35 Prima di leggere: Temperature in calo! Look at the title below and try to deduce the meaning of it. What do you think the article is about? Write your answer.

Temperature in calo ad Ascoli Piceno

____

____

4.36 Mentre leggi: Cosa succede ad Ascoli Piceno? As you read the article, note the words and expressions that help you confirm the assumptions you made about the main ideas.

Temperature in calo ad Ascoli Piceno

Un violento temporale con forti raffiche (*gusts*) di vento si è abbattuto nelle prime ore di ieri mattina su Ascoli Piceno e sull'hinterland. La perturbazione ha provocato un forte abbassamento della temperatura (21 gradi al mattino) anche se la sensazione non è di benessere per il forte grado di umidità presente nell'aria. Nessuna conseguenza per il traffico, già assai scarso in città per le vacanze estive. Per quanto riguarda i prossimi giorni, sono previste pioggia, temporali diffusi e sensibile calo termico fino a venerdì. Da venerdì è atteso poi un miglioramento, anche se permarranno (*will persist*) in parte condizioni di variabilità fino all'inizio della prossima settimana. Nei prossimi giorni le temperature massime saranno comprese tra i 25 e 30°C.

____

____

____

____

____

4.37 Dopo la lettura: le conclusioni. Read again the article "Temperature in calo ad Ascoli Piceno" and decide whether the following statements are **vero** or **falso** or refer to a topic that is not mentioned (**non menzionato**).

1. Ad Ascoli Piceno fa fresco ma è molto umido.	Vero	Falso	Non menzionato
2. Il forte vento ha abbattuto alcune case della città.	Vero	Falso	Non menzionato
3. C'è molto traffico a causa (*due to*) della pioggia molto forte.	Vero	Falso	Non menzionato
4. Siamo in estate.	Vero	Falso	Non menzionato
5. La pioggia ha ingrossato (*swelled*) il fiume Tronto.	Vero	Falso	Non menzionato
6. Ad Ascoli Piceno il tempo è brutto per le prossime (*coming*) due settimane	Vero	Falso	Non menzionato

Nome: ______________________ Data: ______________________

PARLIAMO

4.38 Ma che curiosona! One of your classmates is very curious about you and wants to know if and when you do certain activities. Listen to the questions and then give your answers orally, using complete sentences.

1. …
2. …
3. …
4. …
5. …
6. …
7. …
8. …

4.39 Che cosa fai? You are eager to get to know a new friend better. Decide what you want to know about his/her daily schedule, and then ask six questions orally.

1. …
2. …
3. …
4. …
5. …
6. …

SCRIVIAMO

4.40 Prima di scrivere. You are studying for a semester at the University of Urbino. You need a roommate to share your rent and you want someone whose schedule doesn't conflict with yours. Answer the following questionnaire for the roommate-finder service.

1. A che ora ti alzi la mattina? ______________________
2. Fai colazione di solito? ______________________
3. A che ora vai a letto la sera? ______________________
4. Cosa studi? ______________________
5. Ti piace studiare? ______________________
6. Esci spesso con gli amici? ______________________
7. Come vi divertite? ______________________
8. Mangi carne? ______________________
9. Scrivi tre aggettivi che descrivono la tua personalità. ______________________

4.41 Scriviamo. Read the e-mail you received from Flavia Penna and compare your daily routine to hers. Reply to her e-mail describing your routine, and decide whether the two of you would make good roommates.

Mercurio.it | Cerca nei messaggi | ACCEDI

SCRIVI | ALLEGATI | RUBRICA | LA MIA VI... | +

Rispondi | Inoltra | Elimina | Spam | Sposta in

- Cartelle
  - Posta in arrivo 0/8
  - Posta inviata
  - Giga Allegati — Nuova
  - Spam (20/48) — Svuota
  - Cestino (12/18) — Svuota
  - Bozze
- Cartelle personali — Gestisci
  - Archivio
  - Bozze
  - Junk
  - Posta e ci ...
  - Inviati
  - Trash
- Cartelle altri account — Gestisci 0/0

SMS | MMS | FAX

La mia vita...

Da : flavia.penna@mercurio.it — aggiungi | blocca — Mostra dettagli

A :

Mi chiamo Flavia Penna.
Ho vent'anni, sono italiana, di Ancona, ma da due anni studio economia all'Università di Firenze. Sono seria e forse un po' noiosa. Non ho molti amici perché non ho tempo di fare vita sociale. Voglio laurearmi in fretta e andare a Harvard a fare il dottorato (*Ph.D.*) per poi andare a lavorare alla Banca d'Italia.

Non sono quasi mai a casa. Vado a lezione cinque giorni alla settimana, dal lunedì al venerdì, e nel weekend vado spesso a trovare una mia nonna a Pesaro. La mia prima lezione è alle nove del mattino ma di solito mi alzo alle sei perché mi piace fare jogging prima di colazione, sia in estate che in inverno. Dopo colazione, mi faccio una doccia veloce ed esco di casa per andare all'università. Dopo pranzo vado in biblioteca a studiare. Torno a casa alle sette di sera, ceno e poi, vado a letto.

Qualche volta, prima di addormentarmi, ascolto musica classica. Esco solo il sabato sera per andare al bar o al cinema con gli amici ma torno sempre a casa entro mezzanotte. Ho dimenticato qualcosa? Ah, sì! Sono vegetariana e non mi piace la carne. Mangio solo verdure, frutta e pasta.

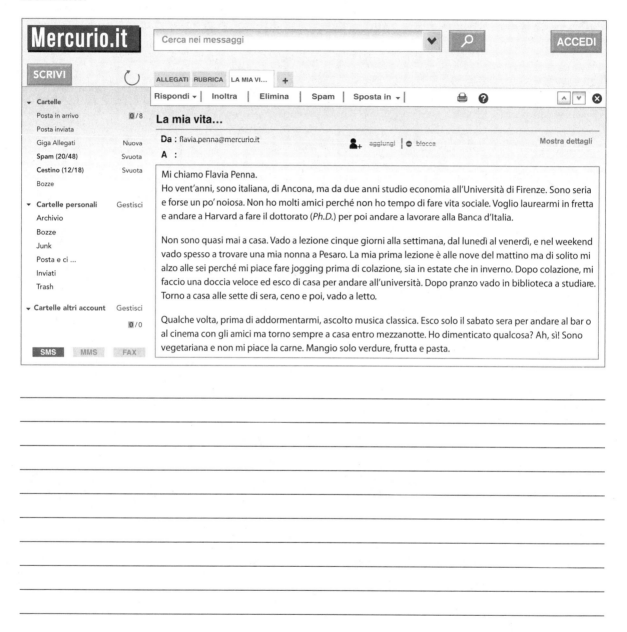

CAPITOLO 5

ECCO LA MIA FAMIGLIA!

PERCORSO I

La famiglia e i parenti

VOCABOLARIO

Com'è la tua famiglia? (Textbook, pp. 137–138)

5.1 La famiglia Ghirardato. Look at the family tree below. Then match each name with the phrase that completes the sentence correctly.

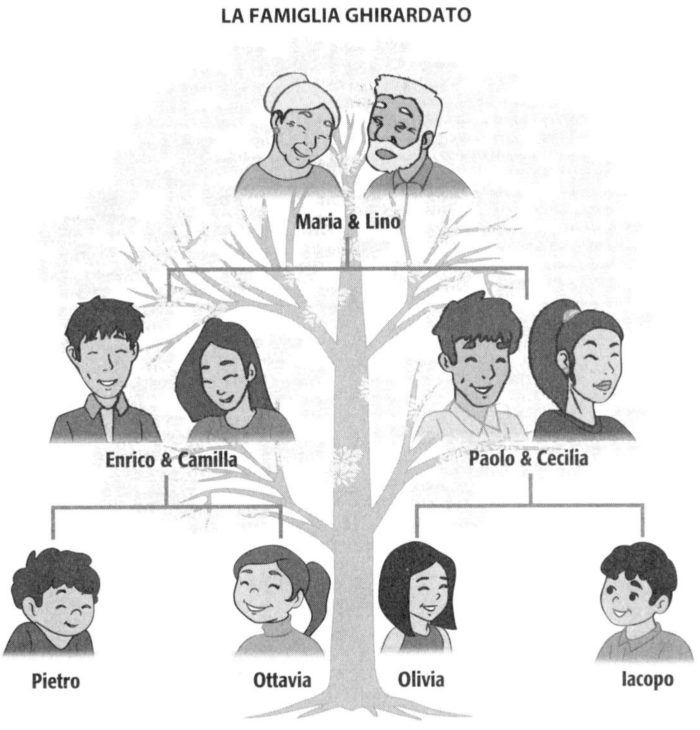

1. Lino _______
2. Paolo _______
3. Enrico _______
4. Ottavia e Olivia _______
5. Camilla e Paolo _______
6. La madre di Pietro _______
7. Camilla _______
8. Lino e Maria _______

a. è il padre di Olivia e Jacopo.
b. è la moglie di Enrico.
c. è il nonno di Olivia, Jacopo, Ottavia e Pietro.
d. sono marito e moglie.
e. è lo zio di Olivia e Jacopo.
f. sono le nipoti di Lino e Maria.
g. sono fratello e sorella.
h. è la figlia di Maria.

5.2 Il tuo albero genealogico. Think of your own family tree and describe the relationship of three members of your family to yourself, giving their names and a relevant detail. Follow the example.

ESEMPIO: *I miei nonni paterni si chiamano Maria e Michele, e hanno molti figli.*

1. ____________________
2. ____________________
3. ____________________

5.3 La famiglia allargata. Match each family member with the appropriate description.

1. il papà della mamma _______
2. il marito della zia _______
3. il figlio dello zio _______
4. la mamma della nonna _______
5. la figlia della zia _______
6. la madre del padre _______

a. la bisnonna
b. il cugino
c. il nonno materno
d. la nonna paterna
e. la cugina
f. lo zio

5.4 Ancora sulla famiglia Ghirardato. You will hear 10 false statements about the Ghirardato family. While listening, look at the family tree and correct each statement, as in the examples.

ESEMPI:

YOU HEAR: Lino è il padre di Maria.
YOU WRITE: Lino *è il marito di Maria.*
YOU HEAR: Enrico e Camilla hanno un figlio.
YOU WRITE: Enrico e Camilla *hanno due figli.*

LA FAMIGLIA GHIRARDATO

1. Olivia ____________________.
2. Paolo e Camilla ____________________.
3. Maria ____________________.
4. Maria e Lino ____________________.
5. Enrico ____________________.
6. Ottavia ____________________.
7. Iacopo ____________________.
8. Cecilia ____________________.
9. Ottavia ____________________.
10. Pietro ____________________.

Nome: ______________________ Data: ______________________

GRAMMATICA

Gli aggettivi possessivi (Textbook, pp. 140–141)

5.5 Qual è il femminile? Match each masculine noun and possessive adjective with the corresponding feminine noun and possessive adjective.

1. mio zio _______
2. Suo fratello _______
3. i nostri padri _______
4. tuo nonno _______
5. i vostri fratelli _______
6. i suoi cugini _______
7. i loro nipoti _______
8. i miei nonni _______
9. i tuoi zii _______
10. i nostri parenti _______

a. le loro nipoti
b. le mie nonne
c. le vostre sorelle
d. mia zia
e. le tue zie
f. le nostre madri
g. le nostre parenti
h. tua nonna
i. Sua sorella
j. le sue cugine

5.6 I possessivi: Parliamo di parenti. Fill in the blanks with the correct possessive adjective, including the article when necessary.

ESEMPIO: ______________ madre è di Roma. (io)
Mia madre è di Roma.

1. Di dov'è ______________ padre? (tu)
2. ______________ marito è inglese. (io)
3. ______________ zii sono socievoli. (loro)
4. ______________ nonne sono simpatiche. (io)
5. ______________ zia è americana. (lei)
6. ______________ fratello studia all'università. (voi)
7. ______________ cugine sono di Roma. (noi)
8. ______________ mamma è fantastica! (tu)

5.7 I parenti di chi? Complete the following sentences with the correct possessive adjective, including the article when necessary.

ESEMPIO: Ciao, Carlo! Come stanno *i tuoi* genitori?

1. Che bel bambino, signora Dini! È ______________ nipote?
2. Quest'estate passo le vacanze al mare con ______________ nonni.
3. Signor Casu, Le presento ______________ moglie.
4. Erica, quella ragazza è ______________ cugina?
5. Giulia e Edoardo, ______________ genitori vi chiamano.
6. Amedeo è molto simpatico, ma ______________ sorelle sono antipatiche.

5.8 Chiara descrive i suoi parenti. Listen to Chiara's description of her family. Indicate whether each statement is true (**vero**) or false (**falso**) or includes content not mentioned (**non menzionato**) by Chiara.

1. La sua famiglia è molto grande.	vero	falso	non menzionato
2. I suoi genitori, suo fratello e sua nonna vivono a Livorno.	vero	falso	non menzionato
3. Il suo gatto si chiama Bea.	vero	falso	non menzionato
4. Chiara adora andare in bicicletta.	vero	falso	non menzionato
5. La moglie di suo zio si chiama Mirella.	vero	falso	non menzionato
6. Suo cugino si chiama Giovanni.	vero	falso	non menzionato
7. Il cugino di Chiara vive a Siena.	vero	falso	non menzionato
8. Le sue cugine sono gemelle.	vero	falso	non menzionato
9. Chiara e le sue cugine d'estate vanno al mare insieme.	vero	falso	non menzionato

5.9 Scambio d'informazioni tra amici. Rewrite the sentences below, using a possessive adjective and an article when necessary.

ESEMPIO: Antonio ha un orologio nuovo.
Il suo orologio è nuovo.

1. Io ho una bicicletta rossa.
   _______ bicicletta è rossa.
2. Tu hai due coinquilini simpatici.
   _______ coinquilini sono simpatici.
3. Marta e Barbara hanno un professore americano.
   _______ professore è americano.
4. Voi avete un appartamento grande.
   _______ appartamento è grande.
5. Il cugino di Arianna è di Bologna.
   _______ cugino è di Bologna.
6. Susan ha un'amica italiana.
   _______ amica è italiana.

I pronomi possessivi (Textbook, p. 143)

5.10 Studenti smemorati. Some of your classmates cannot remember which things belong to whom. Complete the answers by writing the correct possessive pronoun and definite article.

ESEMPIO: —Quel libro è di Sofia?
—Sì, è *il suo*.

1. —Quella borsa è di Silvia?
   —Sì, è _________________________.
2. —Quello zaino è di Carlo?
   —Sì, è _________________________.
3. —Quelle penne sono di Nadia?
   —No, non sono _________________________.
4. —Quei quaderni sono di Ugo e Piero?
   —Sì, sono _________________________.
5. —Professore, sono i Suoi giornali?
   —No, non sono _________________________.
6. —Anna e Sara, sono le vostre matite?
   —Sì, sono _________________________.

Il presente di *conoscere* e *sapere* (Textbook, pp. 143–144)

5.11 ***Conoscere* e *sapere*.** Write the correct form of the verbs **conoscere** and **sapere** next to each subject.

	Conoscere	Sapere
1. io	______________	______________
2. tu	______________	______________
3. mia cugina	______________	______________
4. io e mio fratello	______________	______________
5. tu e i tuoi cugini	______________	______________
6. i tuoi genitori	______________	______________

5.12 ***Conoscere* o *sapere*?** Complete the questions asked by a new acquaintance by selecting the correct verb form.

1. Loro (sanno / conoscono) giocare a calcio?
2. Dario, (sai / conosci) mia sorella?
3. Signor Borasio, (sa / conosce) Firenze bene?
4. Ragazzi, (sapete / conoscete) fare l'esercizio d'italiano?
5. Tu (sai / conosci) dov'è la Facoltà di Economia?
6. Ragazze, (sapete / conoscete) un bar che fa dei buoni panini?

5.13 **Davvero?** Complete each sentence using the correct form of either **sapere** or **conoscere**, as appropriate.

ESEMPIO: Tu _______ cucinare.
Tu *sai* cucinare.

1. La professoressa Davis _______ bene l'Italia.
2. Susan _______ recitare bene.
3. Voi _______ molti studenti stranieri.
4. Io e Lorella _______ il nome di quel nuovo studente.
5. Io _______ le opere di Dario Fo.
6. I miei coinquilini _______ parlare l'italiano.

PERCORSO II

Le feste in famiglia

VOCABOLARIO

Che cosa festeggiate? (Textbook, p. 147)

5.14 L'intruso. Select the word or expression that does not belong in each group.

1. **a.** dare una festa	**b.** invitare	**c.** fare una foto
2. **a.** il diploma	**b.** il bicchiere	**c.** la laurea
3. **a.** mandare un invito	**b.** laurearsi	**c.** fare una festa
4. **a.** la torta	**b.** lo spumante	**c.** il biglietto
5. **a.** la candelina	**b.** il compleanno	**c.** l'anniversario
6. **a.** il ricevimento	**b.** il diploma	**c.** gli invitati
7. **a.** invitare	**b.** regalare	**c.** fare gli auguri
8. **a.** festeggiare	**b.** spedire	**c.** fare una festa

5.15 Che cosa dici? Next to the description of each event, complete the appropriate response by filling in the missing letters. The first letter of each word is given.

1. Tuo cugino si sposa. C______________!
2. Un tuo amico si laurea. A______________!
3. È il tuo compleanno e ti fanno un regalo. G______________!
4. È il compleanno di tuo fratello. B______________ C______________!
5. I tuoi genitori festeggiano vent'anni di matrimonio. B______________ A______________!

5.16 Che festa è? Listen to the following short dialogues and select the answer that best completes each statement.

Dialogo 1

1. Marta chiama Matteo per invitarlo...
   a. a un matrimonio.
   b. a una festa di laurea.
   c. a una festa di compleanno.
2. Marta e Matteo regalano...
   a. un libro.
   b. un DVD.
   c. una torta.

Dialogo 2

3. Gloria e Stefania danno una festa per...
   a. la laurea di una loro amica.
   b. il diploma di una loro amica.
   c. l'anniversario di matrimonio dei genitori di Gloria.
4. Gloria e Stefania invitano alla festa...
   a. gli amici di Rita.
   b. gli amici e i parenti di Rita.
   c. gli amici e i genitori di Rita.
5. Per la festa, Gloria e Stefania comprano...
   a. solo una torta.
   b. una torta e dieci bottiglie di spumante.
   c. un torta, dieci bottiglie di spumante e anche le candeline.

Nome: ______________________ Data: ______________

GRAMMATICA

Il presente di *dare* e *dire* (Textbook, p. 149)

5.17 ***Dare* e *dire*.** Write the missing verb forms on the lines provided.

	Dare	Dire
1. io	________	dico
2. tu	dai	________
3. lui / lei / Lei	________	dice
4. noi	________	________
5. voi	date	________
6. loro	________	dicono

5.18 ***Dire* o *dare*?** Match each subject to the correct verb phrase to form complete sentences.

1. Luca e Claudio ______ a. dai un biglietto di auguri ai tuoi zii.
2. Io ______ b. diamo un regalo a Riccardo.
3. Io e Gabriella ______ c. dice sempre «No!»
4. Voi ______ d. danno una festa domani.
5. Tu ______ e. dico: «Piacere, mi chiamo Alberto» quando incontro un nuovo studente.
6. Sabrina ______ f. dite «Buongiorno!» alla professoressa.

5.19 **Festeggiamenti.** What do people do or say on certain occasions? Complete the following sentences with the correct forms of **dare** or **dire**.

1. Io ________________ un libro a mia sorella per il suo compleanno.
2. Voi ________________ «Grazie» ai nonni del bel regalo.
3. Loro ________________ la torta e lo spumante agli invitati.
4. L'invitato ________________ «Grazie dell'invito».
5. Noi ________________ una festa per l'anniversario dei nostri genitori.
6. Tu ________________ sempre «Buongiorno» la mattina.

I pronomi diretti: *lo, la, li, le* (Textbook, pp. 150–151)

5.20 Quattro amici fanno una festa. Identify the direct-object nouns in the following sentences of dialogue. Then write the correct object pronoun(s) next to each sentence. There are more than one in some sentences.

ESEMPIO: **Giorgia:** Io porto i bicchieri. *li*

1. **Giorgia:** Io faccio la torta! ____________
2. **Carlotta:** Ma non sai cucinare! Compro io la torta e le candeline. ____________ ____________
3. **Giorgia:** Va bene… allora io compro lo spumante. ____________
   Marco: Scusate, ma chi invitiamo?
4. **Cristiano:** Invitiamo gli amici e i compagni di università. ____________ ____________
5. **Giorgia:** Io voglio invitare anche le mie amiche del Conservatorio, sono simpatiche! ____________
6. **Marco:** E io invito Tim, lo studente americano. ____________
7. **Carlotta:** Chi manda gli inviti? Cristiano? ____________

5.21 Cosa offriamo e chi invitiamo? You and your friends are organizing a party. Answer the questions with the correct direct-object pronouns and the correct forms of the verbs, as in the example.

ESEMPIO: —Tu fai la torta?
—Sì, *la faccio* io.

1. —Porti il vino?
   —No, ____________________ mio cugino.
2. —Chi prepara i dolci?
   — ____________________ Mirella e Loredana.
3. —Compri tu le pizze?
   —No, ____________________ Ciro.
4. —Servi gli antipasti?
   —No, non ____________________.
5. —Inviti l'amica di tuo cugino?
   —No, non ____________________.
6. —E inviti le tue sorelle?
   —Sì, ____________________.

5.22 Una cena complicata. Anna has invited three friends over for dinner. Since they have dietary restrictions, she has to think carefully about what to serve. Listen to what she says and restate each of her comments, using the appropriate direct-object pronoun.

ESEMPIO: You hear: Claudia non mangia la pasta.
You write: Claudia *non la mangia.*

1. Claudia ____________________.
2. Renata ____________________.
3. Vincenzo ____________________.
4. Io e Renata ____________________.
5. Io ____________________.
6. Io ____________________.
7. Io ____________________.
8. Claudia ____________________.

Nome: ______________________ Data: ______________________

PERCORSO III

Le faccende di casa

VOCABOLARIO

Che cosa devi fare in casa? (Textbook, p. 155)

5.23 Le faccende di casa. Write the household chores that correspond to each drawing.

1. ______________________

2. ______________________

3. ______________________

4. ______________________

5. ______________________

6. ______________________

7. ____________________

8. ____________________

5.24 Ogni quanto? You will hear Beatrice talking about her household chores. The first time you hear her description, write what her chores are. Then, after listening to her description a second time, write how often she does each one.

	Che cosa?	Ogni quanto?
1.	____________________	____________________
2.	____________________	____________________
3.	____________________	____________________
4.	____________________	____________________
5.	____________________	____________________
6.	____________________	____________________
7.	____________________	____________________
8.	____________________	____________________

GRAMMATICA

Il presente di *dovere, potere* e *volere* (Textbook, p. 157)

5.25 *Dovere, potere* e *volere*. Complete the following conjugations by filling in the missing verb forms.

	Dovere	Potere	Volere
1.	devo	____________	voglio
2.	____________	puoi	vuoi
3.	deve	può	____________
4.	dobbiamo	____________	____________
5.	____________	____________	volete
6.	____________	possono	____________

Nome: ______________________ Data: ______________________

5.26 Opinioni. Everyone seems to have different opinions about what to do. Rewrite each sentence to express an alternative, as in the example.

ESEMPIO: Carlo vuole andare al cinema.
Io *voglio andare in palestra.*

1. Vogliamo andare in pizzeria.
   Loro ______________________.
2. Devo fare il bucato.
   Tu ______________________.
3. Devi fare la spesa.
   Sandra ______________________.
4. Carlo e Sandra possono spazzare.
   Tu e Maria ______________________.
5. Io posso stirare.
   Enrico ______________________.
6. Maria vuole un cappuccino.
   Tu ______________________.

5.27 Chi lo fa? Complete the following short exchanges by writing the correct form of **dovere, potere,** or **volere.**

A. — Anna, (1. potere) ______________ fare la spesa tu oggi?
   — No, non (2. potere) ______________. Ho lezione all'università fino alle otto stasera.

B. — Giochiamo a tennis domani mattina?
   — Noi non (3. potere) ______________. Io (4. dovere) ______________ pulire la casa, Ugo (5. dovere) ______________ fare la spesa e Luca (6. volere) ______________ andare in biblioteca.

C. — Ragazzi, andiamo al cinema stasera?
   — Noi (7. dovere) ______________ studiare stasera. Abbiamo un esame domani.

D. — Paola, Lucia e Stefano (8. volere) ______________ conoscere i tuoi amici.
   — Va bene. (9. potere) ______________ (loro) venire a casa mia sabato sera?

E. — Perché (10. volere) ______________ (tu) un computer nuovo?

5.28 ***Dovere, potere, volere* e i pronomi.** You have volunteered to house-sit for a friend who will be away, but you want to know what your responsibilities are and what you can and cannot do in the house. Write down your friend's answers to your questions, indicating how often things can and should be done. Be sure to use object pronouns when needed.

annaffiare le piante tre volte alla settimana
passare l'aspirapolvere spesso
spolverare i mobili una volta alla settimana
fare la spesa X
fare il bucato X
invitare gli amici a cena una volta alla settimana
fare una festa X
cucinare ogni tanto
usare il computer X

ESEMPIO: Devo annaffiare le piante?
Sì, le devi annaffiare tre volte alla settimana.

1. Devo passare l'aspirapolvere (*m.*)?
____
2. Devo spolverare i mobili?
____
3. Devo fare la spesa?
____
4. Devo fare il bucato?
____
5. Posso invitare gli amici a cena?
____
6. Posso cucinare spesso?
____
7. Posso fare una festa?
____
8. Posso usarc il computer?
____

Nome: ______________________ Data: ______________________

5.29 **C'è ancora molto da fare prima della festa!** Anna and Agnese are having a party at their parents' house tonight and there are certain chores that need to be done. Listen to what their mom is telling them to do and select every chore she mentions from the list below.

fare la spesa	pulire la cucina
cucinare	fare il bucato
passare l'aspirapolvere	fare le torte
spolverare	mettere i vestiti sporchi in lavanderia
annaffiare le piante	stirare
lavare i piatti	rifare i letti

ATTRAVERSO LA TOSCANA

5.30 **La Toscana.** Read the following passage about the Tuscan Riviera, and then answer the questions below in complete sentences.

La Versilia

La Versilia è la costa toscana compresa tra le stazioni balneari (*seaside resorts*) di Forte dei Marmi e Viareggio. È una delle zone balneari più esclusive d'Italia, con spiagge e pinete (*pine forests*) sullo sfondo (*background*) spettacolare delle Alpi Apuane (*Apuan Alps*).

Oggi la Versilia è meta di turismo d'élite. In estate le sue spiagge e le vie dello shopping pullulano di (*are swarming with*) attori e personaggi famosi italiani e internazionali.

Le spiagge sabbiose, però, sono ancora come ai tempi in cui «vestivamo alla marinara», per citare il titolo di un celebre romanzo di Susanna Agnelli. Un'importante parte dell'economia locale è senza dubbio il marmo bianco delle Alpi Apuane (detto anche marmo di Carrara), uno dei marmi più pregiati. Le cave di marmo (*marble quarries*) delle Alpi Apuane sono già utilizzate in età romana (*Roman era*). Diventano però famose nel Rinascimento, epoca in cui il marmo è usato in grandi quantità per la costruzione di edifici e chiese. E come dimenticare che il marmo di Carrara è il marmo utilizzato da Michelangelo, che tra il 1495 e il 1520 va spesso sulle Alpi Apuane a scegliere i blocchi di marmo con i quali realizza le proprie sculture.

1. Che cos'è la Versilia?

____

2. Come si chiamano le montagne che fanno da sfondo alla Versilia?

____

3. Com'è oggi il turismo della Versilia?

____

4. Per che cosa sono famose le Alpi Apuane?

____

5. Perché tra il 1495 e il 1520 Michelangelo va spesso sulle Alpi Apuane?

____

In pratica

GUARDIAMO

5.31 Prima di guardare: dopo la festa. It is the morning after the big party at the villa. Taylor and Giulia seem to have their work cut out for them! Preview this early scene without sound and select the correct answer to each of the following questions.

1. Chi lava i piatti?

   a. Giulia b. Taylor c. Giulia e Taylor d. né (*neither*) Giulia né (*nor*) Taylor

2. Chi fa il bucato?

   a. Giulia b. Taylor c. Giulia e Taylor d. né (*neither*) Giulia né (*nor*) Taylor

3. Chi annaffia le piante?

   a. Giulia b. Taylor c. Giulia e Taylor d. né (*neither*) Giulia né (*nor*) Taylor

4. Chi spazza?

   a. Giulia b. Taylor c. Giulia e Taylor d. né (*neither*) Giulia né (*nor*) Taylor

5. Chi apparecchia la tavola?

   a. Giulia b. Taylor c. Giulia e Taylor d. né (*neither*) Giulia né (*nor*) Taylor

6. Chi mette in ordine in cucina?

   a. Giulia b. Taylor c. Giulia e Taylor d. né (*neither*) Giulia né (*nor*) Taylor

7. Chi passa l'aspirapolvere?

   a. Giulia b. Taylor c. Giulia e Taylor d. né (*neither*) Giulia né (*nor*) Taylor

8. Chi porta fuori la plastica?

   a. Giulia b. Taylor c. Giulia e Taylor d. né (*neither*) Giulia né (*nor*) Taylor

5.32 Mentre guardi: Taylor, Sofia e Giulia. As you watch the episode, select all of the statements that accurately describe Taylor, Sofia, and Giulia.

1. Taylor...
   a. è a letto quando Sofia telefona.
   b. è sorpreso quando Sofia dice che arriva tra due ore.
   c. sveglia Giulia.
   d. vuole andare a Firenze con la madre.

2. Sofia...
   a. abita a Firenze.
   b. arriva a Roma in aereo.
   c. conosce bene il padre di Giulia.
   d. fa un regalo a Giulia.

3. Giulia...
   a. è la figlia di un regista famoso.
   b. non litiga mai con il suo ragazzo.
   c. aspetta il suo ragazzo a Roma nel pomeriggio.
   d. dice che gli orecchini di Sofia sono molto belli.

Nome: ______________________ Data: ______________________

5.33 Dopo aver guardato: mettiamo i sottotitoli! Match each image with the appropriate caption from the video.

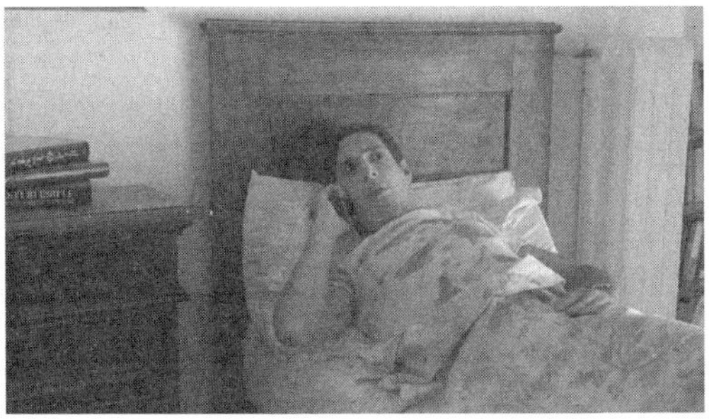

1. ______________________

3. ______________________

2. ______________________

4. ______________________

a. «E questi...sono tuoi!»
b. «A Roma, in Italia?»
c. «Io conosco bene tuo padre! Un pittore magnifico!»
d. «Tua madre?...Ma non vive a New York?»

5.34 Dopo aver guardato: suggerimenti. Imagine that you were a guest at Giulia's party last night. The next morning you call her to thank her for a wonderful time and learn that she is frantically getting ready for Sofia's unexpected visit. You suggest to her what she and Taylor can and should do to prepare. Continue the conversation, supplying your own and Giulia's lines.

ESEMPIO: TU: Ciao, Giulia! Grazie per la bella festa di ieri!

GIULIA: Eh, sì, proprio una bella festa! Ma lo sai che tra due ore arriva Sofia? Viene a trovare Taylor. E la casa è un disastro!

TU: ____

____

____

____

____

____

____

LEGGIAMO

5.35 Prima di leggere: le donne italiane sopra i 40. Read the title and the first sentence of the brief magazine article, and then choose the best answer for each of the following questions.

Casalinghe disperate o mamme *multitasking?*

Un'indagine (*investigation*) sul rapporto tra le donne italiane sopra i 40 e la tecnologia rivela alcuni interessanti aspetti socio-culturali del «gentil sesso» nell'era della digital home.

1. Che lavoro fa una casalinga?
   a. Si dedica ai lavori di casa e non ha un lavoro fuori casa.
   b. Ha un lavoro fuori casa.
2. Le donne «sopra i 40» quanti anni hanno?
   a. meno di quaranta
   b. più di quaranta
3. Con quale parola possiamo sostituire l'espressione «gentil sesso»?
   a. donne
   b. uomini

5.36 Mentre leggi: la qualità multitasking. As you read the article "Casalinghe disperate o mamme *multitasking*?" note (1) how Italian housewives are multitaskers, and (2) what concerns them about this role.

Casalinghe disperate o mamme *multitasking*?

Un'indagine (*investigation*) sul rapporto tra le donne italiane sopra i 40 e la tecnologia rivela alcuni interessanti aspetti socio-culturali del «gentil sesso» nell'era della *digital home*. Secondo il 75% delle italiane, le donne sono molto abili nel multitasking, ovvero sono capaci di fare più attività in simultanea, degli uomini. Ma quante e quali sono le attività che le donne fanno in casa, anche contemporaneamente? Moltissime. Il 77% delle donne, oltre a seguire i figli, farli giocare o studiare, fanno anche altre cose mentre sono in casa: cucinare, lavare, stirare e pulire.

Tutte le donne italiane si riconoscono questa qualità *multitasking*, tipica dei computer avanzati. Che aiuto vogliono dalla tecnologia? Le italiane hanno le idee molto chiare a questo proposito: la tecnologia deve semplificare e evitare (*avoid*) i lavori di casa, che prendono loro molto più tempo che alle altre donne europee. In altre parole, vogliono che i computer e le altre tecnologie elettroniche le aiutino a fare le faccende di casa più rapidamente.

____

____

____

____

____

Nome: ______________________ Data: ______________________

5.37 Dopo la lettura: le conclusioni. Answer the following questions in complete sentences.

1. Scrivi tutte le attività che le donne italiane fanno spesso in casa simultaneamente.

 ____

 ____

2. Che cosa vogliono le donne italiane dalla tecnologia? Perché?

 ____

 ____

PARLIAMO

5.38 Occasioni importanti. Your new Italian friends want to know what people in your country do to celebrate important events. Indicate three things you typically do at each of the following events, giving your answers orally.

1. per festeggiare il compleanno del tuo amico/della tua amica
2. per festeggiare la laurea di un tuo amico/di una tua amica
3. per festeggiare il matrimonio di tuo cugino/di tua cugina

5.39 I lavori domestici. One of your roommates is very untidy and your apartment is a mess. For each of the problems listed, tell him/her what he/she needs to do. Using the verb **dovere**, give your answers orally.

1. I piatti sono sporchi (*dirty*).
2. La casa è in disordine.
3. C'è molta polvere in casa.
4. Ci sono i suoi vestiti sporchi in lavanderia (*laundry room*).
5. Ci sono le sue magliette da stirare in lavanderia.
6. Le piante hanno bisogno di acqua.
7. Il bidone della spazzatura (*trash can*) è pieno (*full*).
8. Il frigorifero è vuoto (*empty*).

SCRIVIAMO

5.40 Scriviamo. Your friend Fabrizio has written you an e-mail telling you about a surprise birthday party that has been planned. First, read his e-mail and take note of the information he gives about his family. Then, write an e-mail of 5–6 lines to Fabrizio, telling him about a party you are going to soon. Tell him what the occasion is and which of your family members are going to be there.

Mercurio.it | Cerca nei messaggi | ACCEDI

SCRIVI | ALLEGATI | RUBRICA | MATRIMON... | +

Rispondi | Inoltra | Elimina | Spam | Sposta in

- Cartelle
  - Posta in arrivo 0/8
  - Posta inviata
  - Giga Allegati — Nuova
  - Spam (20/48) — Svuota
  - Cestino (12/18) — Svuota
  - Bozze
- Cartelle personali — Gestisci
  - Archivio
  - Bozze
  - Junk
  - Posta e ci ...
  - Inviati
  - Trash
- Cartelle altri account — Gestisci 0/0

SMS | MMS | FAX

Il compleanno di Flora

Da : fabriziogabi@mercurio.it — aggiungi | blocca — Mostra dettagli

A :

Ciao!

Come stai? Qui a Lucca stiamo tutti bene. Sabato prossimo festeggiamo il compleanno di mia sorella Flora. Io, mio fratello Roberto e mia sorella Lucia organizziamo una festa a sorpresa per lei.

Abbiamo invitato i suoi compagni di università e i nostri parenti: mia zia Nina, la sorella di mia madre, suo marito Giuseppe e i loro figli Tobia, Niccolò, Umberto e Ginevra. Mio padre è figlio unico e quindi non ha fratelli o sorelle. I miei nonni materni vengono alla festa ma i miei nonni paterni non vengono.

Loro abitano in Puglia e non stanno molto bene; perciò non possono fare viaggi lunghi. Se vieni in Italia la prossima estate, andiamo a trovarli, che ne dici? Abitano in un bel paese sul mare non lontano da Bari. Spero di ricevere presto tue notizie.

Saluti,
Fabrizio

CAPITOLO 6

CASA MIA, CASA MIA...

PERCORSO I

Le stanze e i mobili

VOCABOLARIO

Cosa c'è nel palazzo? E nell'appartamento? E nelle stanze? (Textbook, pp. 171–172)

6.1 Il palazzo e l'appartamento. Look at the drawing of an apartment building and label each structure and room by writing the correct Italian word, including the definite article.

1. ____________________
2. ____________________
3. ____________________
4. ____________________
5. ____________________
6. ____________________
7. ____________________
8. ____________________

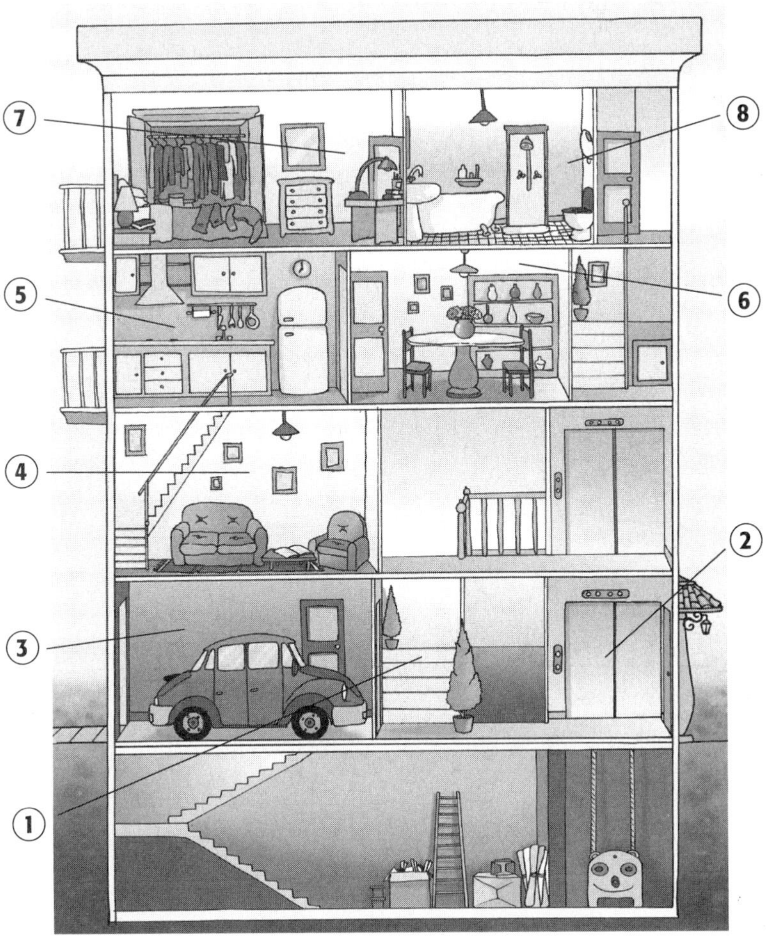

6.2 In quale stanza li trovi? Select the room in which you usually find the following pieces of furniture and objects.

1. il cassettone:	sala da pranzo	studio	camera da letto	bagno
2. la poltrona:	sala da pranzo	studio	camera da letto	bagno
3. l'armadio:	sala da pranzo	studio	camera da letto	bagno
4. la doccia:	sala da pranzo	studio	camera da letto	bagno
5. la vasca:	sala da pranzo	studio	camera da letto	bagno
6. il letto:	sala da pranzo	studio	camera da letto	bagno
7. il tavolo:	sala da pranzo	studio	camera da letto	bagno
8. il lampadario:	sala da pranzo	studio	camera da letto	bagno

6.3 In quale stanza fai queste attività? Match each activity with the room in which it most logically takes place.

1. svegliarsi _____	a. il balcone
2. cenare con i parenti _____	b. il bagno
3. guardare la televisione _____	c. il soggiorno
4. lavare i piatti _____	d. la sala da pranzo
5. farsi la barba _____	e. la camera da letto
6. annaffiare le piante _____	f. la cucina

6.4 Cercasi urgentemente appartamento. Aurora is looking for an apartment to rent. As you listen to what she says, write as much information as possible about her, what she is looking for, and why.

1. Chi è Aurora?

____

____

2. Che cosa cerca?

____

____

3. Perché?

____

____

Nome: ______________________ Data: ______________________

GRAMMATICA

Le preposizioni (Textbook, pp. 175–176)

6.5 Quale preposizione articolata? For each word or expression, select the appropriate preposition.

1. periferia di Bari
   a. nel
   b. nell'
   c. nella
2. quartiere San Paolo
   a. nel
   b. nella
   c. nell'
3. appartamento
   a. nella
   b. nell'
   c. nel
4. balcone
   a. sull'
   b. sulla
   c. sul
5. studio
   a. nel
   b. nello
   c. nella
6. pareti
   a. sui
   b. sulle
   c. sugli
7. gatti
   a. dei
   b. delle
   c. degli
8. tappeto
   a. sullo
   b. sulla
   c. sul

6.6 Dove? Complete each of the following phrases with the correct form of the preposition.

A. *a*

1. vicino __________________ porta
2. __________________ pianterreno
3. di fronte __________________ ascensore

B. *in*

4. __________________ zaino
5. __________________ armadio
6. __________________ cassettone

C. *su*

7. __________________ letto
8. __________________ sedia
9. __________________ pareti

6.7 Con o senza l'articolo? Read the following sentences and select the correct prepositions in each.

1. L'università è (in / nel) centro ma io abito (in / nella) periferia.
2. La Facoltà di Matematica è vicino (a / al) cinema, davanti (a / alla) biblioteca.
3. Torno (a / alla) casa alle sette e alle otto vado (in / nella) piscina.
4. I libri sono (in / nello) zaino e lo zaino è vicino (a / allo) stereo.
5. Il quaderno è (su / sul) letto e il letto è di fronte (a / all') armadio.
6. (Su / Sulla) scrivania ci sono le penne ma le matite sono (su / sul) tavolo.

6.8 Il tuo appartamento. Answer the following questions about your own place of residence in complete sentences, using the correct prepositions.

1. Dov'è il tuo appartamento / la tua casa?

____

2. Dov'è la tua camera da letto?

____

3. Dove guardi la televisione?

____

4. Dov'è il tuo computer?

____

5. Dove fai colazione?

____

6. Dove studi?

____

6.9 Il monolocale di Aurora. Listen to Aurora describe her new studio apartment. Then select the phrase that correctly completes each sentence.

1. L'appartamento di Aurora è...
   a. al secondo piano.
   b. al primo piano.
   c. al pianterreno.

2. Il letto è...
   a. a destra della finestra.
   b. a sinistra della finestra.
   c. sotto la finestra.

3. Il tappeto è...
   a. sul tavolino.
   b. per terra, sotto il tavolino.
   c. per terra, vicino al tavolino.

4. Sullo scaffale ci sono...
   a. il computer, dei libri e una lampada.
   b. il telefono e una lampada.
   c. dei libri, il telefono e una lampada.

Nome: ______________________ Data: ______________________

PERCORSO II

L'arredamento della casa

VOCABOLARIO

Cosa ci mettiamo? (Textbook, p. 179)

6.10 Mobili, accessori o elettrodomestici? For each word given, select the category it belongs to: **mobili**, **accessori**, or **elettrodomestici**.

1. il ferro da stiro:	mobili	accessori	elettrodomestici
2. il comodino:	mobili	accessori	elettrodomestici
3. lo stereo:	mobili	accessori	elettrodomestici
4. la radiosveglia:	mobili	accessori	elettrodomestici
5. il cassettone:	mobili	accessori	elettrodomestici
6. il frigorifero:	mobili	accessori	elettrodomestici
7. la stampante:	mobili	accessori	elettrodomestici
8. la poltrona:	mobili	accessori	elettrodomestici
9. la lavastoviglie:	mobili	accessori	elettrodomestici
10. il divano:	mobili	accessori	elettrodomestici

6.11 Che cosa metti? Write three items that one would likely need to furnish each of the following rooms.

1. la camera da letto: ______________________
2. la cucina: ______________________
3. il soggiorno: ______________________

6.12 Mobili e arredi. As you listen to the different statements about the location of several furnishings and objects, look at the drawing and indicate whether each statement is **vero, falso,** or **non presente.**

1. Vero Falso Non presente
2. Vero Falso Non presente
3. Vero Falso Non presente
4. Vero Falso Non presente
5. Vero Falso Non presente
6. Vero Falso Non presente
7. Vero Falso Non presente
8. Vero Falso Non presente

6.13 Lo studio di Carla. You will hear Carla and Giulia talk about Carla's new den. As you listen to their conversation, describe the room and furnishings and tell how Carla has them arranged.

____

____

____

____

____

____

____

____

____

____

Nome: ______________________ Data: ______________________

GRAMMATICA

Ci (Textbook, p. 181)

6.14 Cosa fa Gianni all'università? Your friend Gianni responded to a student survey about his daily activities on campus. Read his answers and write the questions that might logically have been asked.

ESEMPIO: *Cosa fai sul campo da tennis?*
Ci gioco a tennis con il mio amico Giorgio.

1. ______________________?
   Ci studio.
2. ______________________?
   Ci mangio.
3. ______________________?
   Ci bevo un caffè con gli amici.
4. ______________________?
   Ci nuoto.
5. ______________________?
   Ci leggo le mail.
6. ______________________?
   Ci ascolto i CD d'italiano.

6.15 Dove li mettiamo? You have just moved into a new apartment with a friend and you are discussing where to put some of your furnishings. Rewrite the sentences below, replacing the words in italics with ci.

ESEMPIO: Mettiamo il tavolino *nella camera da letto.*
Ci mettiamo il tavolino.

1. Mettiamo il divano *in salotto.* ______________________.
2. Mettiamo la lavatrice *in cucina.* ______________________.
3. Metto lo stereo *nella mia camera da letto.* ______________________.
4. Metti il computer *nella tua camera da letto.* ______________________.
5. Mettiamo la libreria *in salotto, davanti al divano.* ______________________.
6. Metto la bicicletta *sul balcone.* ______________________.

Ne (Textbook, p. 182)

6.16 La casa dei genitori di Gianni. Gianni's parents have just moved and a friend of his asks him about their new house. Complete his answers, using **ne**, as in the examples.

ESEMPI: Ha un ascensore?
Sì, *ne ha uno.*
Ha sette stanze? (8)
No, *ne ha otto.*

1. Ha tre piani? (2)
   No, ___________________.
2. Ha due balconi?
   Sì, ___________________.
3. Ha due camere da letto? (4)
   No, ___________________.
4. Ha tre bagni?
   Sì, ___________________.
5. Ha un garage?
   Sì, ___________________.
6. Ha un giardino?
   Sì, ___________________.

6.17 *Ci* o *ne*? A friend asks you questions about the party you are organizing. Write answers to her questions using either **ci** or **ne**.

ESEMPI: Tuo fratello viene alla festa?
Sì, ci viene. o *No, non ci viene.*
Inviti dei parenti?
Sì, ne invito. o *No, non ne invito.*

1. Quanti amici inviti alla festa?
   ____.
2. Anna viene alla festa?
   ____.
3. Piero e Sandro comprano della birra?
   ____.
4. Quante torte servi?
   ____.
5. Cosa metti in soggiorno?
   ____.
6. Vai spesso alle feste?
   ____.

Nome: ______________________ Data: ______________________

6.18 Com'è il tuo nuovo appartamento? One of your friends asks you several questions about your home. Listen to her questions and write your answers using **lo, la, li, le, ci,** or **ne** as appropriate.

ESEMPIO: You hear: Quante stanze hai?
You write: *Ne ho cinque.*

1. ______________________.
2. ______________________.
3. ______________________.
4. ______________________.
5. ______________________.
6. ______________________.
7. ______________________.
8. ______________________.

I numeri dopo 100 (Textbook, pp. 183–184)

6.19 Numeri sull'Italia. Match the first part of each sentence to the information that logically completes it.

1. La seconda guerra mondiale finisce _____
2. L'Italia ha circa _____
3. L'Italia vince il Campionato del Mondo di calcio _____
4. Sofia Loren nasce _____
5. Un vestito da sera di Armani costa circa _____
6. Una bottiglia di Chianti costa circa _____

a. 60.000.000 di abitanti.
b. 15 Euro.
c. nel 1945.
d. 3.000 Euro.
e. nel 2006!
f. nel 1934.

6.20 Identifica il numero. You will hear a number from each of the following series. Identify and select the number in each group.

1. 114	360	850	524
2. 213	330	490	919
3. 818	625	723	513
4. 667	777	984	534
5. 1.310	1.420	3.640	6.860
6. 10.467	50.312	100.000	2.000.000

PERCORSO III

Le attività in casa

VOCABOLARIO

Che cosa hanno fatto? (Textbook, pp. 187–188)

6.21 La serata di Stefania. Match each of the activities that Stefania did yesterday with the item or place that is best associated with it.

1. Ha nuotato. _____
2. Ha guardato un film. _____
3. Ha fatto il bucato. _____
4. Ha cenato con un amico. _____
5. Ha letto le mail. _____
6. Ha chiamato sua madre. _____
7. Ha annaffiato le piante. _____
8. Ha fatto una torta. _____

a. il ristorante
b. il cinema
c. il telefono
d. la piscina
e. la lavatrice
f. il forno
g. il balcone
h. il computer

6.22 Che cosa hanno fatto Marco e Silvana ieri? Look at the pictures of what Marco and Silvana did yesterday and match each drawing with the correct description.

1. __________

2. __________

3. __________

4. __________

5. __________

6. __________

a. Ha cantato sotto la doccia.
b. Ha guardato la TV.
c. Hanno cenato al ristorante.
d. Ha studiato e ascoltato la radio.
e. Ha passato l'aspirapolvere.
f. Ha spazzato.

Nome: ______________________ Data: ______________________

6.23 Com'è Angelo? Listen to Angelo's short description of how he spent his Sunday. Then indicate whether the following statements apply to him by selecting whether they are **vero** or **falso** or **non menzionato**.

1. Dedica la domenica mattina alle pulizie di casa e allo sport.	Vero	Falso	Non menzionato
2. È studioso e diligente.	Vero	Falso	Non menzionato
3. È pigro.	Vero	Falso	Non menzionato
4. Gli piace ascoltare la musica.	Vero	Falso	Non menzionato
5. Non gli piace mangiare davanti al televisore.	Vero	Falso	Non menzionato
6. Studia medicina.	Vero	Falso	Non menzionato
7. Va spesso a ballare.	Vero	Falso	Non menzionato
8. Il sabato sera esce con la sua ragazza.	Vero	Falso	Non menzionato

GRAMMATICA

Il passato prossimo con *avere* (Textbook, pp. 189–190)

6.24 Il participio passato. For each past participle listed below, select the conjugation it belongs to.

1. pulito	-are	-ere	-ire
2. bevuto	-are	-ere	-ire
3. offerto	-are	-ere	-ire
4. sentito	-are	-ere	-ire
5. fatto	-are	-ere	-ire
6. mangiato	-are	-ere	-ire
7. conosciuto	-are	-ere	-ire
8. scritto	-are	-ere	-ire
9. dato	-are	-ere	-ire
10. detto	-are	-ere	-ire

6.25 Presente o passato prossimo? Listen to the sentences and select whether the speaker is using verb forms in the **presente** or in the **passato prossimo**.

1. presente	passato prossimo
2. presente	passato prossimo
3. presente	passato prossimo
4. presente	passato prossimo
5. presente	passato prossimo
6. presente	passato prossimo

6.26 Che cosa hanno fatto? You are telling a friend what you and other people did yesterday. Complete the sentences by conjugating the verbs in parentheses in **the passato prossimo.**

ESEMPIO: Ieri sera Daniela (cenare) con il suo ragazzo.
Ieri sera Daniela *ha cenato* con il suo ragazzo.

1. Io __________________ (pranzare) con due amiche.
2. Michelle e Elena __________________ (parlare) con il professore d'italiano.
3. Noi __________________ (preparare) una torta.
4. Io e Marzia __________________ (pulire) la cucina.
5. Tu non __________________ (spedire) gli inviti.
6. Marisa e Rocco __________________ (servire) dello spumante e dei dolci.

Participi passati irregolari (Textbook, pp. 190–191)

6.27 *Io, lei, noi* o *loro?* Read the following sentences and select the correct subject pronoun for each of them.

1. Ho stirato per due ore.	io	tu	lei/lui	noi	voi	loro
2. Ha scritto una mail.	io	tu	lei/lui	noi	voi	loro
3. Hanno pranzato a casa.	io	tu	lei/lui	noi	voi	loro
4. Abbiamo visto una commedia a teatro.	io	tu	lei/lui	noi	voi	loro
5. Ha parlato con il professore d'italiano.	io	tu	lei/lui	noi	voi	loro
6. Hanno fatto la spesa al supermercato.	io	tu	lei/lui	noi	voi	loro
7. Avete spedito gli inviti per la festa.	io	tu	lei/lui	noi	voi	loro
8. Hai offerto un aperitivo alle mie amiche.	io	tu	lei/lui	noi	voi	loro

6.28 Brevi conversazioni tra studenti. A group of students are talking while having lunch at the cafeteria. Complete the short dialogues with the correct past participle forms of the verbs in parentheses.

1. — Perché hai (parlare) __________________ con Federica?

   — Perché voglio fare una festa di compleanno per Carlo.
2. — Maria, ho (sapere) __________________ che ti laurei.

   — Chi ti ha (dire) __________________ che mi laureo? Ma se non ho ancora (finire) __________________ gli esami!
3. — Ho (comprare) __________________ un computer nuovo.

   — Quanto lo hai (pagare) __________________?
4. — Arianna ha (regalare) __________________ a Elisa un bel tappeto arancione.

   —Dove l'ha (mettere) __________________?

   —Davanti al divano.
5. — Abbiamo (pulire) __________________ il nostro appartamento tutta la mattina.

   — Io, invece, ho __________________ (leggere) un bel libro e ho (scrivere) __________________ delle mail.

6. — Elisabetta, hai (conoscere) ____________________ il nuovo studente americano?
   — Quel ragazzo che ha (dare) ____________________ una festa la settimana scorsa?
7. — Avete (fare) ____________________ la spesa?
   — No, abbiamo (decidere) ____________________ di andare al supermercato domani.
8. — Hai (prendere) ____________________ un regalo per Giacomo?
   — No, non l'ho ancora (cercare) ____________________.

6.29 Che cosa ha fatto Diego? You will hear Diego talking about four things he did. Write the activity he did, the person he did it for, when he did it, and for which occasion. Follow the example closely.

ESEMPIO: You hear: Ieri ho comprato un regalo per mio fratello. È il suo compleanno.
You answer:

Che cosa?	Per chi?	Quando?	Quale occasione?
un regalo	*il fratello*	*ieri*	*compleanno*

	Che cosa?	Per chi?	Quando?	Quale occasione?
1.	______________	______________	______________	______________
2.	______________	______________	______________	______________
3.	______________	______________	______________	______________
4.	______________	______________	______________	______________

L'accordo del participio passato con i pronomi di oggetto diretto (Textbook, p. 192)

6.30 Una cena. Some friends are getting ready for a formal dinner. Complete the following sentences by writing the correct direct-object pronoun and the correct ending of the past participle.

ESEMPIO: (i biscotti) ________ ha comprat ________ Valeria.
Li ha comprat*i* Valeria.

1. (il vino) ________ ho pres ________ io.
2. (la frutta) ________ hanno comprat ________ loro.
3. (gli antipasti) ________ ha preparat ________ Rachele.
4. (le lasagne) ________ ho cucinat ________ io.
5. (le bottiglie di vino) ________ ho comprat ________ sei.
6. (il tiramisù) ________ ha portat ________ Sandra.

6.31 Lo sai che... ? Enrica just moved into a new apartment. Giovanna is curious and asks her a few questions. Complete Enrica's answers by using the appropriate direct-object pronouns to replace the nouns in italics and making all necessary changes, adding the correct endings to the past participles.

ESEMPIO: Dove hai messo *la nuova scrivania*?
L'ho mess*a* nello studio.

1. Dove hai messo *la poltrona*?

   _____ ho mess _____ vicino alla finestra.
2. Hai comprato *le sedie* per la cucina?

   Sì, _____ ho comprat _____ ieri.
3. Hai comprato *i comodini* per la camera da letto?

   No, non _____ ho ancora comprat _____.
4. Hai preso *il divano*?

   No, non _____ ho ancora pres _____.
5. Dove hai messo *le piante*?

   _____ ho mess _____ in soggiorno.
6. *Quanti tappeti* hai comprato?

   _____ ho comprat _____ due.

6.32 L'hai fatto? Your roommate comes back from a weekend away and wants to know whether you made all the preparations for the party you were planning. Answer your roommate's questions using the appropriate direct-object pronouns. Make sure to change the past participle when necessary!

ESEMPIO: Hai fatto il bucato?
Sì, *l'ho fatto.* OR
No, *non l'ho fatto.*

1. Hai fatto la spesa?

   Sì, ____________________.
2. Hai spedito gli inviti?

   Sì, ____________________.
3. Hai ordinato la torta?

   No, ____________________.
4. Hai invitato i tuoi genitori?

   Sì, ____________________.
5. Hai chiamato Luisa?

   No, ____________________.
6. Hai comprato l'aperitivo?

   No, ____________________.

Nome: ______________________ Data: ______________________

ATTRAVERSO IL FRIULI-VENEZIA GIULIA E LA PUGLIA

6.33 Il Friuli-Venezia Giulia e la Puglia. Reread the cultural section in your textbook and answer the following questions in short answers, based on the highlighted Italian regions.

1. Dov'è il Friuli-Venezia Giulia?

   ____

2. Dov'è la Puglia?

   ____

3. Quale regione italiana confina con il Friuli-Venezia Giulia?

   ____

4. Quali nazioni europee confinano con il Friuli-Venezia Giulia?

   ____

5. Quali sono le città più importanti del Friuli-Venezia Giulia?

   ____

6. Quali regioni italiane confinano con la Puglia?

   ____

7. Quali sono i mari della Puglia?

   ____

8. Quali sono le città più importanti della Puglia?

   ____

In pratica

GUARDIAMO

6.34 Prima di guardare: il video della band. Watch a scene from the video episode, and fill in the blanks with the words you hear. Elena and Roberto are at the villa preparing the set to shoot the video. The band is there.

1. ELENA: Va bene, allora giriamo in veranda. È come un __________.
2. ELENA: Portiamo dei __________ però.
3. ELENA (CONT.): Paolo, eh, senti... tu... vai __________ __________ __________

4. ROBERTO: Ma chi ci va __________ __________?
5. ELENA: Senti, Paolo, mettiti sul divano. Giovanni, vieni qui. Tu mettiti __________ __________ __________.
6. ELENA (CONT.): Vieni, Riccardo. Tu __________ __________
7. ROBERTO: Elena, possiamo utilizzare questo __________?
8. ROBERTO (CONT.): Elena, che cosa ne pensi dei __________?

6.35 Mentre guardi: Elena e Roberto litigano. As you watch the video, select the most appropriate word or phrase to complete each of the following statements.

1. Elena vuole girare (*to shoot*) il video in...
   a. salotto.
   b. soggiorno.
   c. cucina.
2. Roberto vuole girare il video in...
   a. salotto.
   b. soggiorno.
   c. cucina.
3. Elena preferisce Paolo...
   a. sul divano.
   b. vicino al tavolo.
   c. vicino alla libreria.
4. Roberto vuole utilizzare...
   a. il divano.
   b. il tappeto.
   c. i quadri.
5. Roberto chiede a Elena...
   a. che cosa ne pensa dei quadri.
   b. di mettere (*move*) i quadri alle pareti.
   c. di spostare i quadri.
6. Elena dice a Taylor che...
   a. lei e Roberto hanno litigato.
   b. Roberto è insopportabile.
   c. Roberto non ha voluto finire di girare il video.

Nome: ______________________________ Data: ______________________

6.36 Dopo aver guardato: Che mobili ci sono in veranda? Look carefully at the photo of the villa's veranda, and then describe it in as much detail as you can. List all the pieces of furniture you see and describe where they are in relation to one another. Use each of the following expressions at least once.

al centro di	per terra	di fronte a	vicino a	a destra/sinistra di

____

____

____

____

____

____

LEGGIAMO

6.37 Prima di leggere: la casa «intelligente». First, decide which of the following characteristics the "smart home" of the future will have. Make a list of the characteristics that you think may be possible, but not yet readily available.

1. dispositivi e sensori per controllare il consumo di acqua, gas ed elettricità
2. sensori per controllare la temperatura e l'umidità
3. porte e finestre automatiche
4. controllo vocale degli elettrodomestici
5. controllo vocale del sistema di sicurezza
6. controllo telefonico di apparecchiature e dispositivi elettrici
7. diffusione di audio e video in tutte le stanze
8. elettrodomestici con funzioni multiple
9. robot dog-sitter / giardiniere
10. robot maggiordomo (butler)

____

____

____

____

6.38 **Mentre leggi: un prototipo.** The article below describes the "smart home" of the future. As you read it, write down all the words and expressions related to technology that you think are relevant.

L'intelligenza è di casa

La IBM sta lavorando a un prototipo di casa intelligente dotato di arredi e apparecchiature capaci di svolgere molte attività, dal monitoraggio della frequenza cardiaca (*heart rate*) all'invio di messaggi online per avvisare che la porta del garage è aperta.

Gli esperti descrivono la casa intelligente come una casa con molte apparecchiature elettriche ed elettroniche, controllate da un computer, che comunicano tra di loro. Ma quali sono le differenze tra una casa tradizionale e una casa intelligente?

La casa intelligente facilita il lavoro domestico: apre e chiude porte e finestre, mette in funzione gli elettrodomestici e distribuisce musica e immagini in tutte le stanze. Inoltre, permette di mettere in funzione gli elettrodomestici mentre siamo fuori casa con il telefono cellulare.

La casa intelligente permette anche un uso più efficiente degli apparati elettrici ed elettronici al suo interno. Gli elettrodomestici, ad esempio, possono avere funzioni multiple: un forno a microonde si può anche usare per guardare la televisione, un frigorifero si può collegare a Internet e permette a una persona di navigare la rete o inviare messaggi elettronici.

«Casa intelligente» significa anche sicurezza (*security*): un sensore è capace di avvisarti, al cellulare o in ufficio, se c'è una perdita (*leak*) nell'impianto del gas o nell'impianto idrico. È quindi possibile controllare la tua casa e la gestione di tutte le apparecchiature e gli elettrodomestici quando sei fuori.

Possiamo dire, quindi, che la casa del futuro è una versione tecnicamente più sofisticata della casa del presente. Garantisce comfort, sicurezza e comunicazione multimediale. Ma una casa ultratecnologica cambia la vita delle persone in positivo o in negativo?

____

____

____

6.39 **Dopo la lettura: Le conclusioni.** Based on the information of the reading, select the option that best completes the initial phrase in order to form true statements.

1. La casa intelligente è dotata di...
   a. molti arredi moderni.
   b. molti arredi tradizionali.
   c. tante apparecchiature elettroniche.
2. La casa intelligente semplifica...
   a. il lavoro domestico.
   b. la comunicazione multimediale.
   c. i rapporti familiari.
3. Si possono mettere in funzione gli elettrodomestici con...
   a. un computer.
   b. un sensore.
   c. un telefono cellulare.

4. Con il forno a microonde si può...
   a. navigare la rete.
   b. guardare la televisione.
   c. inviare messaggi elettronici.

5. Un frigorifero si può collegare...
   a. a Internet.
   b. alla porta del garage.
   c. all'impianto idrico.

6. La casa ultratecnologica è...
   a. la casa del presente.
   b. la casa del futuro.
   c. una casa che tutti sognano.

PARLIAMO

6.40 Il tuo appartamento. A new friend of yours wants to know more about where you live. Answer his questions about your apartment or house orally.

1. ...
2. ...
3. ...
4. ...
5. ...
6. ...

6.41 Che cosa hai fatto domenica scorsa? Think about four things you did last Sunday and organize your ideas. Then give an oral description of your day, using the following expressions of time: **prima, poi, più tardi, infine (prima di andare a letto).**

1. Prima,...
2. Poi,...
3. Più tardi,...
4. Infine,...

SCRIVIAMO

6.42 Prima di scrivere. In the following announcement, the School of Architecture of the University of Bari invites its students to participate in the contest "L'appartamento automatizzato del futuro" and explains the requirements. First, read the announcement below. Then, since you decide to participate in the contest, prepare an outline of notes in which you explain and organize the information requested in point 2.

La Facoltà di Architettura del Politecnico di Bari invita gli studenti a partecipare al concorso:

«L'appartamento automatizzato del futuro»

Primo premio: uno stage di sei mesi a Genova o a Parigi presso il prestigioso «Renzo Piano Building Workshop».

Gli studenti che vogliono partecipare devono inviare le seguenti informazioni per posta elettronica alla Segreteria della Facoltà di Architettura (segreteria@arch.poliba.it) **entro il 31 dicembre**:

1. il modulo (che può essere ritirato in segreteria) con le informazioni personali
2. una descrizione dell'appartamento automatizzato del futuro con le seguenti informazioni:
   - **a.** il numero di stanze, balconi e finestre;
   - **b.** gli elettrodomestici con funzioni multiple;
   - **c.** i dispositivi e i sensori e le loro funzioni;
   - **d.** gli arredi e le apparecchiature elettriche ed elettroniche e le loro funzioni.
3. un progetto del vostro appartamento automatizzato del futuro.

Non perdete l'occasione di fare un'esperienza eccezionale!

____

____

____

____

6.43 Scriviamo. Now write a short paragraph describing your apartment of the future to submit to the contest "L'appartamento automatizzato del futuro."

____

____

____

____

____

____

____

____

CAPITOLO 7

CHE HAI FATTO DI BELLO?

PERCORSO I

Le attività del tempo libero

VOCABOLARIO

Cosa hai fatto il weekend scorso? (Textbook, pp. 203–204)

7.1 Caratteristiche delle attività del tempo libero. Decide which of the following leisure activities you would most likely do individually (**individualmente**) or with a partner (**a coppie**) or with a group of friends (**in gruppo**), and list them in the appropriate category, according to your preference.

andare ad un museo	giocare a pallacanestro	andare fuori a cena
andare in palestra	fare spese	fare scherma
fare equitazione	giocare a pallavolo	leggere fumetti
andare in montagna	andare ad un concerto	giocare a bowling

Individualmente:

____

____

A coppie:

____

____

In gruppo:

____

____

7.2 È un'occupazione attiva o passiva? Now categorize the following leisure activities, grouping together those that require a lot of physical exertion (**più attiva**) and those that require little (**meno attiva**).

andare in campagna	giocare a scacchi	andare a cavallo
fare footing	fare aerobica	giocare a hockey
fare una gita	giocare a calcio	
allenarsi	andare a teatro	

1. Più attiva:

____

____

2. Meno attiva:

____

____

7.3 Dove fai queste attività? Match each of the following places with the leisure activities that are most typically associated with them.

1. sul ghiaccio _______	a. leggere un libro
2. in palestra _______	b. andare a cavallo
3. a casa _______	c. cenare
4. in centro _______	d. fare footing
5. al ristorante _______	e. giocare a golf
6. al parco _______	f. giocare a hockey
7. in campagna _______	g. fare bodybuilding
8. sul campo da golf _______	h. fare spese

7.4 Cosa hanno fatto? You will hear four students describing a sequence of activities they recently did. As you listen to each one, select all the activities that you hear him/her mention.

1. **Vanda:**
   fare footing
   giocare a calcio
   fare alpinismo
   fare la doccia
   andare in palestra
   fare la spesa
2. **Sandro:**
   giocare a tennis
   vedere una mostra
   fare bodybuilding
   andare al cinema
   nuotare
   giocare a scacchi
3. **Lucrezia:**
   giocare a golf
   andare in discoteca
   fare aerobica
   andare al ristorante
   sciare
   andare a letto
4. **Francesco:**
   suonare il piano
   studiare
   giocare a pallacanestro
   andare ad un concerto rock
   giocare a hockey
   giocare a pallavolo

GRAMMATICA

Il passato prossimo con *essere* (Textbook, pp. 205–207)

7.5 Chi lo ha fatto? Complete the sentences by filling in the blanks with the correct subjects from the word bank.

io	io e Marco	Lidia e Giacomo	Michela e Elisa
Matteo	tu e Federico	tu	Ilaria

1. Ieri ________________________ è tornato a casa alle tre.
2. Sabato scorso ________________________ sono uscite con i loro amici.
3. Martedì scorso ________________________ ti sei svegliata presto.
4. Ieri sera ________________________ si è divertita molto in discoteca.
5. Una settimana fa ________________________ siete venuti a teatro con me.
6. Domenica scorsa ________________________ sono rimasti a casa tutto il giorno.
7. L'altro ieri ________________________ mi sono messa il vestito nuovo.
8. Una settimana fa ________________________ siamo andati ad un concerto rock.

7.6 Che cosa hanno fatto ieri? Costanza is telling her friend Anna what some of the people they know did yesterday. Complete the sentences below with the correct form of **essere**.

1. Camilla e Enrico si ______________________ alzati alle sette.
2. Serena ______________________ andata in piscina alle otto.
3. I nostri amici americani ______________________ partiti per un viaggio.
4. Carlo ______________________ arrivato in palestra alle undici.
5. Tu ______________________ uscita con tua sorella e le sue amiche.
6. Io e Maria ci ______________________ riposate.
7. Tu e Simona ______________________ venute a cena a casa mia.
8. Io mi ______________________ addormentata a mezzanotte.

7.7 Che cosa hanno fatto durante il fine settimana? Complete the following sentences, conjugating the verbs in the **passato prossimo**. All of the verbs take the auxiliary verb **essere**. Pay particular attention to reflexive verbs!

1. Io e Paolo ______________________ (andare) a un concerto.
2. Maria ______________________ (alzarsi) alle sette.
3. Marco ______________________ (arrivare) da Trento.
4. Viola, ______________________ (restare) a casa?
5. Io (*f.*) ______________________ (partire) con Giuseppe.
6. Tu e Andrea ______________________ (uscire) con i vostri amici.
7. Mia madre e le sue amiche ______________________ (divertirsi) a fare spese.
8. La zia Cecilia ______________________ (riposarsi)!

7.8 La domenica di Francesco. Read what Francesco did last Sunday and fill in the blanks with the correct **passato prossimo** forms of the verbs in parentheses. Pay attention to the choice of the right auxiliary verb: **essere** or **avere**?

A. (1. fare) __________________ colazione al bar sotto casa e poi (2. andare) __________________ in palestra. Più tardi, (3. tornare) __________________ a casa, (4. farsi) __________________ la doccia e (5. mangiare) __________________ un panino. (6. studiare) __________________ dalle tre alle sei e poi (7. fare) __________________ una passeggiata in centro e (8. tornare) __________________ a casa alle sette.

B. Alberto (9. arrivare) __________________ alle sette e mezza. Noi (10. cenare) __________________ insieme e poi (11. giocare) __________________ a scacchi fino alle undici. Poi Alberto (12. tornare) __________________ a casa e io (13. lavarsi) __________________ i denti, (14. mettersi) __________________ il pigiama e (15. andare) __________________ a letto.

7.9 Il sabato di Vanessa. Read what Vanessa and Elena did last Saturday and fill in the blanks with the correct **passato prossimo** form of the verbs in parentheses.

Vanessa (1. alzarsi) ________________ tardi, poi (2. andare) ________________ a fare footing al parco con Elena. Alle due del pomeriggio loro (3. tornare) ________________ a casa di Vanessa e (4. farsi) ________________ una doccia. Più tardi, (5. arrivare) ________________ anche il fratello di Vanessa, Carlo, e i tre ragazzi (6. uscire) ________________ insieme. Loro (7. andare) ________________ al cinema e poi in pizzeria. Fuori dalla pizzeria, (8. salutarsi) ________________ e (9. tornare) ________________ a casa. Vanessa (10) ________________ (addormentarsi) a mezzanotte.

7.10 Messaggi nella segreteria telefonica. Listen to the messages left by Roberto and Patrizia and complete them by selecting the verb forms you hear.

A. Ciao Enrico, sono Roberto. Telefono per dirti che ieri (1. mi sono divertito / mi sono annoiato) molto. Quanto (2. abbiamo sciato / abbiamo nuotato)! (3. Sono ritornato / Sono arrivato) a casa alle dieci e (4. sono venuto / sono andato) subito a dormire. E tu cosa (5. hai mangiato / hai fatto) dopo la mia partenza? (6. Sei andato / Sei tornato) al cinema con Elena e Valentina? Richiamami (*Call me back*)... e non studiare troppo!

B. Ciao ragazze, sono Patrizia. Non (1. vi ho viste / vi ho incontrate) all'università oggi. Va tutto bene? Ieri non (2. sono arrivata / sono venuta) alla lezione d'italiano perché (3. sono tornata / sono andata) a fare spese con mia cugina. (4. Ho trascorso / Ho passato) un bel pomeriggio ma ora ho bisogno di sapere cosa (5. avete fatto / avete studiato) a lezione ieri. La professoressa (6. ha spiegato / ha presentato) il passato prossimo dei verbi riflessivi? Aiuto! Chiamatemi appena ascoltate questo messaggio. Grazie.

7.11 La mia vita finora... Listen to Bianca speak about her life to date and select whether the following statements are **vero**, **falso**, or **non menzionato**.

1. Bianca è nata in California nel 1985.	Vero	Falso	Non menzionato
2. Si è laureata in Scienze Politiche nel 2008.	Vero	Falso	Non menzionato
3. Nel 2009 ha iniziato un Master in Relazioni Internazionali negli Stati Uniti.	Vero	Falso	Non menzionato
4. Bianca fa footing tutte le mattine.	Vero	Falso	Non menzionato
5. L'ultima volta che è uscita a divertirsi con gli amici è stato tre settimane fa.	Vero	Falso	Non menzionato

Nome: ______________________ Data: ______________________

PERCORSO II

Le attività sportive

VOCABOLARIO

Che sport fai? (Textbook, p. 210)

7.12 Che sport praticano? Look at the drawing and match each number with the sport to which it corresponds.

_______ a. fare bodybuilding

_______ b. fare ciclismo

_______ c. nuotare

_______ d. giocare a pallacanestro

_______ e. fare footing

_______ f. fare windsurf

_______ g. giocare a calcio

7.13 Gli oggetti e i luoghi per lo sport. Select the sport(s) you associate with the following objects or places. More than one answer may be correct for each.

1. la partita:	il calcio	la pallacanestro	il tennis	il golf	il nuoto
2. la mazza da golf:	il calcio	la pallacanestro	il tennis	il golf	il nuoto
3. la palla:	il calcio	la pallacanestro	il tennis	il golf	il nuoto
4. il costume da bagno:	il calcio	la pallacanestro	il tennis	il golf	il nuoto
5. lo stadio:	il calcio	la pallacanestro	il tennis	il golf	il nuoto
6. la squadra:	il calcio	la pallacanestro	il tennis	il golf	il nuoto
7. la racchetta:	il calcio	la pallacanestro	il tennis	il golf	il nuoto
8. la piscina:	il calcio	la pallacanestro	il tennis	il golf	il nuoto

7.14 Praticante o tifoso/a? For each of the following activities, select whether it applies to a person who plays sports (**praticante**) or to a sports fan (**tifoso/a**).

1. allenarsi	praticante	tifoso/a
2. seguire le partite	praticante	tifoso/a
3. praticare uno sport	praticante	tifoso/a
4. vincere una partita	praticante	tifoso/a
5. guardare la partita allo stadio	praticante	tifoso/a
6. fare una partita con gli amici	praticante	tifoso/a

7.15 Che sport è? Listen to the following four descriptions and select from the word bank the name of the sport to which each one corresponds.

il ciclismo	l'equitazione	il pattinaggio	la scherma
il calcio	il golf	lo sci	il bodybuilding

1. ____________________
2. ____________________
3. ____________________
4. ____________________

Nome: ______________________ Data: ______________________

7.16 Che sport fanno? Look at the following drawings and identify the sport they are playing. Use complete sentences.

1. ______________________

2. ______________________

3. ______________________

4. ______________________

GRAMMATICA

Il *si* impersonale (Textbook, p. 212)

7.17 Come si gioca a tennis? Read the following list of activities and decide which ones are usually (**di solito**) done when playing tennis, which ones are always (**sempre**) done, and which ones are never (**mai**) done. Select the appropriate option accordingly.

1. Si va al campo di calcio.	Di solito	Sempre	Mai
2. Si cerca un compagno o dei compagni.	Di solito	Sempre	Mai
3. Si fa la doccia prima di giocare.	Di solito	Sempre	Mai
4. Si indossano le scarpe da tennis.	Di solito	Sempre	Mai
5. Si usano la racchetta e le palle.	Di solito	Sempre	Mai
6. Si beve acqua durante la partita o l'allenamento.	Di solito	Sempre	Mai

7.18 Cosa si fa nel tempo libero? Tell a new Italian friend some of the activities that are common among students at your school. Complete the sentences with the correct impersonal construction, using the verbs given.

ESEMPI: (leggere) ________________ fumetti.
Si leggono fumetti.
(dorme) ________________ molto.
Si dorme molto.

1. (andare) ________________ a teatro.
2. (suonare) ________________ il pianoforte o (ascoltare) ________________ musica.
3. (guardare) ________________ un film.
4. (fare) ________________ spese.
5. (pratica) ________________ dello sport.
6. (chiacchierare) ________________ al telefono.
7. (scrivere) ________________ molte mail agli amici.
8. (uscire) ________________ con gli amici.

7.19 Che cosa rispondi? Listen to the following questions, and then write your answers in Italian, using complete sentences.

1. ____
2. ____
3. ____
4. ____

I pronomi tonici (Textbook, pp. 213–214)

7.20 Brevi conversazioni tra amici. Complete the following short dialogues between friends by filling in the blanks with the appropriate disjunctive pronoun.

ESEMPIO: GIANNI: Vai al concerto con Anna e Massimo?
NICOLA: Sì, vado con *loro*.

1. LUCA: Stefano, vieni da me sabato sera?

   STEFANO: Sì, certo, vengo da ______________.

2. GIOIA E ENRICA: Sono per noi questi biglietti?

   LA MAMMA: Sì, sono per ______________. Sono due biglietti per il concerto di Eros Ramazzotti.

3. UGO: Giochi sempre a pallavolo con i tuoi compagni di università?

   VINCENZO: Sì, gioco sempre con ______________. Sono bravi e simpatici.

4. SILVIA: Ho parlato al telefono con Pietro. Mi ha chiesto di te e di Martina.

   MARIA: Ti ha chiesto di ______________ e di ______________? Ma se non lo vediamo da due anni!

7.21 Prima di andare allo stadio. Complete the dialogue between Paolo and Giacomo by filling in the blanks with the appropriate disjunctive pronouns.

PAOLO: Giacomo, io esco da casa ora. Vieni con (1) ______________?

GIACOMO: No, non posso venire con (2) ______________. Devo finire i compiti di matematica.

PAOLO: Va bene. Allora vieni più tardi con Roberto?

GIACOMO: Sì, vengo con (3) ______________ tra mezz'ora.

PAOLO: Vengono anche Marta e Giovanna?

GIACOMO: No, veniamo senza di (4) ______________. Sono arrabbiate con (5) ______________ perché andiamo allo stadio tutte le domeniche!

PERCORSO III

I programmi per il tempo libero

VOCABOLARIO

Allora, che facciamo? (Textbook, p. 217)

7.22 L'intruso. Select the word or expression that does not belong in each group.

1. **a.** il regista	**b.** l'attrice	**c.** il film	**d.** il canale TV
2. **a.** il televisore	**b.** il gruppo musicale	**c.** il canale TV	**d.** guardare MTV
3. **a.** la cantante	**b.** il cantautore	**c.** il film comico	**d.** il musicista
4. **a.** il canale TV	**b.** lo spettacolo	**c.** la locandina	**d.** il biglietto

7.23 I tuoi spettacoli preferiti. A friend of yours inquires about your entertainment preferences. Using the adverbs **molto, abbastanza,** and **per niente,** explain your level of interest in each of the following activities.

ESEMPIO: guardare un film dell'orrore
Guardare un film dell'orrore non mi piace per niente.

1. guardare un film drammatico
____

2. andare fuori a cena
____

3. ascoltare un concerto di musica classica
____

4. andare al museo d'arte contemporanea
____

5. guardare un film di fantascienza
____

6. guardare MTV
____

7. guardare lo sport in televisione
____

7.24 Dove andiamo? Listen to the four short dialogues and write the place where the people in each dialogue are going or planning to go.

1. ____________________
2. ____________________
3. ____________________
4. ____________________

GRAMMATICA

Interrogativi (Textbook, p. 219)

7.25 Quante domande! Complete the following questions by selecting the correct interrogative words.

1. [Chi ; Dove ; Perché ; Come] si guarda una partita di calcio?

   Allo stadio o in televisione.

2. [Quando ; Quanti ; Quale ; Che cosa] si usa per giocare a tennis?

   Le racchette e le palline.

3. [Quanto ; Dove ; Quale ; Perché] si spende per andare al cinema?

   Un biglietto costa 8 euro.

4. [Cosa ; Come ; Quanto ; Quali] sport preferisci?

   Il nuoto e il football americano.

5. Con [quale ; chi ; cosa ; quante] esci di solito la sera?

   Con le mie amiche.

6. [Dove ; Come ; Perché ; Chi] non vai mai a teatro?

   Non mi piace. Mi annoio.

7.26 Una mamma ansiosa. Vanessa is having lunch with her mom, who asks her a lot of questions about her Saturday nights out. What questions must Vanessa's mom ask in order to get the indicated responses from her daughter? Write the questions in the spaces provided.

1. ______________________________?

   Vado in discoteca con i miei compagni.

2. ______________________________?

   Ci piace ballare e ascoltare musica.

3. ______________________________?

   Venticinque euro, ma il prezzo include le consumazioni.

4. ______________________________?

   Verso le due del mattino.

5. ______________________________?

   «Rock City», la musica è fantastica e c'è bella gente.

6. ______________________________?

   In macchina. Di solito con quella di Mark.

7.27 Qual è l'informazione? Listen as the speaker asks a series of questions. After each question, select the kind of information that would most likely be contained in the answer.

1. a. un luogo b. un nome c. una quantità
2. a. un'ora b. un nome c. un luogo
3. a. un nome b. un'attività c. un'ora
4. a. un'attività b. una quantità c. un nome
5. a. un'ora b. una quantità c. un'attività
6. a. un luogo b. un'attività c. una quantità

ATTRAVERSO LA VALLE D'AOSTA E IL TRENTINO-ALTO ADIGE

7.28 La Valle d'Aosta e il Trentino-Alto Adige. Reread the cultural section in your textbook and then complete the following sentences by selecting the correct information from the word bank.

francese	italiano	colori	antico	nord	Austria	Bianco
seicento	italiano	tedesco	Valle d'Aosta	ladino	Trentino-Alto Adige	

1. La Valle d'Aosta ed il Trentino-Alto Adige sono due regioni nel ________________ d'Italia. La prima è nel nord-ovest e la seconda è nel nord-est.
2. La montagna più alta d'Europa è il Monte ________________.
3. Le due lingue ufficiali della Valle d'Aosta sono il ________________ e l' ________________.
4. Il Parco Nazionale del Gran Paradiso è il più ________________ d'Italia e si estende per circa ________________ chilometri quadrati.
5. Le Dolomiti sono famose per i loro splendidi ________________.
6. Nel Trentino-Alto Adige si parlano tre lingue: l' ________________, il ________________ e il ________________.
7. Aosta è la città più importante della ________________ e Bolzano è la città più importante del ________________.
8. Prima del 1918, Bolzano apparteneva all' ________________.

Nome: ______________________ Data: ______________________

In pratica

GUARDIAMO

7.29 Prima di guardare: Cosa ha fatto Giulia questa settimana? Con chi? Dove? In preparation for watching this chapter's video episode, look at the photos, and guess what Giulia did this week.

1. Mercoledì, Giulia...

____

______________________.

2. Durante il fine settimana, Giulia...

____

______________________.

3. Sabato mattina, Giulia...

____

______________________.

4. Sabato sera, Giulia...

____

______________________.

7.30 Mentre guardi: al parco e poi... spiaggia! As you watch the video, select the most appropriate word or phrase to complete each of the following statements about Elena and Giulia.

1. Dopo aver fatto footing nel parco, Elena vorrebbe andare...
   - **a.** fuori a cena.
   - **b.** in palestra.
   - **c.** in Valle d'Aosta.
   - **d.** a ballare
2. Giulia preferisce andare...
   - **a.** a teatro.
   - **b.** a vedere un film.
   - **c.** a Sorrento.
   - **d.** in pizzeria.
3. Nel weekend...
   - **a.** Elena deve lavorare al video.
   - **b.** Giulia vuole vedere Pietro.
   - **c.** Elena vuole andare al mare.
   - **d.** Giulia deve studiare.
4. Nel pomeriggio Giulia si sente meglio perché ... per almeno 45 minuti!
   - **a.** ha nuotato
   - **b.** ha fatto footing.
   - **c.** ha litigato con Roberto.
   - **d.** non ha pensato a Pietro.
5. Giulia dice che Roberto parla sempre bene di...
   - **a.** Elena.
   - **b.** Taylor.
   - **c.** lei.
   - **d.** sé.
6. Giulia dice che... è una bella persona.
   - **a.** Elena
   - **b.** Roberto
   - **c.** Pietro
   - **d.** Taylor

7.31 Dopo aver guardato: Cosa rispondono? Match each of Giulia's and Elena's questions or statements from this episode to the appropriate response.

1. ELENA: Vogliamo andare a mangiare fuori stasera? ______
2. GIULIA: Il teatro occupato? Perché non andiamo al cinema, invece? ______
3. ELENA: Io no. E tu, devi lavorare? ______
4. GIULIA: Lo sai che praticamente l'Italia unita è nata a Gaeta? ______
5. ELENA: Cosa avete fatto? ______
6. GIULIA: Aspetta. Sono io che mi sono lasciata con il mio ragazzo . . . Sono io che soffro! ______

- **a.** «Sì, ma posso prendermi due giorni!»
- **b.** «Ma *io* ho litigato con Roberto...»
- **c.** «A vedere cosa?»
- **d.** «Un gran bel posto per nascere!»
- **e.** «Sì, ho voglia di una pizza.»
- **f.** «Siamo state in spiaggia tutto il giorno, e abbiamo conosciuto un sacco di ragazzi!»

7.32 Dopo aver guardato: suggerimenti. Imagine that you are at the beach in Gaeta with Giulia and Elena but this is not your first time here. Drawing inspiration from the second part of the video, tell Giulia and Elena about a previous visit with friends and how much you enjoyed it. *È stata una bella idea venire qui! Una volta sono venuto/a...*

____

____

____

____

____

____

____

Nome: ______________________ Data: ______________________

LEGGIAMO

7.33 Prima di leggere: Che cosa sai dello sport in Italia? How much do you know about sports in Italy? Which sports do you think might be popular? Write them below.

____

____

7.34 Mentre leggi: le passioni sportive degli italiani. In the following passage about "La partita di pallone," find and write the phrases contained in the article that confirm each of the following statements.

ESEMPIO: Il calcio è lo sport più importante in Italia.
Da sempre lo sport più popolare in Italia è il calcio.

La partita di pallone

Il ritornello di una famosa canzone degli anni Sessanta dice: «Perché, perché la domenica mi lasci (*you leave me*) sempre sola per andare a vedere la partita di pallone? Perché, perché una volta non ci porti anche me?» Da sempre lo sport più popolare in Italia è il calcio. Ogni anno, durante il periodo del campionato di calcio (da settembre a giugno) molti italiani passano la domenica pomeriggio allo stadio per vedere la partita e fare il tifo per la squadra preferita. Chi non va allo stadio, guarda le partite in televisione o le ascolta alla radio.

Le più importanti ed antiche squadre di calcio italiane sono l'Inter ed il Milan a Milano, la Juventus ed il Torino a Torino, la Lazio e la Roma a Roma, la Sampdoria ed il Genoa a Genova, il Napoli a Napoli e la Fiorentina a Firenze. Queste squadre, oltre ai nomi ufficiali, sono spesso chiamate con soprannomi che derivano dai colori delle loro maglie. Ad esempio, i giocatori della Juventus sono chiamati anche i «Bianconeri», quelli del Milan sono i «Rossoneri», quelli dell'Inter i «Nerazzurri» e quelli della Fiorentina i «Viola». Accanto alle squadre di calcio di ogni città, l'Italia ha una squadra nazionale. Gli «Azzurri» hanno vinto quattro Campionati del Mondo: a Roma nel 1934, a Parigi nel 1938, a Madrid nel 1982 e a Berlino nel 2006.

Dopo il calcio, gli sport più seguiti sono il ciclismo e l'automobilismo. Il ciclismo ha la sua più famosa manifestazione nel Giro d'Italia, una corsa a tappe che attraversa tutta la penisola italiana e che si tiene ogni anno tra la fine di maggio ed i primi giorni di giugno. Un'altra passione degli italiani è il Campionato Mondiale di Formula 1. In questo campionato corre la «rossa» più amata dagli italiani: la Ferrari.

1. In Italia, per dieci mesi all'anno si segue il campionato di calcio.

   ____.

2. I colori della maglia di una squadra spesso la definiscono.

   ____.

3. La squadra nazionale italiana di calcio è una delle più forti al mondo.

   ____.

4. Se la prima passione degli italiani è il calcio, la seconda è l'automobilismo.

   ____.

7.35 Dopo la lettura: le conclusioni. Read again the passage and select the answer that best completes each of the sentences.

1. L'espressione «partita di pallone» è sinonimo di...
   a. partita di tennis.
   b. partita di calcio.
   c. partita di pallacanestro.
   d. partita di pallavolo.
2. Lo sport più popolare in Italia è...
   a. la pallacanestro.
   b. il calcio.
   c. il tennis.
   d. il ciclismo.
3. La squadra nazionale che ha vinto il Campionato del Mondo di calcio in Germania nel 2006 è...
   a. la Francia.
   b. l'Argentina.
   c. il Brasile.
   d. l'Italia.
4. Juventus, Milan, Inter e Roma sono...
   a. nomi di città.
   b. nomi di squadre di calcio.
   c. nomi di regioni.
   d. nomi di ristoranti famosi.
5. Dopo il calcio, i due sport più seguiti in Italia sono...
   a. il ciclismo e l'automobilismo.
   b. il tennis e lo sci.
   c. la pallacanestro e il ciclismo.
   d. la pallavolo e il tennis.
6. La «rossa» più amata dagli italiani è...
   a. una squadra di calcio.
   b. un'attrice.
   c. un'automobile.
   d. una birra.

PARLIAMO

7.36 Sei una persona sportiva? A new friend of yours is very active, and wants to know if you are also an active person or whether your lifestyle is more sedentary. Answer each question she asks you orally.

1. ...
2. ...
3. ...
4. ...
5. ...
6. ...

7.37 Un weekend fantastico. Think about a fantastic weekend you had during the past year. Describe aloud four interesting and fun things you did that weekend. Remember to use the appropriate forms of the passato prossimo and expressions such as **prima, poi, dopo,** and **infine** to enhance your description.

1. ...
2. ...
3. ...
4. ...

Nome: ______________________ Data: ______________________

SCRIVIAMO

7.38 Prima di scrivere. Think about the last time you visited an art museum and answer the following questions.

1. Quando sei andato/a a visitare un museo?

   ____

2. Dove?

   ____

3. Con chi sei andato/a?

   ____

4. Che cosa ti è piaciuto di più?

   ____

5. Che cosa hai fatto quando sei uscito/a dal museo?

   ____

7.39 Scriviamo. Write two paragraphs about your last museum visit and what you did afterwards.

____

____

____

____

____

____

____

CAPITOLO 8

TI RICORDI QUANDO?

PERCORSO I

I ricordi d'infanzia e di adolescenza

VOCABOLARIO

Come eravamo? (Textbook, p. 231)

8.1 Com'eri? Manuela is reminiscing about her childhood. Complete the sentences with the appropriate expressions from the list.

ai miei nonni	**bambole antiche**	**all'asilo**	**fuori di casa**
una favola	**i cartoni animati**	**viziata**	

1. Volevo giocare ______________ anche quando pioveva.
2. Ero una bambina ______________ perché i miei genitori mi compravano tutto quello che volevo.
3. Mi piaceva andare ______________.
4. Non guardavo mai ______________.
5. Facevo collezione di ______________.
6. Volevo molto bene ______________.
7. Prima di andare a letto, la mia mamma mi raccontava ______________.

8.2 Sei cambiato/a? Which of the following statements were true of you as a child but are not true now? Which were true then and are still true now? Read each sentence and put it in the appropriate category.

Dicevo le bugie qualche volta.	Disegnavo.
Avevo molti giocattoli.	Andavo all'asilo.
Guardavo i cartoni animati.	Leggevo le favole.
Giocavo con i videogiochi.	Piangevo spesso.

Vero una volta ma non oggi:

____

____

Vero una volta e oggi:

____

____

8.3 Ti ricordi? Listen to the conversation between Cecilia and Milena and write down all the vocabulary words you hear that relate to their childhood.

____

____

____

____

GRAMMATICA

L'imperfetto (Textbook, pp. 234–236)

8.4 L'infanzia di Martina. The drawings below show some events that used to occur when Martina was a baby. Match each drawing with the statement that best describes it.

1. ________ 2. ________ 3. ________ 4. ________ 5. ________

a. Le sue nonne le cantavano delle canzoni (*songs*).
b. Martina era tranquilla e dormiva molto.
c. Martina beveva molto latte.
d. I suoi fratelli erano pazienti e giocavano spesso con lei.
e. Martina e i suoi genitori facevano lunghe passeggiate.

8.5 Le cose di una volta. Complete the following chart with the correct forms of the verbs given, using the **imperfetto**.

	cantare	**dormire**	**essere**	**avere**	**fare**	**bere**
1. io	cantavo	________	ero	________	facevo	________
2. tu	________	dormivi	________	________	________	bevevi
3. lui/lei	________	dormiva	________	aveva	faceva	beveva
4. noi	________	________	________	________	________	________
5. voi	cantavate	________	eravate	________	________	________
6. loro	________	________	________	avevano	________	________

Nome: ______________________ Data: ______________________

8.6 Quando si usa l'imperfetto? When talking about the past, the imperfect is used to describe people, places, and events, or to express actions that occurred repeatedly. Match each usage of the **imperfetto** with the sentence that illustrates it.

1. Repeated or habitual actions and routines _____
2. Physical and psychological characteristics of people, places, and things _____
3. Health _____
4. Age _____
5. Times and dates _____
6. The weather and the seasons _____
7. Two actions going on at the same time _____
8. One action interrupted by another _____

a. Nel 1960 mio padre aveva 10 anni.

b. Mentre Carla studiava, sua sorella guardava la televisione.

c. Domenica scorsa era il compleanno di mia nonna.

d. Guardavo i cartoni animati tutti i pomeriggi.

e. Parlavo con il professor Biagi quando mi hai salutato.

f. Mio fratello era spesso malato (*ill*).

g. Era già autunno ma c'era ancora il sole e faceva caldo.

h. Maria era una bambina molto capricciosa.

8.7 Domande. For each statement below, write a question that you could ask one of your friends (**tu**), and then write a question in which you address someone older, whom you do not know (**Lei**). Follow the example closely.

ESEMPIO: Giocavo con le macchinine.
(tu) *Giocavi con le macchinine?*
(Lei) *Giocava con le macchinine?*

1. Dicevo le bugie.
   (tu) ______________________
   (Lei) ______________________
2. Avevo molti giocattoli.
   (tu) ______________________
   (Lei) ______________________
3. Guardavo i cartoni animati.
   (tu) ______________________
   (Lei) ______________________
4. Andavo all'asilo.
   (tu) ______________________
   (Lei) ______________________
5. Leggevo le favole.
   (tu) ______________________
   (Lei) ______________________
6. Piangevo spesso.
   (tu) ______________________
   (Lei) ______________________

8.8 Presente o imperfetto? Indicate whether the speaker is talking about someone's activities in the present or in the past by selecting **presente** or **imperfetto**.

1.	presente	imperfetto	5.	presente	imperfetto
2.	presente	imperfetto	6.	presente	imperfetto
3.	presente	imperfetto	7.	presente	imperfetto
4.	presente	imperfetto	8.	presente	imperfetto

8.9 Io e mio fratello. Complete the following passage by conjugating the verbs in parentheses in the appropriate form of the **imperfetto**.

Da bambino io (1. saltare) ____________________ la corda e (2. fare) ____________________ collezione di macchinine. Mio fratello Matteo, invece, (3. giocare) ____________________ sempre a nascondino con gli amici. Lui (4. essere) ____________________ capriccioso e non (5. ascoltare) ____________________ mai quello che i miei genitori (6. dire) ____________________. Per questo motivo (loro) lo (7. punire) ____________________ spesso. Noi non (8. guardare) ____________________ la televisione ma (9. leggere) ____________________ molte favole e (10. colorare) ____________________. Io e Matteo (11. essere) ____________________ diversi ma (12. volersi) ____________________ molto bene.

PERCORSO II

I ricordi di scuola

VOCABOLARIO

Com'erano i tuoi giorni di scuola? (Textbook, pp. 239–240)

8.10 La scuola. Complete the words and expressions below by filling in the missing vowels.

A. Per parlare della scuola:

1. la sc_ _l_ elementare
2. la scuola m_d_ _
3. il l_c_ _
4. la scuola st_t_l_
5. la scuola pr_v_t_

B. Per raccontare della scuola:

6. _nd_r_ bene
7. andare m_l_
8. fare _tt_nz_ _n_
9. essere _ss_nt_
10. p_n_r_

C. Per descrivere le persone:

11. _bb_d_ _nt_
12. r_b_ll_
13. t_rr_b_l_
14. pr_p_t_nt_
15. s_v_r_

Nome: ______________________ Data: ______________________

8.11 Com'era il tuo professore d'italiano quando andava a scuola? Can you guess what your Italian instructor used to do as a child in school? Select six of the phrases below and write sentences by conjugating the verb in the **imperfetto** and changing the adjective endings when necessary.

andare in una scuola privata	avere una maestra severa
essere brava nelle lingue straniere	qualche volta dimenticare di fare i compiti
prendere brutti voti	arrabbiarsi con i compagni
essere spesso assente	durante la ricreazione, giocare a nascondino

Da bambino/a, alla scuola elementare il professore/la professoressa ...

____

____

____

____

____

____

8.12 Com'eri a scuola? Paolo asks his father to tell him about his years in high school. Listen to their conversation and complete the following statements by selecting the correct information.

1. Il papà di Paolo al liceo...
   a. studiava molto.
   b. studiava abbastanza.
   c. non studiava.
2. La materia che non gli piaceva era...
   a. il latino.
   b. il greco.
   c. la storia.
3. Di solito, nei compiti in classe di greco il voto che prendeva era...
   a. 4.
   b. 5.
   c. 6.
4. Il papà di Paolo andava al cinema...
   a. il sabato sera se aveva i soldi.
   b. il sabato sera anche se doveva studiare.
   c. il venerdì sera.
5. Praticava regolarmente...
   a. il tennis.
   b. il calcio e lo sci.
   c. la pallacanestro.
6. Studiava di notte...
   a. spesso.
   b. in estate.
   c. solo alla fine dell'anno scolastico.

GRAMMATICA

Espressioni negative (Textbook, pp. 242–243)

8.13 Qual è la risposta? Two college friends are talking about their junior high school years. For each question given, write down the answer using a negative expression.

ESEMPIO: Parlavi già l'inglese?
No, non parlavo ancora l'inglese.

1. Andavi sempre a scuola in autobus?

   ______________________________.
2. Andavi ancora al parco a giocare il pomeriggio?

   ______________________________.
3. Sapevi già il francese?

   ______________________________.
4. Giocavi a tennis e a pallavolo?

   ______________________________.
5. Eri amico di tutti in classe?

   ______________________________.
6. Sapevi tutto di greco?

   ______________________________.

8.14 Quando eravamo al liceo... Rearrange the following words and conjugate the verb in the **imperfetto** to find out what typical Italian high school students in the 1980s used to do. The word beginning the correct answer is provided for each sentence.

ESEMPIO: anche / Noi / la domenica / studiare
Noi *studiavamo anche la domenica.*

1. il sabato / mai / studiare / non / Voi

   Voi ______________________________.
2. Tu / sempre / ascoltare / i professori

   Tu ______________________________.
3. usare / ancora / il computer / Noi / non

   Noi ______________________________.
4. ci / Non / né / né / la filosofia / la matematica / piacere

   Non ______________________________.
5. già / Sandro / il pianoforte / suonare

   Sandro ______________________________.
6. Io / niente / politica / non / sapere / di (*about*)

   Io ______________________________.
7. sapere / politica / tu / neanche / di / niente / Non

   Non ______________________________.
8. ragazzi / sport / nessuno / Molti / praticare / non

   Molti ______________________________.

Gli avverbi (Textbook, p. 244)

8.15 Opposti, contrari e... avverbi. For each adjective given, write the opposite one and then the correct form of its adverb, as in the example.

		Contrario	Avverbio
ESEMPIO:	irregolare	*regolare*	*regolarmente*
1.	impaziente	______________	______________
2.	felice	______________	______________
3.	disobbediente	______________	______________
4.	difficile	______________	______________

8.16 Ricordi di scuola. You will hear a short description of Luca's school days. As you listen, write all adjectives you hear, in the order that you hear them, and then provide the adverb form of each adjective. The initial letter of each adjective is already written.

ESEMPIO: You hear: facile
You write: f*acile* *facilmente*

1. t ______________ ______________
2. s ______________ ______________
3. a ______________ ______________
4. p ______________ ______________
5. s ______________ ______________
6. g ______________ ______________

PERCORSO III

La vita com'era

VOCABOLARIO

Com'era una volta? (Textbook, p. 246)

8.17 Ieri e oggi. Letizia is comparing what people used to do when she was young. Look at the drawings and select the statement that best describes each one.

1. __

2. __

3. __

4. __

a. Oggi i giovani ascoltano musica rock e ballano in discoteca.

b. Oggi il mondo è inquinato, c'è molta violenza e i giovani non rispettano più gli anziani. È questo il prezzo del progresso?

c. Una volta ascoltavamo musica melodica e facevamo balli romantici.

d. Una volta non c'era inquinamento, le strade erano pulite e sicure e i figli rispettavano i genitori.

Nome: ______________________ Data: ______________________

8.18 Gli anni Sessanta. In the following passage, a grandfather tells his granddaughter about the way things were in the 1960s when he was a teenager. Complete the narration by writing the verbs in the correct form of the **imperfetto**.

Certo che ricordo bene la mia adolescenza! (1. Essere) ______________ gli anni 60, gli anni del boom economico. Era arrivato il benessere (*well-being*) e molte famiglie (2. potere) ______________ finalmente comprare un'auto. Noi giovani (3. volere) ______________ il motorino e i nostri genitori (4. fare) ______________ grandi sacrifici per comprarcelo. Nessuno (5. volere) ______________ più andare in bicicletta! (Noi) (6. ascoltare) ______________ le canzoni dei Beatles e dei Rolling Stones, (7. portare) ______________ i capelli lunghi e le ragazze (8. indossare) ______________ le minigonne! (Noi) (9. incontrarsi) ______________ nelle piazze per chiacchierare e divertirci e la sera del sabato (10. andare) ______________ in discoteca a ballare. (11. tornare) ______________ a casa tardi e i genitori (12. arrabbiarsi) ______________ molto. In pochi anni, l'Italia e la vita degli italiani era cambiata radicalmente.

8.19 Come sono cambiate le cose! Two elderly women, Teresa and Ester, are discussing some of the changes they have noticed with respect to young people and families in the twenty-first century. Listen to their conversation. Then read the questions and select the correct answer for each of them.

1. Quali sono i due cambiamenti che Teresa nota?
   - **a.** Oggi ci sono poche famiglie numerose e molte donne lavorano fuori casa.
   - **b.** Oggi molte donne si occupano della casa e allevano i figli.
2. Che esempio fa Ester per confermare le affermazioni di Teresa?
   - **a.** Parla della famiglia di sua figlia.
   - **b.** Parla della famiglia di suo nipote.
3. Secondo Ester, le donne oggi hanno un grosso vantaggio. Qual è?
   - **a.** Non devono guidare la macchina.
   - **b.** Possono uscire da sole.
4. Perché, secondo Teresa, molte donne oggi guidano la motocicletta?
   - **a.** per necessità.
   - **b.** per scelta.
5. Perché, secondo le due anziane signore, una volta non c'era l'inquinamento?
   - **a.** perché c'erano poche automobili.
   - **b.** perché l'aria era pulita.

GRAMMATICA

Gli aggettivi e i pronomi dimostrativi (Textbook, pp. 248–249)

8.20 Che bambine testarde! Chiara and Simona are good friends but they are both stubborn (*testarde*). They often have a hard time agreeing on what they should do. Complete the following short exchanges by writing the correct form of **questo** for each question and the correct form of **quello** for each answer.

1. —Coloriamo ____________________ libro?

   —No, voglio colorare ____________________!

2. —Giochiamo con ____________________ trenini?

   —No, voglio giocare con ____________________ di Daniele!

3. —Mi dai ____________________ matite?

   —No, se vuoi prendi ____________________.

4. —Posso giocare con ____________________ bambola?

   —No, gioca con ____________________ di Valentina.

5. —Guardo ____________________ cartone animato.

   —Io, invece, guardo ____________________.

6. —È tua ____________________ bicicletta rossa?

   —No, la mia è ____________________ gialla.

8.21 Un bambino indeciso. Every morning it takes Francesco some time to decide what to wear to school. Complete each of his questions by writing the correct form of **quello** in the first blank and the correct form of **questo** in the second.

1. Mi metto ____________________ pantaloni o ____________________?
2. Mi metto ____________________ calze o ____________________?
3. Mi metto ____________________ sciarpa blu o ____________________ verde?
4. Mi metto ____________________ cappello o ____________________?

Nome: ______________________ Data: ______________________

ATTRAVERSO IL LAZIO

8.22 Il Lazio. Read the following passage about the ancient Roman roads, and then answer the questions below, giving short answers.

Le strade romane

Gli antichi romani costruivano lunghe strade diritte per scopi (*purposes*) militari, politici e commerciali. Le strade romane erano essenziali per l'espansione dell'Impero perché consentivano di muovere rapidamente l'esercito (*army*) e impedivano alle province (*prevented the provinces*) di organizzare una resistenza contro l'Impero.

Con il nome di «vie» (*viae* in latino) venivano chiamate le strade extraurbane (*highways*) che partivano da Roma. Molte «vie» prendevano il nome dalle città alle quali conducevano (ad esempio la «via Ostiense» verso Ostia, il porto dell'antica Roma). Altre, invece, prendevano il nome delle funzioni che avevano (ad esempio la «via Salaria», che va da Roma al mar Adriatico ed era importante per il commercio del sale) o del costruttore (*builder*) (ad esempio, la «via Aurelia», costruita dal console Caio Aurelio Cotta nel III secolo a.C.).

Un famoso proverbio dice che «tutte le strade portano a Roma». Al momento della massima espansione dell'Impero romano, la rete stradale (*road network*) romana misurava oltre 80.000 chilometri, ripartiti in circa 40 «vie» che si irradiavano da Roma verso il resto della penisola italiana, ma anche verso tutti i territori dell'Impero, dalla Gran Bretagna all'Asia, dallo Stretto di Gibilterra al Mar Caspio.

1. Com'erano le strade degli antichi romani?

____

2. Perché gli antichi romani costruivano molte strade?

____

3. Che cosa erano le «vie» romane?

____

4. Quali sono tre nomi di «vie» romane?

____

5. Quanti chilometri misurava la rete stradale romana al momento della massima espansione dell'Impero?

____

6. Quante erano le «vie» che portavano da Roma al resto della penisola italiana e a tutti i territori dell'Impero?

____

In pratica

GUARDIAMO

8.23 Prima di guardare: Chi lo dice? Based on what you know about the characters in the video, attribute each of the following statements to either Elena or Giulia, and explain your choice.

1. Quand'ero piccola chiedevo sempre ai miei genitori di comprarmi una macchina fotografica!
   a. Elena b. Giulia

   Perché?

   ____

2. Sì, mi manca mia madre. Però, in qualche modo è sempre con me... soprattutto quando torno in questo posto!
   a. Elena b. Giulia

   Perché?

   ____

8.24 Mentre guardi: L'infanzia di Giulia e di Elena. As you watch the video, select the most appropriate word or phrase to complete each of the following statements.

1. Da piccola Giulia andava sempre ad una chiesa di Gaeta con...
   a. i suoi zii.
   b. sua madre.
   c. suo padre.
   d. i suoi genitori.
2. I genitori di Giulia ... a Gaeta.
   a. abitavano
   b. andavano sempre
   c. si sono separati
   d. si sono sposati
3. Il padre di Giulia non è ... a casa.
   a. mai
   b. più
   c. ancora
   d. neanche
4. Da bambina Elena ... una macchina fotografica.
   a. aveva
   b. voleva
   c. giocava con
   d. faceva ritratti (*portraits*) con
5. Per l'esame di terza media Elena ha ricevuto in regalo...
   a. una macchina fotografica.
   b. un ritratto di sua madre.
   c. un viaggio in estate.
   d. una fotografia di sua madre.

Nome: ____________________ Data: ____________________

8.25 Dopo aver guardato: Quand'ero bambino/a... Imagine that you are joining in the conversation that Elena and Giulia are having about their childhoods. Write a paragraph in which you tell them of something you used to do with either one or both of your parents or a relative when you were little.

____

____

____

____

____

____

LEGGIAMO

8.26 Prima di leggere: Com'eri da bambino/a? Listed below are some activities and characteristics typical of children four or five years old. Make a list of the phrases that also describe you as a child.

essere capricciosi
piangere
andare all'asilo
giocare a casa di amichetti
non mangiare le verdure
essere impazienti
correre tutto il giorno
guardare i cartoni animati

____

____

____

8.27 Mentre leggi: due sorelle fantastiche! Read the following passage about two sisters and select from the list below all the activities that the narrator and/or her younger sister Federica used to do as children.

Io e mia sorella

Mia sorella Federica è più giovane di me di tre anni. Ora ha 15 anni e andiamo d'accordo, ma quando era piccola era molto capricciosa e piangeva spesso. Se toccavo un suo gioco o se volevo guardare un cartone animato in televisione che a lei non interessava, si arrabbiava e piangeva. Tutte le mattine piangeva perché non voleva andare all'asilo. Diceva a mia madre che le maestre erano cattive e che voleva rimanere a casa con la nonna. Quando giocavamo a palla o a nascondino ai giardini, lei qualche volta cadeva (she fell) e si metteva a piangere e la colpa era sempre mia. I miei genitori mi dicevano che dovevo fare più attenzione perché Federica era piccola. Io mi arrabbiavo e andavo in camera mia a giocare con le bambole e a leggere e non volevo vedere nessuno. In quei momenti desideravo con tutte le mie forze tornare ad essere figlia unica! Quando Federica, qualche pomeriggio, andava a giocare a casa di una sua amichetta, io ero contenta perché potevo finalmente leggere, disegnare e ascoltare la musica in tutta pace e tranquillità. Adesso che siamo grandi, però, ci vogliamo molto bene. Abbiamo molti amici in comune e usciamo spesso insieme. Con me, Federica è sempre disponibile (there for me). È una sorella fantastica!

_____ pulire la casa
_____ andare all'asilo
_____ andare in palestra
_____ giocare a nascondino
_____ giocare a palla
_____ piangere
_____ giocare con le bambole
_____ leggere
_____ giocare a tennis
_____ volersi bene
_____ andare al cinema
_____ guardare i cartoni animati
_____ saltare la corda
_____ arrabbiarsi
_____ colorare
_____ giocare con i videogiochi
_____ cucinare
_____ giocare con le macchinine
_____ disegnare
_____ ascoltare musica
_____ dire le bugie
_____ uscire insieme

8.28 Dopo la lettura: Federica e sua sorella.

A. You meet Federica and you are interested in knowing what her relationship with her older sister was like. Complete the questions you would ask her with verbs from the word bank in the appropriate form of the **imperfetto**.

fare	essere	andare	arrabbiarsi
essere	piangere	giocare	

1. ____________________ spesso con le bambole tu e tua sorella?
2. ____________________ (tu) volentieri all'asilo?
3. ____________________ buone le tue maestre d'asilo?
4. ____________________ (tu) capricciosa?
5. Quando ____________________ (tu), che cosa ____________________ i tuoi genitori?
6. Tua sorella ____________________ con te qualche volta?

B. Now write a paragraph in which you describe Federica's perspective on her interaction with her sister.

____

____

____

____

____

____

____

____

PARLIAMO

8.29 Quando Antonio andava all'asilo. Listen to the description of Antonio's preschool days, take notes, and then record your answers to the following questions.

1. A che ora andava all'asilo Antonio la mattina?
2. Quali erano le sue attività preferite in classe?
3. Chi era il suo migliore amico?
4. Che cosa facevano insieme Antonio e Giulio?
5. Quali erano i giochi preferiti di Antonio in giardino?

8.30 L'estate più bella della tua infanzia. A new friend asks you several questions about the best summer of your childhood. Listen to the questions and give your answers orally.

1. ...
2. ...
3. ...
4. ...
5. ...
6. ...

SCRIVIAMO

8.31 Prima di scrivere. Think about a special person from your childhood. Complete the lists below with the physical and psychological characteristics of that person, the activities you used to do with him/her, and the feelings you had towards him/her.

1. Caratteristiche fisiche e psicologiche di quella persona:

____

____

____

2. Attività che facevate insieme:

____

____

____

3. I sentimenti che provavi per quella persona:

____

____

____

8.32 Scriviamo. You have decided to apply for a position of unit leader (*capo reparto dei lupetti o delle coccinelle*) in the Boy or Girl Scouts of Italy for next summer. Part of your application is an essay describing your own childhood and the role that a special person played in your life at that time. Write a paragraph in which you describe your relationship with someone you remember fondly from your childhood and the activities you did with that person.

____

____

____

____

____

____

____

____

____

CAPITOLO 9

BUON DIVERTIMENTO!

PERCORSO I

Le feste e le tradizioni

VOCABOLARIO

Che feste si celebrano nel tuo Paese? (Textbook, pp. 261–262)

9.1 Le feste tradizionali. Complete the words below; all of them are related to traditional holidays and feasts. The first letters of each word are given.

feste tradizionali

1. CAP________________
2. F________________
3. CAR________________
4. P________________
5. N________________
6. S___V________________

9.2 Che cosa si fa? Form complete sentences by matching each Italian holiday with the corresponding description.

1. Il giorno di San Valentino _____
2. A Natale _____
3. A Capodanno _____
4. A Ferragosto _____
5. A Carnevale _____
6. A Pasqua _____

a. molte persone si vestono in costume.
b. si mangiano le uova di cioccolato.
c. si addobba l'albero e si aspetta Babbo Natale.
d. si beve lo spumante e si brinda all'anno nuovo.
e. gli innamorati si scambiano regali e fanno una cena romantica.
f. tutti vanno al mare e le città sono vuote (*empty*).

9.3 Feste e festeggiamenti. Listen to the descriptions of five traditional Italian holidays. As you listen, write the name of each holiday and at least two key words (**parole chiave**) associated with it.

1. ____
2. ____
3. ____
4. ____
5. ____

GRAMMATICA

I pronomi di oggetto diretto (Textbook, p. 265)

9.4 Cosa fate il giorno di Natale? Complete the answers to the following questions using the appropriate direct-object pronouns.

ESEMPIO: Con chi passate il Natale?
Lo passiamo in famiglia.

1. Con chi festeggiate il Natale quest'anno?
   Quest'anno _______ festeggiamo a Milano con i parenti di mio marito.
2. Chi vi porta a Milano?
   _______ porta mio padre in macchina.
3. Chi addobba l'albero di Natale a casa vostra?
   _______ addobbiamo tutti insieme.
4. I bambini aspettano Babbo Natale?
   Sì, _______ aspettano già da un mese!
5. È Babbo Natale che porta i regali a casa vostra?
   Sì, _______ porta Babbo Natale.
6. Mangiate il panettone a Natale?
   Sì, _______ mangiamo alla fine del pranzo.

9.5 Le feste di Marco e Tiziana. Jane, Marco and Tiziana's American friend, asks them how they celebrate different holidays. Complete their answers with the appropriate direct-object pronouns.

1. Marco, l'8 marzo compri le mimose per Tiziana?
   Sì, _______ compro per Tiziana e poi andiamo a mangiare fuori!
2. Tu e Tiziana indossate costumi a Carnevale?
   No, non _______ indossiamo.
3. Indossate una maschera allora?
   Sì, _______ indossiamo.
4. Bevete lo spumante a Capodanno?
   Naturalmente, _______ beviamo a mezzanotte.
5. Fate un brindisi con gli amici a Capodanno?
   Certo! _______ facciamo ogni anno!
6. Comprate giocattoli ai nipotini a Natale?
   _______ compriamo sempre. Li adoriamo!
7. I vostri nipotini ricevono regali anche all'Epifania?
   Naturalmente! _______ ricevono se sono stati buoni!
8. Colorate le uova a Pasqua?
   No, non _______ coloriamo. Non siamo mica in America!

9.6 Come rispondi? You will hear six questions about a Carnival party. Match each question you hear with the most logical answer.

1. ______ a. Sì, lo dovete indossare.
2. ______ b. Sì, le puoi portare.
3. ______ c. No, non li devi comprare.
4. ______ d. Sì, ti invito.
5. ______ e. Le porta Antonella.
6. ______ f. Sì, la dovete indossare.

9.7 Programmi per San Valentino. Gabriella and Camilla are discussing their Valentine's Day plans. Complete their conversation with the correct direct-object pronouns.

GABRIELLA: Hai programmi per questa sera?

CAMILLA: Sì, (1) ______________ ho. Enrico (2) ______________ ha invitato al ristorante.

GABRIELLA: Mmm... Hai comprato un regalo per lui?

CAMILLA: Sì, certo, (3) ______________ ho comprato ieri. È una cravatta di «Marinella». Ho speso una fortuna! Tu e Roberto cosa fate stasera?

GABRIELLA: Un amico (4) ______________ ha invitato a cena. Non è una cena romantica... pazienza.

CAMILLA: Devi portare un dolce?

GABRIELLA: Sì, (5) ______________ devo portare. Dove (6) ______________ posso comprare?

CAMILLA: Vai alla pasticceria «Rivetti», fanno un'ottima torta con le noci (*walnuts*) e il cioccolato.

GABRIELLA: Bene! Grazie per il consiglio. Vado a prender (7) ______________ subito.

I pronomi di oggetto indiretto (Textbook, pp. 266–268)

9.8 I pronomi indiretti. Complete the following list by filling in the correct indirect-object pronouns.

Persona	Singolare		Plurale	
A. prima	(1) ______________		(2) ______________	
B. seconda	(3) ______________		(4) ______________	
C. terza	(5) ______________	(maschile)	(6) ______________	(maschile)
	(7) ______________	(femminile)	(8) ______________	(femminile)
	(9) ______________	(formale)		

9.9 Quali verbi puoi usare? Select the verbs from the list below that can be used with an indirect-object pronoun.

1. rispondere sì no
2. chiamare sì no
3. telefonare sì no
4. dire sì no
5. vedere sì no
6. parlare sì no
7. ascoltare sì no
8. chiedere sì no
9. regalare sì no
10. mangiare sì no
11. studiare sì no
12. dare sì no

9.10 Che regalo facciamo? Elisa and her sister Paola are making a list of Christmas presents they are going to get for their family. Complete the answer to each question with the appropriate indirect-object pronoun.

1. ELISA: Cosa regaliamo al nonno?

   PAOLA: _______ regaliamo una bottiglia di Brunello!

2. ELISA: Cosa regaliamo alla zia Ada?

   PAOLA: _______ regaliamo l'ultimo libro di Pennacchi!

3. ELISA: Cosa regaliamo a Filippo ed Andrea?

   PAOLA: _______ regaliamo dei CD di Lucio Dalla!

4. ELISA: Cosa regaliamo alla mamma?

   PAOLA: _______ regaliamo un biglietto per *Il barbiere di Siviglia*!

5. ELISA: E tu cosa regali a me e a Sandro?

   PAOLA: _______ regalo un tostapane per la casa nuova!

6. PAOLA: E tu, cosa mi regali?

   ELISA: _______ regalo ... È una sorpresa! Devi aspettare fino a Natale!

9.11 Regali di compleanno e anniversario. Complete the sentences below using the correct indirect-object pronouns, as in the example.

ESEMPIO: (A mio zio) I suoi figli *gli* hanno mandato un biglietto di auguri.

1. (A Sandra) I suoi amici _______ preparato una cena speciale.
2. (A Gianni) Sua moglie _______ ha regalato una cravatta di Armani.
3. (A Giorgia e Carlotta) I loro genitori _______ hanno dato due telefonini nuovi.
4. (Ai nonni) Noi nipoti _______ abbiamo offerto un pranzo al ristorante.
5. (Alla Signora Cortese) I suoi figli _______ hanno regalato un orlogio d'oro.
6. (A Brando e Tommaso) I loro amici _______ hanno organizzato una festa a sorpresa.

9.12 Al telefono la vigilia di Capodanno. It is New Year's Eve and Anna is making and receiving a lot of phone calls. Complete each sentence below by selecting the appropriate indirect-object pronoun.

1. Va bene, Matteo. Quando torna Arianna, ____________ dico che hai chiamato.
   a. la b. le c. gli d. ti
2. Alessandro non è in casa. Quando torna, ____________ do il tuo messaggio.
   a. lo b. ti c. mi d. gli
3. Dobbiamo invitare i tuoi genitori al pranzo del 6 gennaio. ____________ telefoniamo stasera?
   a. Gli b. Ti c. Li d. Lo
4. Scusa, Michele, ____________ chiamano al telefonino. Richiamo tra cinque minuti.
   a. ti b. lo c. mi d. gli
5. Ho dimenticato di invitare Carla e Sabrina. ____________ mando subito una mail.
   a. Le b. Gli c. La d. Ci
6. Sì, sappiamo come arrivare al veglione. Giada ____________ ha spiegato la strada.
   a. gli b. ti c. lo d. ci

PERCORSO II

I pranzi delle feste

VOCABOLARIO

Cosa mangiamo? (Textbook, p. 271)

9.13 La tavola e le pietanze. Look at the following drawings and label the numbered items in each of them. Be sure to include the correct definite articles.

La tavola:

1. ______________________
2. ______________________
3. ______________________
4. ______________________
5. ______________________

Le pietanze:

6. ______________________
7. ______________________
8. ______________________
9. ______________________
10. ______________________

Nome: ______________________________ Data: ____________________

9.14 Abbinamenti in cucina ed a tavola. You and a friend must set the table for a formal dinner. Complete each of the sentences below by selecting the most appropriate answer.

1. Su una tavola ben apparecchiata (*set*) ci devono essere...
   a. le lasagne.
   b. i tovaglioli.
   c. lo zucchero.
2. A sinistra del piatto si mette...
   a. il coltello.
   b. la tazza.
   c. la forchetta.
3. Per bere l'acqua e il vino si usano...
   a. le bottiglie.
   b. le tazze.
   c. i bicchieri.
4. Alla fine del pranzo si prende...
   a. il caffè.
   b. l'antipasto.
   c. il vino.
5. L'insalata si condisce con...
   a. panna, aglio e sale.
   b. olio, aceto e sale.
   c. burro e limone.
6. Sugli spaghetti al pomodoro si mette...
   a. il parmigiano grattugiato.
   b. l'olio d'oliva.
   c. il ragù.
7. Prima di aggiungere il sale sulle costolette d'agnello (*lamb chops*), bisogna...
   a. tagliarle.
   b. assaggiarle.
   c. mangiarle.
8. Per fare la crostata di frutta ci vogliono farina, zucchero, burro e...
   a. fragole.
   b. sugo di pomodoro.
   c. peperoncini rossi.

9.15 Che cosa preparano? Cecilia and Paolo have invited some friends over for dinner and they are preparing the meal. Listen to their four statements and select the activity that is being described in each one.

1. a. condire b. tagliare c. cuocere
2. a. cuocere b. apparecchiare la tavola c. assaggiare
3. a. fare la crostata di frutta b. fare il risotto c. condire l'insalata
4. a. offrire il caffè b. offrire l'antipasto c. offrire il prosciutto e il melone

GRAMMATICA

Il partitivo (Textbook, pp. 273–274)

9.16 Il partitivo. Complete the sentences with the partitive **di + articolo determinativo.**

Sulla tavola metto (1.) ________________ piatti, (2.) ________________ posate, (3.) ________________ bicchieri, (4.) ________________ tovaglioli e (5.) ________________ bottiglie d'acqua minerale.

Condisco l'insalata con (6.) ________________ olio, (7.) ________________ aceto e (8.) ________________ sale.

Il ragù si fa con (9.) ________________ sugo di pomodoro e (10.) ________________ carne tritata.

9.17 La ricetta del tiramisù. Complete the recipe for tiramisù with the partitive **di + articolo determinativo** or **un po'** as appropriate.

Per fare il tiramisù, bisogna sbattere (*beat*) (1) ________________ uova con (2) ________________ di zucchero. Si aggiunge (3) ________________ mascarpone e si mescola fino ad ottenere una crema. Si bagnano (4) ________________ biscotti savoiardi (*lady fingers*) con (5) ________________ di brandy. A questo punto si rovescia sui biscotti (6) ________________ caffè e si ricoprono con (7) ________________ crema di mascarpone. Si fa un secondo strato di biscotti e di crema e poi si spolverizza (*sprinkle*) la superficie con (8) ________________ di cacao amaro (*bitter*). Infine, si mette il tiramisù in frigo per 3–4 ore prima di servirlo. Squisito!

9.18 Come si dice? Complete the following sentences by selecting the correct partitive.

1. Abbiamo invitato (alcuni / qualche) nostri amici a cena.
2. Ho trovato (qualche / alcune) ricette di mia nonna.
3. Ho comprato (qualche / alcuni) pomodoro per l'insalata.
4. Ho preso (qualche / un po' di) frutta perché voglio fare una crostata.
5. Mio marito ha comprato (del / alcuni) formaggio molto buono.
6. Volete ancora (qualche / un po' di) caffè?

L'imperativo informale (Textbook, pp. 274–275)

9.19 L'imperativo informale. Complete the lists with the correct forms of the informal imperative.

	Affermativo	Negativo
A. Mattia, tu	**Affermativo**	**Negativo**
1. tagliare	________________	________________
2. aggiungere	________________	________________
3. condire	________________	________________
4. offrire	________________	________________
B. Noi tutti,	**Affermativo**	**Negativo**
5. tagliare	________________	________________
6. aggiungere	________________	________________
7. condire	________________	________________
8. offrire	________________	________________
C. Mattia e Paolo, voi	**Affermativo**	**Negativo**
9. tagliare	________________	________________
10. aggiungere	________________	________________
11. condire	________________	________________
12. offrire	________________	________________

9.20 Consigli a un'amica. A friend needs advice on how to organize a Christmas party. Tell her what she should do by completing the sentences with the correct informal imperative forms of the verbs in parentheses.

1. —Devo fare gli inviti.

   —(spedire) __________________ gli inviti. Non (mandare) __________________ inviti via email.

2. —Devo preparare gli addobbi.

   —(comprare) __________________ un grosso albero di Natale.

3. —Devo apparecchiare la tavola per il pranzo di Natale.

   —(mettere) __________________ la tovaglia di tua nonna e (usare) __________________ i bicchieri di cristallo!

4. —Devo comprare dei fiori da mettere sul tavolo.

   —(cercare) __________________ una bella stella di Natale (*poinsettia*) rossa!

5. —Devo cucinare l'arrosto con le patate.

   —(cuocere) __________________ le patate al forno e non (mettere) __________________ troppo sale sull'arrosto.

6. —Devo offrire un dolce.

   —(ordinare) __________________ un panettone in pasticceria. Non (preparare) __________________ la crostata di frutta; non è un dolce natalizio (*Christmas dessert*)!

9.21 È Natale! Some friends are getting ready for Christmas. As they are rather disorganized, you tell them what they have to do. Complete the paragraph below using the plural form (**voi**) of the informal imperative.

Prima di tutto (spedire) __________________ i biglietti di auguri. Non (mandare) __________________ auguri elettronici. Poi, (addobbare) __________________ l'albero di Natale e (preparare) __________________ il Presepe. (comprare) __________________ anche una bella stella di Natale e (mettere) __________________ delle candele rosse sul tavolo. Infine, (ordinare) __________________ un panettone in pasticceria. (offrire) __________________ il panettone e lo spumante alla fine del pranzo di Natale e non (dimenticare) __________________ di augurare a tutti «Buon Natale!»

9.22 L'imperativo dei verbi irregolari. Complete the list with the correct imperative forms of the following irregular verbs.

A. Luca, tu	Affermativo	Negativo
1. andare	________________	________________
2. dare	________________	________________
3. fare	________________	________________
4. stare	________________	________________
5. dire	________________	________________
B. Noi tutti	**Affermativo**	**Negativo**
6. andare	________________	________________
7. dare	________________	________________
8. fare	________________	________________
9. stare	________________	________________
10. dire	________________	________________
C. Beppe e Viola, voi	**Affermativo**	**Negativo**
12. andare	________________	________________
12. dare	________________	________________
13. fare	________________	________________
14. stare	________________	________________
15. dire	________________	________________

9.23 Prepariamo il ragù! Simona, an expert cook, gives her friends directions on how to prepare ragù. Complete her instructions by conjugating the verbs in the imperative.

1. Ragazzi, (stare) ________________ calmi. Non abbiamo fretta!
2. Sara e Giorgio, (tagliare) ________________ i pomodori.
3. Non abbiamo la carne! Gino, (andare) ________________ al supermercato e (comprare) ________________ mezzo chilo di carne tritata.
4. Sara e Giorgio, (dare) ________________ una padella a Linda.
5. Linda, (mettere) ________________ l'olio nella padella e (soffriggere) ________________ la cipolla.
6. Sara, (aggiungere) ________________ al soffritto il pomodoro e la carne tritata e (mescolare) ________________ per cinque minuti.
7. Ragazzi, (assaggiare) ________________ il ragù.
8. Gino, (dire) ________________ se è buono o no.

Nome: ______________________ Data: ______________

9.24 Consigli per San Valentino. Marco is unsure of what to do for his girlfriend, Mara, on Valentine's Day. His friend Leonardo gives him some ideas. Reword Leonardo's suggestions using the imperative forms of the verbs.

ESEMPIO: **Devi comprare** un regalo a Mara.
Compra un regalo a Mara.

1. **Devi portare** Mara a cena in un bel ristorante. ______________
2. **Non devi invitare** i genitori. ______________
3. **Devi dare** dei cioccolatini a Mara. ______________
4. **Devi scrivere** un biglietto di auguri romantico. ______________
5. **Devi fare** un bel regalo a Mara. ______________
6. **Devi dire** «Buon San Valentino!» ______________
7. **Dovete brindare** con dello spumante. ______________
8. **Non dovete litigare** come al solito. ______________

9.25 Ordini. You will hear six commands. Select the situation in which you are likely to hear each one.

1. a. Non c'è il sale in tavola.
   b. Devi andare al supermercato a comprare il sale.
2. a. Prepari il cenone di Capodanno e non hai lo spumante.
   b. Vuoi offrire solo acqua minerale ai tuoi ospiti.
3. a. È il compleanno del tuo coinquilino.
   b. Hai molta fame.
4. a. Un ospite non è ancora arrivato e tu non vuoi iniziare la cena senza di lui.
   b. Tu e i tuoi ospiti dovete ancora mangiare il dolce.
5. a. È l'anniversario di matrimonio dei tuoi nonni.
   b. I tuoi nonni ti hanno fatto un regalo di Natale.
6. a. È Ferragosto.
   b. È Pasqua.

PERCORSO III

Al ristorante

VOCABOLARIO

Il signore desidera? (Textbook, pp. 279–280)

9.26 Definizioni. Select the appropriate answer for each of the following definitions.

1. La persona che serve il cibo e le bevande in un ristorante:
   a. il cliente b. il cuoco c. il cameriere
2. La persona che paga il cibo e le bevande al ristorante:
   a. il cuoco b. il cliente c. la cameriera
3. La quantità di denaro che si deve pagare al ristorante:
   a. la mancia b. il conto c. il menù
4. Il denaro che il cliente dà a un bravo cameriere:
   a. il conto b. il menù c. la mancia
5. Un sinonimo di «molto buono»:
   a. squisito b. insipido c. leggero

9.27 Al ristorante. Complete the following conversation with the appropriate words from the word bank.

contorno	squisito	secondo	dolce
giorno	acqua	primo	vorrei

CAMERIERE: Buona sera. Da bere, i signori desiderano?

SIGNOR DINI: Dell' (1) ________________ minerale, per favore.

CAMERIERE: Bene. Avete domande sul menù?

SIGNORA DINI: Sì, qual è il piatto del (2) ________________?

CAMERIERE: Il risotto ai funghi porcini. Sono freschi di giornata. È un (3) ________________ leggero ma (4) ________________.

SIGNORA DINI: Mi piacciono molto i funghi! Mi ha convinto. Prendo il risotto ai funghi porcini e come (5) ________________, la bistecca con le patate al forno.

CAMERIERE: Benissimo. E Lei signore?

SIGNOR DINI: Io (6) ________________ gli spaghetti alle vongole e poi la trota. Come (7) ________________, prendo gli spinaci al burro. Dobbiamo ordinare subito anche il (8) ________________?

CAMERIERE: No, non deve ordinarlo subito. Vado in cucina a comunicare Le vostre ordinazioni.

9.28 Quando lo dicono? Listen to six short conversations at a restaurant and decide at what stage each one takes place: at the beginning (**all'inizio**), during (**durante**), or at the end (**alla fine**) of the meal. Select the correct answers.

1. **a.** all'inizio del pasto **b.** durante il pasto **c.** alla fine del pasto
2. **a.** all'inizio del pasto **b.** durante il pasto **c.** alla fine del pasto
3. **a.** all'inizio del pasto **b.** durante il pasto **c.** alla fine del pasto
4. **a.** all'inizio del pasto **b.** durante il pasto **c.** alla fine del pasto
5. **a.** all'inizio del pasto **b.** durante il pasto **c.** alla fine del pasto
6. **a.** all'inizio del pasto **b.** durante il pasto **c.** alla fine del pasto

GRAMMATICA

Il verbo *piacere* (Textbook, p. 283)

9.29 I gusti. Explain what you and your friends like and don't like. Complete the following sentences with the appropriate indirect-object pronoun and with the correct present-tense form of the verb **piacere**.

ESEMPI: (A me) *Mi piace* la cioccolata calda.
Mi piacciono le ciliege.

1. (A te) ____________________ il cibo piccante.
2. (A Rosa) ____________________ le lasagne.
3. (A Paolo e Massimo) ____________________ i vini rossi piemontesi.
4. (A Sara e Patrizia) Non ____________________ la carne al sangue.
5. (A me) Non ____________________ i ristoranti rumorosi.
6. (A te) Non ____________________ dare la mancia al cameriere.

9.30 Che cosa vi è piaciuto? Tell what you and your friends liked about the restaurant where you ate last week. Complete the following sentences with the appropriate indirect-object pronoun and with the correct past-tense form of the verb **piacere**.

ESEMPI: (A me) *Mi è piaciuta* la cioccolata calda.
Mi sono piaciute le ciliege.

1. (A voi) Non ____________________ i primi che avete ordinato.
2. (A Luigi) ____________________ molto l'arrosto di vitello.
3. (A Laura) ____________________ le tagliatelle ai funghi.
4. (A me) Non ____________________ la cameriera.
5. (A noi) ____________________ l'atmosfera intima ed elegante.
6. (A Luca e Renzo) Non ____________________ il conto. Era troppo caro!

9.31 Gusti diversi. Iole, Barbara, and Bruno explain what their tastes are as far as eating is concerned. Complete the following passages with the correct form of the verb **piacere** in the present or past tense, as necessary.

IOLE: Non mi (1) ____________________ andare al ristorante. Mi (2) ____________________ cucinare e invitare gli amici a casa. Sono una brava cuoca ed a tutti (3) ____________________ i miei piatti. A mio marito (4) ____________________ soprattutto i miei spaghetti al ragù.

BARBARA: Ieri sera sono uscita a cena con la mia amica Cristina. Siamo andate in una piccola trattoria. Mi (5) ____________________ l'atmosfera. A Cristina, però, non (6) ____________________ i camerieri. Secondo lei, erano antipatici. Io ho mangiato molto bene. In particolare, mi (7) ____________________ le lasagne.

BRUNO: Quando io e Caterina andiamo al ristorante non prendiamo mai l'antipasto. Non ci (8) ____________________ gli antipasti. Di solito prendiamo il primo, il secondo e poi il dolce. Caterina prende spesso il tiramisù. Anche a me (9) ____________________ il tiramisù, ma solo se non ha il brandy. Non mi (10) ____________________ i liquori.

9.32 Preferenze. Listen to the following conversation among Anna, Silvia, and Giacomo as they come out of a restaurant. Then write down what they liked and did not like about their experience.

1. Piace / È piaciuto:

____
____
____
____
____

2. Non piace / Non è piaciuto:

____
____
____
____
____

ATTRAVERSO L'UMBRIA

9.33 L'Umbria. Read the following passage about the University for Foreigners in Perugia, and then answer the questions below.

L'Università per Stranieri di Perugia

L'Università per Stranieri di Perugia è la più antica e prestigiosa istituzione italiana impegnata (*involved*) nell'attività d'insegnamento, ricerca e diffusione della lingua e della civiltà italiana nel mondo. Ogni anno studiano in questa Università centinaia di studenti provenienti (*coming*) da tutte le parti del mondo.

La sua storia inizia nel 1921, quando l'avvocato Astorre Lupattelli, che da tanto tempo lavorava a questo ambizioso progetto, istituisce a Perugia, la città dove era nato e cresciuto, i primi corsi di lingua e cultura con lo scopo di (*with the aim of*) diffondere in Italia e all'estero la conoscenza della storia e delle bellezze naturali ed artistiche della penisola italiana.

Dal 1927 la sede principale dell'Università è nel prestigioso Palazzo Gallenga, situato nel cuore della città. A tale sede si affiancano oggi le quattro palazzine (*small buildings*) Prosciutti, Lupattelli, Orvieto e Valitutti che sono raggiungibili a piedi (*within walking distance*) da Palazzo Gallenga e arricchiscono le strutture per la didattica e la ricerca (*teaching and research facilities*). È parte dell'Università anche la prestigiosa Villa la Colombella, un'antica dimora patrizia (*an ancient stately residence*) immersa nelle colline (*hills*) vicine a Perugia, che completa il pregevole (*valuable*) patrimonio dell'Università.

L'Università per Stranieri di Perugia comprende il Dipartimento di Lingua e Cultura Italiana, il Dipartimento di Scienze del Linguaggio e il Dipartimento di Culture Comparate. Oltre ai Corsi di Lingua e Cultura Italiana sono attivi presso l'Ateneo Corsi di Laurea triennale e corsi di Laurea Magistrale

1. Indica quattro cose che adesso sai della storia dell'Università per Stranieri.

____
____
____
____

2. Cosa sai della sua attuale struttura?

____
____

Nome: ______________________ Data: ______________

In pratica

GUARDIAMO

9.34 Prima di guardare: al caffé. Giulia and Taylor have spent the day in Siena, where they have done some sightseeing and stopped to collect a huge painting. They are now at a café prior to heading to the train station. Preview this last scene without sound, then, you provide the script! Write a short dialogue where you imagine what Taylor and Giulia are saying to each other.

9.35 Mentre guardi: i gusti. As you watch the entire episode, pay particular attention to what various people say about their likes and dislikes. Then select the appropriate way to complete each of the following statements.

1. Elena piace a...
   a. Roberto b. Claudio c. Taylor d. Giulia
2. I quadri antichi piacciono a...
   a. Roberto b. Claudio c. Taylor d. Elena
3. Il pesce non piace a...
   a. Roberto b. Claudio c. Taylor d. Giulia
4. Il Natale piace a...
   a. Roberto b. Claudio c. Taylor d. Giulia
5. Siena piace a...
   a. Roberto b. Claudio c. Taylor d. Giulia
6. Giulia piace a...
   a. Roberto b. Claudio c. Taylor d. Elena

9.36 Dopo aver guardato: in giro per Siena. Select the phrase that best completes each of the following statements.

1. Taylor vede il duomo di Siena con occhi diversi perché...
   a. da piccolo ci abitava.
   b. è con Giulia.
   c. studia storia dell'arte medievale.
   d. Giulia gli parla della città.
2. Giulia al negozio deve prendere...
   a. dei pennelli.
   b. un quadro da restaurare.
   c. un quadro che suo padre ha restaurato.
   d. un quadro di suo padre.
3. Giulia da bambina ammirava suo padre perché...
   a. era un bravo pittore.
   b. era sempre a casa con lei.
   c. era un uomo molto bello.
   d. secondo lei era l'uomo migliore del mondo.
4. La festa preferita di Giulia è il Natale perché quando era piccola...
   a. lo celebrava con la nonna.
   b. le piaceva stare da sola.
   c. tutti nella sua famiglia erano insieme.
   d. suo padre non c'era mai.

9.37 Dopo aver guardato: la mia festa preferita. In one scene of the video episode, Giulia and Taylor talk about their favorite holidays. Imagine, now, that Giulia asks you the question she asks Taylor: "Qual è la tua festa preferita?" Write a dialogue in which you answer Giulia's question, tell why you like your favorite holiday, and recollect how you used to celebrate it with your familiy when you were little. You can refer back to the video for inspiration, and be creative!

Nome: ______________________ Data: ______________________

LEGGIAMO

9.38 Prima di leggere: un sondaggio. Look at the survey below, and then answer the questions that follow. Use the statistics from the survey to support your answers.

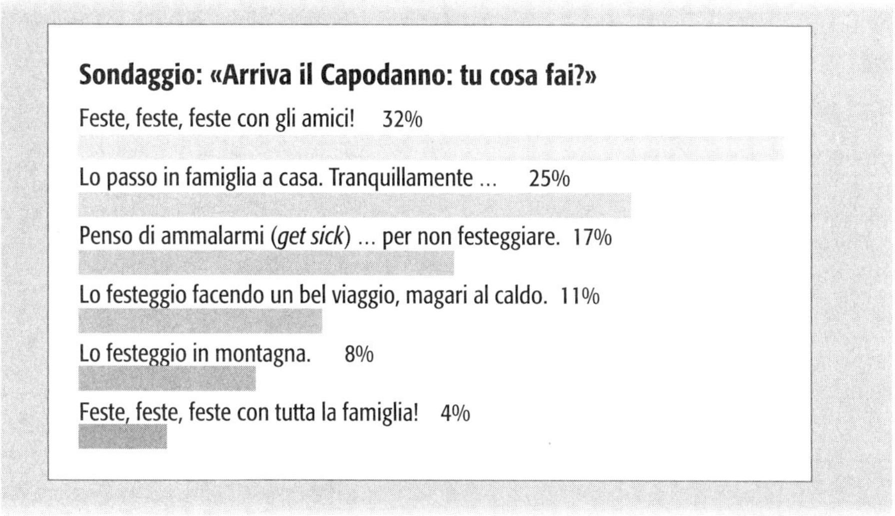
Sondaggio: «Arriva il Capodanno: tu cosa fai?»
Feste, feste, feste con gli amici! 32%
Lo passo in famiglia a casa. Tranquillamente ... 25%
Penso di ammalarmi (get sick) ... per non festeggiare. 17%
Lo festeggio facendo un bel viaggio, magari al caldo. 11%
Lo festeggio in montagna. 8%
Feste, feste, feste con tutta la famiglia! 4%

1. Di che cosa tratta (*is about*) il sondaggio?

____

2. Agli italiani piace festeggiare il Capodanno?

____

3. Ci sono degli italiani che non festeggiano il Capodanno? Quanti sono?

____

9.39 Mentre leggi: tu cosa fai? As you read the following article, identify and list the different ways in which Italians celebrate New Year's Eve.

SONDAGGIO: «Arriva il Capodanno: tu cosa fai?»

Festeggiare in modo degno[1] l'inizio dell'anno è una tradizione irrinunciabile per tanti italiani. Il 32%, in gran parte giovani al di sotto dei trent'anni, a Capodanno vanno in discoteca o a feste organizzate da amici o conoscenti[2]. Ballano, ascoltano musica, guardano spettacoli e partecipano a giochi organizzati all'insegna del motto «divertirsi a tutti i costi!». Altri italiani, il 25%, preferiscono festeggiare il Capodanno con la famiglia a casa. Mentre aspettano l'anno nuovo guardano gli spettacoli di Capodanno in televisione e a mezzanotte stappano lo spumante, brindano e poi escono in giardino o sul balcone con i figli o i nipoti a fare i botti e i fuochi d'artificio[3].

Solo il 4% degli italiani organizza un veglione a casa propria invitando la famiglia allargata. Per queste persone il Capodanno è una estensione del Natale e quindi ripetono molte attività tipiche del giorno di Natale: preparano il cenone e aspettano la mezzanotte mangiando e facendo giochi di società. Allo scoccare[4] del nuovo anno fanno il brindisi con lo spumante, mangiano il panettone e si scambiano gli auguri. L'11% degli italiani, invece, non può resistere alla tentazione di un Capodanno esotico. Fuggire dalla pazza folla[5] alla volta di una spiaggia delle Maldive o dei Caraibi è il sogno di molti. Festeggiare il nuovo anno al caldo in pareo[6] e costume da bagno ha indubbiamente il suo fascino. C'è anche chi sogna di fuggire dalla pazza folla alla volta di incantevoli paesaggi montani. Infatti, l'8% degli italiani desidera una romantica notte di San Silvestro. Ci sono poi quelli, abbastanza numerosi (17%), che si danno malati per non festeggiare il Capodanno; non vogliono sentir parlare di veglioni o cenoni di Capodanno. Vanno a letto alle dieci di sera del 31 dicembre e si mettono i tappi nelle orecchie per non essere disturbati dai fuochi d'artificio. Spengono il cellulare per non ricevere il messaggino di mezzanotte. Questa è la giustificazione di chi non ama il Capodanno: cambia l'anno, si invecchia[7] e non c'è motivo di festeggiare. Forse hanno ragione loro … ■

1. properly 2. acquaintances 3. fireworks 4. At the strike (of midnight) 5. getting away from the craziness 6. coverup 7. gets older

____

____

____

____

9.40 Dopo la lettura: la notte di Capodanno. Decide whether the following statements, based on the article, are **vero, falso,** or **non menzionato.**

1. Molti italiani al di sotto dei trent'anni, festeggiano il Capodanno in famiglia.
   Vero Falso Non menzionato
2. I luoghi lontani preferiti dagli italiani per festeggiare il Capodanno sono le isole tropicali e le grandi città nordamericane.
   Vero Falso Non menzionato
3. A circa l'11% degli italiani piace festeggiare il Capodanno molto lontano da casa.
   Vero Falso Non menzionato
4. Al cenone di Capodanno è tradizione mangiare cotechino e lenticchie.
   Vero Falso Non menzionato
5. A Capodanno tutti gli italiani vogliono divertirsi.
   Vero Falso Non menzionato
6. Il 17% degli italiani è a letto con l'influenza la notte di Capodanno.
   Vero Falso Non menzionato

Nome: ______________________________ Data: ____________________

PARLIAMO

9.41 Che cosa ti piace? An Italian friend answers your questions about his food likes and dislikes. Read the answers he gives below, and then imagine and ask orally the questions that prompted each answer.

1. No, non mi piace.
2. Mi piace moltissimo.
3. Non mi sono mai piaciuti.
4. Le mangio ma raramente.
5. Sì, lo bevo sempre dopo pranzo.

9.42 Qual è il tuo ristorante preferito? What is your favorite restaurant? What kind of food is served there? Describe it orally, giving the name of the restaurant and telling five things that you really like about it.

Mi piace molto il ristorante ____________________.

1. …
2. …
3. …
4. …
5. …

SCRIVIAMO

9.43 Prima di scrivere. Think about what you did last New Year's Eve, and then answer the following questions.

1. Che cosa hai fatto lo scorso Capodanno?

____

____

2. Con chi?

____

3. Hai fatto una cena speciale? Che cosa hai mangiato?

____

____

4. A che ora sei andato/a a letto?

____

5. Ti piace la festa di Capodanno? Perché?

____

____

6. Che cosa ti è piaciuto/a di più del Capodanno dell'anno scorso?

____

____

7. Che cosa non ti è piaciuto/a?

____

8. È una festa importante nel tuo Paese?

____

____

9.44 Scriviamo. Write a short paragraph describing your last New Year's Eve. Begin your paragraph by writing an introductory sentence that explains your main idea. Expand your paragraph by adding any information or details you deem necessary and/or interesting. Finally, bring it to a conclusion.

____

____

____

____

____

____

____

____

CAPITOLO 10

CHE RICORDO SPLENDIDO!

PERCORSO I

Avvenimenti importanti

VOCABOLARIO

Gli avvenimenti importanti nella vita di Chiara (Textbook, pp. 297–298)

10.1 Avvenimenti importanti della vita. Look at the following drawings and match each one with the event that it depicts.

a. fidanzarsi
b. sposarsi
c. nascere
d. diplomarsi

1. ____________________

2. ____________________

3. ____________________

4. ____________________

10.2 Alcune tappe della vita. Below is a list of some of the important stages of a person's life. Write the name of the event that corresponds to each description.

la nascita	la laurea	il divorzio
il matrimonio	il fidanzamento	il compleanno

1. La relazione tra due persone prima di sposarsi: ____________________
2. La famiglia e gli amici si riuniscono per festeggiare l'unione di due persone: ____________________
3. Un nuovo essere umano viene al mondo: ____________________
4. La famiglia e gli amici si riuniscono per festeggiare una persona che compie gli anni: ____________________
5. Due persone sposate si separano legalmente: ____________________
6. La famiglia e gli amici si riuniscono per festeggiare un giovane che finisce l'università: ____________________

10.3 Come reagisci? React to the news about about Carlo and Grazia by selecting all appropriate exclamations.

1. Carlo e Grazia si sono innamorati.
   a. Favoloso! b. Stressante! c. Orribile! d. Meraviglioso! e. Romantico! f. Rilassante!
2. Domenica hanno fatto una gita in campagna.
   a. Favoloso! b. Stressante! c. Orribile! d. Meraviglioso! e. Romantico! f. Rilassante!
3. Il fratello di Grazia non lavora e non ha i soldi per pagare l'affitto!
   a. Favoloso! b. Stressante! c. Orribile! d. Meraviglioso! e. Romantico! f. Rilassante!
4. Domani mattina arrivano i suoi genitori, e Grazia ha solo due ore per pulire l'appartamento!
   a. Favoloso! b. Stressante! c. Orribile! d. Meraviglioso! e. Romantico! f. Rilassante!
5. Carlo e Grazia vogliono sposarsi in aprile.
   a. Favoloso! b. Stressante! c. Orribile! d. Meraviglioso! e. Romantico! f. Rilassante!
6. La nonna di Carlo ha deciso di regalare agli sposi una crociera nel Mar dei Caraibi!
   a. Favoloso! b. Stressante! c. Orribile! d. Meraviglioso! e. Romantico! f. Rilassante!

10.4 Che pessimista! Lucia and her brother Francesco are talking about various events. Listen to their conversation and select all the events that Francesco feels pessimistic about.

il compleanno
la festa di diploma
la festa di laurea
il fidanzamento
il matrimonio
il divorzio
la nascita

Nome: ______________________ Data: ______________________

GRAMMATICA

L'imperfetto e il passato prossimo (Textbook, pp. 300–301)

10.5 Momenti importanti nella vita di Mirella. Mirella is describing the most important events in her life. Select the phrase that best completes each of her sentences.

1. Mi sono laureata...
   a. quando ho avuto 23 anni.
   b. quando avevo 23 anni.
2. Il giorno della mia laurea...
   a. ero molto emozionata.
   b. sono stata molto emozionata.
3. La mia festa di laurea...
   a. era meravigliosa.
   b. è stata meravigliosa.
4. Nel mese di agosto del 1995...
   a. partivo per gli Stati Uniti.
   b. sono partita per gli Stati Uniti.
5. Il 22 novembre 2004...
   a. mi sono sposata.
   b. mi sposavo.
6. Mia figlia...
   a. nasceva il 31 gennaio 2005.
   b. è nata il 31 gennaio 2005.

10.6 Il matrimonio di un campione. Francesco Totti is a famous Italian soccer player. Read the description of his wedding and complete the paragraph by selecting the correct verb tenses.

> Il fuoriclasse del calcio italiano Francesco Totti e la modella Ilary Blasi (1. si sono sposati/si sposavano) alle ore 16 di sabato 19 giugno 2005 nella Chiesa dell'Aracoeli a Roma. La sposa (2. ha indossato/indossava) un lungo abito bianco disegnato per lei da Giorgio Armani. Al matrimonio (3. c'erano/ci sono stati) più di mille invitati, tra i quali anche il sindaco (*mayor*) della città Roma. Durante la cerimonia in chiesa, gli sposi (4. sono stati/erano) molto emozionati. Usciti dalla chiesa, Ilary e Francesco (5. hanno salutato/salutavano) la folla dei tifosi (*crowd of fans*) che li aspettava e (6. sono saliti/salivano) su una Maserati che li ha portati al castello di Torcrescenza. Nel parco illuminato del castello (7. si è svolto/si svolgeva) il ricevimento (*reception*) da mille e una notte. C'erano quattro diversi menù a buffet e una cena finale. Gli invitati (8. hanno chiacchierato/chiacchieravano), (9. hanno ballato/ballavano), (10. hanno mangiato/mangiavano) e (11. si sono divertiti/si divertivano) tutta la notte. Si dice che il ricevimento è costato 100.000 euro. (12. È stato/Era) proprio un matrimonio da favola! Dopo la fine del ricevimento, Francesco e Ilary (13. sono partiti/partivano) per una lunga e romantica luna di miele in Sardegna. Gli sposi, però, non (14. hanno voluto/volevano) rivelare a nessuno il nome della località sarda meta della loro luna di miele.

10.7 Che storia romantica! Write the story of Corrado and Paola by using the information given and conjugating the verbs in either the **passato prossimo** or the **imperfetto**, as appropriate. The first sentence has been done for you.

1. Corrado e Paola, Los Angeles (incontrarsi)

   Corrado e Paola si sono incontrati a Los Angeles.

2. Corrado, cameriere (fare)

   ____

3. Paola, università (studiare)

   ____

4. Corrado e Paola, festa (conoscersi)

   ____

5. Corrado e Paola, subito (innamorarsi)

   ____

6. Paola, Italia (tornare)

   ____

7. Corrado, triste (essere)

   ____

8. Corrado, Mary (incontrare) in spiaggia

   ____

9. Corrado e Mary, (uscire) spesso

   ____

10. Corrado, (pensare) a Paola

    ____

11. Corrado, Italia (tornare)

    ____

12. Corrado e Paola (sposarsi)

    ____

10.8 Un compleanno indimenticabile. Listen as Luciano talks about how he celebrated his eighteenth birthday. Select the phrase that best completes each sentence, according to what you hear.

1. Il giorno del suo compleanno Luciano...
   a. era triste.
   b. era nervoso.
   c. era arrabbiato.
2. Alla festa di compleanno di Luciano...
   a. c'erano tutti i suoi amici.
   b. c'erano i suoi parenti.
   c. c'erano i suoi parenti e tutti i suoi amici.
3. Quando si sono spente le luci...
   a. è iniziata la musica.
   b. è apparsa una torta molto grande.
   c. è apparsa una macchina.
4. Nella busta Luciano...
   a. ha trovato un biglietto d'auguri e mille euro.
   b. ha trovato un biglietto d'auguri.
   c. ha trovato mille euro.

Azioni reciproche (Textbook, pp. 302–303)

10.9 Gli innamorati. Every day you see a young man and a young woman meeting at a bench across the street from your apartment building. Look at the pictures below and select the statement that best corresponds to each picture.

1. a. Si abbracciano.
   b. Si telefonano.
   c. Si incontrano e si salutano.

2. a. Si abbracciano.
   b. Si salutano.
   c. Si guardano negli occhi in silenzio.

3. a. Si baciano.
   b. Si scrivono lettere d'amore.
   c. Si danno la mano.

4. a. Si guardano negli occhi in silenzio.
   b. Si abbracciano.
   c. Si parlano.

10.10 Gli ex-innamorati. Two neighbors, Enrico and Rossella, that you have been glimpsing across the street from your apartment broke up recently. One day you meet Rossella and tell her what you used to see. Rewrite the four sentences below from your perspective, using the **voi** form of the **imperfetto**.

ESEMPIO: (Si abbracciano.)
Vi abbracciavate.

1. (Si salutano.)
____
2. (Si baciano.)
____
3. (Si scrivono lettere d'amore.)
____
4. (Si guardano negli occhi.)
____

10.11 Cosa fanno dei buoni amici? Monica is explaining her relationship with Riccardo, one of her best friends. Use the verbs and phrases below to form sentences from Monica's perspective, using the **noi** form as in the example.

ESEMPIO: (incontrarsi) ____________________ all'università.
Ci incontriamo all'università.

1. (chiamarsi) ____________________ tutti i giorni.
2. (scriversi) ____________________ spesso delle mail.
3. (capirsi) ____________________.
4. (volersi bene) ____________________.
5. (aiutarsi) ____________________ quando abbiamo dei problemi.
6. (farsi) ____________________ dei regali.
7. (criticarsi) ____________________ quando è necessario.
8. (rispettarsi) ____________________ profondamente.

Nome: ______________________ Data: ______________________

PERCORSO II

Ricordi di ogni genere

VOCABOLARIO

Che cosa è successo? (Textbook, p. 305)

10.12 Ricordi belli o brutti? Look at the following drawings and match each of Luca's memories with the statement that best describes it.

1. ______________

2. ______________

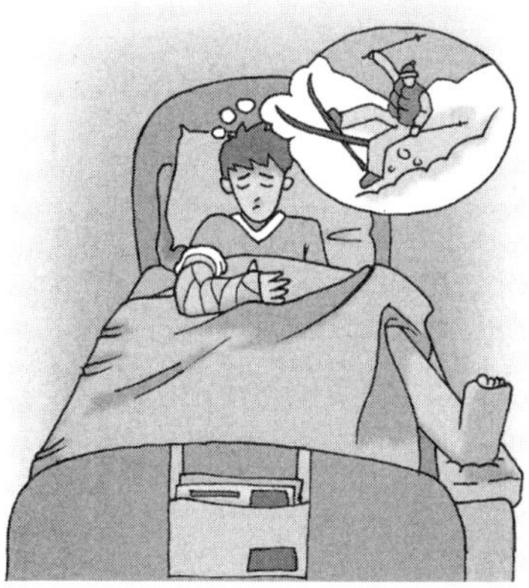

3. ______________

a. Si è rotto una gamba mentre sciava.
b. Ha avuto un incidente stradale.
c. Ha vinto (won) il premio.

10.13 Associazioni. Match each verb or expression with the one that best corresponds to it.

1. prendere la patente _______
2. partecipare a una competizione _______
3. farsi male _______
4. frequentare l'università _______
5. andare ai grandi magazzini _______
6. correre troppo veloce _______

a. slogarsi una caviglia
b. perdersi
c. guidare
d. soffrire
e. vincere una medaglia
f. laurearsi

10.14 Che cosa dici? Answer each of the statements you hear with an appropriate exclamation.

ESEMPIO: You hear: Ho comprato una macchina nuova.
You answer: *Beato te!* O *Beata te!*

1. ____________________
2. ____________________
3. ____________________
4. ____________________
5. ____________________

GRAMMATICA

I pronomi relativi *che* e *cui* (Textbook, p. 307)

10.15 Ricordi piacevoli e spiacevoli del liceo. Leonardo is reminiscing about his high school days. Select the phrase that best completes each statement.

1. In quarta liceo ho avuto un incidente d'auto...
   a. di cui mi sono rotto una caviglia.
   b. in cui mi sono rotto una caviglia.
2. Marta era la ragazza...
   a. di cui mi ero innamorato al liceo.
   b. a cui mi ero innamorato al liceo.
3. Facevo gare di nuoto...
   a. per cui vincevo spesso.
   b. che vincevo spesso.
4. Sergio, Gianni e Luca erano gli amici...
   a. che giocavo a tennis.
   b. con cui giocavo a tennis.
5. La signora Reviglio era la professoressa...
   a. che odiavo di più.
   b. con cui odiavo di più.
6. Matematica era una materia...
   a. che studiavo raramente.
   b. in cui studiavo raramente.

Nome: ______________________________ Data: ______________________

10.16 Un fidanzato geloso. Complete the following conversation between Lorenzo and Allegra by filling in the blanks with either **che** or **cui**.

LORENZO: Chi era il ragazzo con (1) ________________ parlavi ieri a lezione?

ALLEGRA: È quel ragazzo americano (2) ________________ conosci anche tu! Si chiama Peter. Studia nella nostra facoltà da qualche mese.

LORENZO: Ah sì! Il ragazzo americano a (3) ________________ una volta ho prestato il libro di statistica.

ALLEGRA: Sì, è proprio lui.

LORENZO: Sabato scorso l'ho visto alla festa di laurea (4) ________________ Sergio aveva organizzato per Simona. La festa a (5) ________________ tu non sei venuta perché dovevi studiare.

ALLEGRA: A quella festa c'era anche Peter?

LORENZO: Sì, e ha ballato tutta la sera con una ragazza (6) ________________ indossava una minigonna rossa e un paio di stivali neri.

ALLEGRA: Secondo me, era Giada, una studentessa del terzo anno (7) ________________ è antipatica a tutti.

LORENZO: A me non sembra per niente antipatica. È l'unica persona con (8) ________________ ho chiacchierato alla festa! Ma non ti preoccupare (*don't worry*), tu sei l'unica ragazza di (9) ________________ sono innamorato.

ALLEGRA: Ed io ho un fidanzato (10) ________________ amo da morire, anche se è molto geloso!

10.17 Conversazioni tra studenti. Complete the following short exchanges between friends with the appropriate relative pronouns **cui** or **che**.

1. —È il ragazzo di ________________ mi hai parlato?
   —Sì, è il ragazzo ________________ ho incontrato ieri in palestra.
2. —È il polso ________________ ti avevano ingessato?
   —Sì, è il polso ________________ mi ero rotto.
3. —È il torneo di tennis a ________________ hai partecipato l'anno scorso?
   —Sì, è il torneo di tennis ________________ ho vinto l'anno scorso.
4. —È la ragazza a ________________ vuoi bene?
   —No, è la ragazza con ________________ mi sono appena lasciato.
5. —Sono tutte le medaglie ________________ hai vinto?
   —Sì, sono le medaglie per ________________ mi sono allenato tanto.
6. —È l'aula in ________________ c'è la lezione d'italiano?
   —No, è l'aula da ________________ è appena uscito il professore di storia.

PERCORSO III

Viaggi e vacanze indimenticabili

VOCABOLARIO

Come hai passato le vacanze? (Textbook, p. 310)

10.18 Che cos'è? Match each description with the corresponding word or phrase.

1. un mezzo di trasporto molto veloce _______
2. un biglietto Milano-New York e New York-Milano _______
3. un luogo in cui si dorme quando si è lontani da casa _______
4. un luogo in cui si prenota una vacanza e si comprano i biglietti aerei _______
5. un luogo in cui si va in vacanza _______

a. un biglietto di andata e ritorno
b. l'agenzia di viaggi
c. l'albergo
d. il villaggio turistico
e. l'aereo

10.19 Una vacanza in Sardegna. You will hear a conversation between Benedetta, a college student, and a travel agent. As you listen, complete the information below.

1. Regione di destinazione:______________________________
2. Data della partenza:______________________________
3. Data del ritorno:______________________________
4. Classe in cui si vuole viaggiare:______________________________
5. Costo del biglietto: ______________________________
6. Linea aerea: ______________________________

10.20 Metti in ordine. You will hear a conversation between Benedetta, a college student, and a travel agent. As you listen, put the travel agent's questions in order, from 1 to 5.

_______ Che tipo di biglietto vuole?

_______ Mi da, per favore, il suo nome e numero di telefono?

_______ Da dove vuole partire?

_______ Dove vuole andare?

_______ Vuole viaggiare in prima classe o in classe economica?

Nome: ______________________ Data: ______________

GRAMMATICA

Il trapassato prossimo (Textbook, pp. 312–313)

10.21 Il trapassato prossimo. Conjugate the following verbs in the **trapassato prossimo.** Pay attention to the choice of the auxiliary verb (**essere** or **avere**?) and to the form of the past participle: Is it regular or irregular? Does it have to agree with the subject?

ESEMPIO: (Loro) / soffrire
avevano sofferto

1. (Io) / viaggiare ______________
2. (Noi) / fare ______________
3. (Loro) / salutare ______________
4. (Tu) / chiedere ______________
5. (Lei) / andare ______________
6. (Voi) / leggere ______________
7. (Lui) / prepararsi ______________
8. (Noi, *fem.*) / cadere ______________
9. (Io, *masc.*) / perdersi ______________
10. (Tu, *fem.*) / vestirsi ______________

10.22 A proposito di vacanze... Complete the following sentences with the correct **trapassato prossimo** forms of the verbs given.

1. Abbiamo dovuto rinunciare alla vacanza che (prenotare) ______________.
2. Sei arrivato in ritardo all'aeroporto e l'aereo (partire) ______________ già ______________.
3. Sono andata nella stessa agenzia di viaggi in cui (comprare) ______________ i biglietti per Londra l'anno scorso.
4. Due ore prima della partenza, tu e Mario non (fare) ______________ ancora ______________ le valige.
5. Rosa è andata in vacanza in un villaggio turistico che (vedere) ______________ in un dépliant sulla Grecia.
6. In quell'albergo io e Paolo (sentirsi) ______________ come a casa.

10.23 Passato, trapassato prossimo o imperfetto? For each sentence you hear, select whether the speaker is talking about events in the **passato prossimo, trapassato prossimo,** or **imperfetto.**

1. a. passato prossimo b. trapassato prossimo c. imperfetto
2. a. passato prossimo b. trapassato prossimo c. imperfetto
3. a. passato prossimo b. trapassato prossimo c. imperfetto
4. a. passato prossimo b. trapassato prossimo c. imperfetto
5. a. passato prossimo b. trapassato prossimo c. imperfetto
6. a. passato prossimo b. trapassato prossimo c. imperfetto
7. a. passato prossimo b. trapassato prossimo c. imperfetto
8. a. passato prossimo b. trapassato prossimo c. imperfetto

10.24 Progetti per le vacanze. Benedetta and Lara had planned to take a trip to Sardinia together, but Lara later changed her mind. Complete Benedetta's narration by filling in the blanks with the correct **passato prossimo** or **trapassato prossimo** forms of the verbs given, as appropriate.

Questa mattina (1) ____________________ (andare) all'agenzia di viaggi ed ho pagato il biglietto per Alghero-Fertilia che (2) ____________________ (prenotare) una settimana fa.

Lunedì scorso, l'agente di viaggi mi (3) ____________________ già ____________________ (dare) tutte le tariffe migliori (*best rates*) sui voli per la Sardegna, ma io e Lara non (4) ____________________ ancora ____________________ (decidere) quando partire.

Martedì sera, Lara mi (5) ____________________ (telefonare), ma io non ero a casa perché (6) ____________________ (uscire) con mia cugina.

Mercoledì pomeriggio io e Lara (7) ____________________ (vedersi) all'università e Lara mi (8) ____________________ (dire) che non voleva più partire perché (9) ____________________ già ____________________ (essere) in Sardegna.

(10) ____________________ (Arrabbiarsi) un po', perché (11) ____________________ già ____________________ (fare) tanti progetti insieme, ma poi (12) ____________________ (prendere) la decisione di andare in vacanza da sola!

ATTRAVERSO LA CALABRIA E LA SARDEGNA

10.25 La Calabria e la Sardegna. Reread the *Attraverso* section in Capitolo 10 of your textbook and answer the following questions, based on the map of Italy and the information about the two Italian regions.

1. Dov'è la Calabria?

____

2. Quale regione confina con la Calabria?

____

3. Da quali mari è bagnata (*washed*) la Calabria?

____

4. Qual è il capoluogo della Calabria?

____

5. Dove si trovano i famosi «bronzi di Riace»?

____

6. Che cos'è la Sardegna?

____

7. Qual è il mare che bagna la Sardegna?

____

8. Come si chiamano le costruzioni preistoriche tipiche della Sardegna?

____

9. Dove si trovano le spiagge più famose della Sardegna?

____

10. Qual è il capoluogo della Sardegna?

____

Nome: ______________________ Data: ______________________

In pratica

GUARDIAMO

10.26 Prima di guardare: Che cosa è successo? Preview without sound the first scene of this chapter's video episode. Explain what happens after Giulia and Roberto take a walk together. What do you think they are saying to each other? Why?

____

____

____

____

____

____

____

____

10.27 Mentre guardi: Chi lo dice? Select the person who says each line.

1. «Voglio comprare un pezzo di Sardegna...»
   a. Giulia **b.** Roberto **c.** Taylor **d.** Elena
2. «Ma che t'importa? Non sarai mica geloso?»
   a. Giulia **b.** Roberto **c.** Taylor **d.** Elena
3. «... c'è una cosa di cui ...voglio parlarti, una cosa che riguarda te, cioè me... che riguarda noi, noi due...»
   a. Giulia **b.** Roberto **c.** Taylor **d.** Elena
4. «Per me è solo un amico, capisci? È sempre stato solo un amico!»
   a. Giulia **b.** Roberto **c.** Taylor **d.** Elena
5. «Ma questa è una rosa! È per me?»
   a. Giulia **b.** Roberto **c.** Taylor **d.** Elena
6. «Lui si è avvicinato così e... ha cercato... di baciarla!»
   a. Giulia **b.** Roberto **c.** Taylor **d.** Elena
7. «Volevo chiederti scusa. Stamattina sono stata maleducata.»
   a. Giulia **b.** Roberto **c.** Taylor **d.** Elena

10.28 Dopo aver guardato: Correggiamo! Correct the statements below, all of which include some incorrect information.

1. Giulia dice che è stata a Firenze con Taylor.

   ____

2. Roberto ha provato a baciare Elena.

   ____

3. Secondo (*according to*) Taylor Roberto è timido.

   ____

4. Taylor dice che baciarsi è noioso.

   ____

5. Taylor voleva dare una rosa a Elena.

   ____

6. Elena ha dato uno schiaffo a Roberto.

   ____

10.29 Dopo aver guardato: Quanti amori! The relationships among the four protagonists have become rather complex in this episode. Giulia, Taylor, Roberto and Elena are now texting one another with comments about what has happened and how they are feeling. Who is texting whom? What does each person say?

1. Giulia: ______________________________

   ____

2. Elena: ______________________________

   ____

3. Roberto: ______________________________

   ____

4. Taylor: ______________________________

   ____

Nome: ______________________ Data: ______________________

LEGGIAMO

10.30 Prima di leggere: in vacanza. Below are some of the topics that a person who describes his or her vacation would probably mention. Read them over, and focus on recognizing cognates and words you already know. Try to understand the meaning of unfamiliar words from the context. Write down what you think each phrase means.

1. descrizione del luogo: ______________________
2. descrizione del clima: ______________________
3. descrizione della gente: ______________________
4. descrizione del cibo: ______________________
5. attività svolte durante la vacanza: ______________________
6. opinioni personali sui luoghi visitati: ______________________
7. opinioni personali sulle persone incontrate: ______________________
8. costi della vacanza: ______________________
9. mezzi di trasporto usati durante la vacanza: ______________________
10. lingue parlate nei luoghi visitati: ______________________

10.31 Mentre leggi: in vacanza a Stintino. As you read the following brief description of a summer vacation, make a list of all the verbs used in the trapassato prossimo.

Una visita al borgo antico di Stintino

Lo scorso luglio sono andata in vacanza a Stintino. Ero ospite a casa della sorella di mia madre. Mia zia vive a Sassari in inverno e in autunno, ma trascorre la primavera e l'estate nella sua bella casa di Stintino. Le spiagge di Stintino, chiassose (noisy) *e colorate, nobili e popolari al tempo stesso, sono sempre state il luogo di vacanza preferito dei sassaresi. Da parecchi anni, però, Stintino è anche una località frequentata d'estate da molti giovani, sia italiani che stranieri. In particolare, molti ragazzi appassionati di windsurf e kitesurf scelgono Stintino come meta delle loro vacanze.*

Un giorno in cui tirava vento e non avevo voglia di andare in spiaggia, sono andata a visitare l'antico borgo marinaro. Prima di andarci avevo chiesto a mia zia se voleva accompagnarmi. Mia zia mi aveva risposto che il borgo antico era diventato una specie di villaggio turistico pieno di pizzerie, bar, ristoranti e fast-food e per questo motivo lei non ci andava mai volentieri (willingly). *Mi aveva anche detto che dell'antico borgo marinaro rimanevano solo qualche barca di pescatori ormeggiata* (moored fishing boats) *nel porticciolo e la torre della tonnara* (tuna-fishing point). *Insomma, mi aveva fatto una descrizione a dir poco scoraggiante* (discouraging). *Ma io ci sono andata ugualmente. Ho camminato a lungo per le strette vie del borgo. Poi sono salita sulla torre della tonnara e ho potuto ammirare il paesaggio naturale e i colori tropicali della famosa spiaggia della Pelosa. Era davvero un panorama mozzafiato* (breathtaking)*! Quando sono tornata nella piazza del borgo ho incontrato Grazia, la figlia di un'amica di mia zia, che avevo conosciuto in spiaggia qualche giorno prima. Grazia mi ha portato a mangiare una «tumbarella»* (a typical pastry from Stintino) *nella migliore pasticceria di Stintino. Era così buona che ne abbiamo ordinate altre due! Abbiamo chiacchierato per un po' e poi abbiamo passeggiato mentre il sole tramontava* (set). *Sono tornata a casa che era quasi buio* (dark) *e non capivo se avevo sognato o se era stato tutto vero.*

____

____

____

____

10.32 Dopo la lettura: la descrizione di Stintino. Select all the topics that were actually mentioned in the description of a vacation in Stintino.

descrizione del luogo
descrizione del clima
descrizione della gente
descrizione del cibo
attività svolte durante la vacanza
opinioni personali sui luoghi visitati
opinioni personali sulle persone incontrate
costi della vacanza
mezzi di trasporto usati durante la vacanza
lingue parlate nei luoghi visitati

PARLIAMO

10.33 Una vacanza indimenticabile. Using the suggestions given below, describe orally an unforgettable vacation you took. You may add details not mentioned in the prompts.

1. data / periodo della vacanza
2. luogo della vacanza
3. mezzi di trasporto utilizzati
4. attività svolte (*that took place*) durante la vacanza
5. emozioni provate durante la vacanza

10.34 Una brutta caduta. Marco has just come back from the hospital where a cast was removed from his right arm. You meet him on campus and want to know what happened. As you hear each of the answers that Marco gives, ask the question orally that would have elicited that answer.

1. ...
2. ...
3. ...
4. ...
5. ...
6. ...

SCRIVIAMO

10.35 Scriviamo. Write a paragraph about a place you have visited, describing the location, the people, the languages, or any other aspect you found particularly interesting. You can use, as relevant, the topics listed below to plan and organize your description.

descrizione del luogo
descrizione del clima
descrizione della gente
descrizione del cibo
attività svolte durante la vacanza
opinioni personali sui luoghi visitati
opinioni personali sulle persone incontrate
costi della vacanza
mezzi di trasporto usati durante la vacanza
lingue parlate nei luoghi visitati

CAPITOLO 11 E DOPO, CHE FARAI?

PERCORSO I

I progetti per i prossimi giorni

VOCABOLARIO

Che cosa farai? (Textbook, pp. 325–326)

11.1 Dove fai queste cose? Match each activity with the place in which it would most logically occur.

1. aggiustare la macchina _______
2. pagare i conti _______
3. tagliarsi i capelli _______
4. fare commissioni _______
5. ritirare i vestiti _______
6. fissare un appuntamento _______

a. in banca
b. in centro
c. in lavanderia
d. dal dentista
e. dal meccanico
f. dal parrucchiere

11.2 Gli impegni della settimana. Gabriella is planning her activities for the next few days. Match each statement with the drawing that best illustrates it.

1. _____
2. _____
3. _____
4. _____
5. _____
6. _____

a. Io e mia sorella ci incontreremo in centro, berremo un caffè e faremo commissioni.
b. Dovrò andare dal dentista a fare la pulizia dei denti.
c. Porterò la macchina dal meccanico perché devo cambiare l'olio.
d. Andrò dal parrucchiere e mi taglierò i capelli.
e. Andrò in banca.
f. Ritirerò i vestiti in lavanderia.

11.3 Andiamo in centro domani? The lines of the following conversation between two friends are out of order. Read them and number them correctly from 1 to 7, to find out the friends' plans for tomorrow.

_____ a. —Ciao, Emilia! Domani mattina ho intenzione di andare in centro. Devo comprare un regalo di compleanno per Ruggero. Vieni con me?

_____ b. —Penso di comprargli una cravatta di Hermès che gli piace.

_____ c. —Nel pomeriggio... Purtroppo domani ho un appuntamento dal parrucchiere alle 3. Spero di essere libera alle 4 e mezza, quindi possiamo incontrarci in centro verso le 5. Che ne dici?

_____ d. —Perfetto. A domani.

_____ e. —Alle 5, benissimo! Chissà se riusciremo a fare anche quattro chiacchiere bevendo un buon caffè. Devo raccontarti alcuni pettegolezzi (gossip)! Che cosa pensi di comprare per Ruggero?

_____ f. —Almeno sai che gli piacerà. Allora ci vediamo domani alle 5 in Piazza San Carlo, davanti al monumento. D'accordo?

_____ g. —No, Francesca, non potrò venire. Ho molte commissioni da fare al mattino: devo andare in banca, in lavanderia e anche dal meccanico. Possiamo andare in centro nel pomeriggio?

GRAMMATICA

Il futuro (Textbook, pp. 328–329)

11.4 Il futuro. Fill in the blanks below with the correct future tense forms of the verbs.

	Infinito	Presente	Futuro
1.	portare	(io) porto	(io) ________
2.	cercare	(voi) cercate	(voi) ________
3.	annunciare	(tu) annunci	(tu) ________
4.	andare	(tu) vai	(tu) ________
5.	prendere	(loro) prendono	(loro) ________
6.	bere	(Lei) beve	(Lei) ________
7.	potere	(noi) possiamo	(noi) ________
8.	volere	(voi) volete	(voi) ________
9.	venire	(lui) viene	(lui) ________
10.	capire	(io) capisco	(io) ________

11.5 Domani... Tell what the following people will be doing tomorrow. Complete the sentences with the correct forms of the verbs in the future tense.

ESEMPIO: Domani io (andare) ____________ dal dentista alle due.
Domani io *andrò* dal dentista alle due.

1. Domani il meccanico (aggiustare) ____________ la mia macchina.
2. Domani sera io (tornare) ____________ a casa presto.
3. Domani pomeriggio io e Mattia (pulire) ____________ la casa.
4. Domani sera tu (fare) ____________ spese, vero?
5. Domani mattina Giulia e Robby (avere) ____________ un sacco di cose da fare.
6. Domani sera tu e tua sorella (venire) ____________ da me.

Nome: ______________________ Data: ______________________

11.6 Impegni a breve scadenza. Complete the following sentences with the correct future tense forms of the verbs in parentheses.

1. Mi dispiace ma domani io non (avere) ______________________ tempo.
2. Noi (dovere) ______________________ portare la macchina dal meccanico.
3. Se domani il tempo (essere) ______________________ brutto, loro non (fare) ______________________ le commissioni in centro ma (andare) ______________________ al centro commerciale.
4. Quando voi (vedersi) ______________________, (decidere) ______________________ che cosa fare.
5. Quando (tu) (pagare) ______________________ i conti? (Passare) ______________________ dalla banca domani?
6. Domani sera lei (lavorare) ______________________ fino a tardi.
7. Sabato prossimo io non (potere) ______________________ uscire prima delle nove.
8. Dopodomani noi (dovere) ______________________ andare dal dentista.

11.7 Che settimana! Complete Manuela's statements about her plans for next week with the correct verbs from the word bank.

andrò	**vorranno**	**andremo**	**visiteremo**
dovrò	**andrò**	**pulirò**	**pranzerò**
farò	**arriveranno**		

La settimana prossima io (1) ______________________ fare molte cose. Lunedì (2) ______________________ in banca e poi dal dentista. Martedì (3) ______________________ la casa e (4) ______________________ il bucato. Mercoledì (5) ______________________ i miei cugini da Genova. Io (6) ______________________ a prenderli alla stazione e noi (7) ______________________ il Museo Egizio. Penso che loro (8) ______________________ anche visitare il Museo del Cinema. Giovedì io (9) ______________________ con la mia amica Stefania e poi (10) ______________________ insieme dal parrucchiere. Giovedì sera, io, Maurizio e Stefania siamo invitati alla festa di compleanno di Edoardo.

11.8 Pettegolezzi al telefono. You will hear two friends, Giulia and Umberto, gossiping about a mutual friend, Monica. Listen to their phone conversation and select the phrase that correctly completes each sentence.

1. Giulia chiama Umberto per...
   a. invitare l'amico al ristorante sabato prossimo.
   b. raccontare con chi uscirà Monica sabato prossimo.
   c. invitare l'amico al cinema sabato prossimo.
2. Umberto vuole sapere...
   a. in che lingua parleranno Monica e Paul.
   b. in che ristorante ceneranno.
   c. in quale cinema andranno.
3. Giulia e Umberto pensano che Monica e Paul...
   a. andranno a teatro.
   b. mangeranno qualcosa insieme.
   c. faranno una passeggiata.
4. Domenica mattina...
   a. Monica chiamerà Giulia.
   b. Giulia chiamerà Monica.
   c. Giulia e Monica si incontreranno per parlare di Paul.

Il futuro di probabilità (Textbook, p. 331)

11.9 Probabilmente... Lidia is wondering what some of her friends are doing. Complete her statements with the correct forms of the future of probability.

ESEMPIO: Giulia non risponde al cellulare; (dormire) ______________________.
Giulia non risponde al cellulare; *dormirà*.

1. La mia coinquilina non è a casa; (essere) ______________________ dal parrucchiere.
2. Il telefono di Sandra è sempre occupato; (parlare) ______________________ con sua madre.
3. Mariagiovanna non è in ufficio; (fare) ______________________ spese in centro.
4. Diego e Teresa non ci sono ancora; (arrivare) ______________________ in ritardo.
5. Oggi Oliviero rimane a casa; (guardare) ______________________ la televisione tutto il giorno.
6. Luca e Irene non sono in classe; (studiare) ______________________ in biblioteca.

11.10 Cosa fanno? Your friend Laura asks you some questions about your mutual friends. Answer her questions, using the expressions in parentheses and the future of probability. Be sure to follow the sentence structure of the example closely.

ESEMPIO: Cosa fa Giovanni in banca? (pagare i conti)
Pagherà i conti.

1. Cosa fa Marta dal parrucchiere? (tagliarsi i capelli)

   ____.

2. Cosa fanno Paolo e Massimo al bar? (bere un caffè)

   ____.

3. Cosa fa Luigi dal meccanico? (cambiare l'olio)

   ____.

4. Cosa fanno Luisa e Chiara in centro? (fare spese)

   ____.

5. Cosa fa Simona in cucina? (preparare la cena)

   ____.

6. Cosa fanno Monica e Paul ancora a casa? (pulire)

   ____.

11.11 Quando arrivano? You and some of your friends have organized a party. While you are waiting for your guests to arrive, one of your friends gets very nervous and asks a lot of questions about the event. Listen to the questions and answer them using the future of probability.

1. ______________________
2. ______________________
3. ______________________
4. ______________________
5. ______________________
6. ______________________

PERCORSO II

I programmi al telefono

VOCABOLARIO

«Pronto! Chi parla?» (Textbook, p. 333)

11.12 Trova le parole. With the following syllables, construct eight words related to making and receiving phone calls and write them on the lines provided.

ca	te	ca	ne	ri	gre	bi	
se	ca	pa	na	ria	ri	ta	
le	gi	nu	te	e	me	fo	
le	sche	ro	len	gial	na	da	co

____

____

11.13 Conversazioni telefoniche. Write out the following conversations in Italian, according to the scenarios given.

ESEMPIO: You read: You and Marco are waiting for your friend Guido. He is late and Marco tells you to call him on his cell phone. You tell Marco that the line is busy, so he tells you that you both will try to reach him later.

You write: *Tu: Guido è in ritardo!*
Marco: Allora, chiamalo al cellulare.
Tu: La linea è occupata.
Marco: Va bene... lo richiameremo più tardi.

1. You call your friend's house. A person answers and greets you, and you greet him/her in return. You give your name and say that you would like to speak with Cristina. The other person tells you that Cristina is not available and asks if you would like to leave a message. You say yes, and thank him/her politely.

____

____

____

____

____

____

2. You call a restaurant and tell the person who answers that you would like to reserve a table for Saturday night. That person tells you that you dialed the wrong number. You ask if you have called the restaurant "Da Gennaro" and he answers that you have reached the dry cleaners, "Mille bolle," instead. You apologize and thank him politely.

____

____

____

____

____

____

3. You would like to know if your sister's flight is on time. You tell your friend Mary to call the Genoa Cristoforo Colombo Airport. Mary replies that she does not want to make a long distance call. You tell her that there is a toll free number that she can call instead.

____

____

____

____

____

____

11.14 Annunci. Listen to four phone messages. Then select each word or expression that is used. The words and expressions are not necessarily listed in the order in which you hear them.

1. La linea è occupata
2. Cercare il cordless
3. Abbassare
4. Fare una ricarica
5. Lasciare un messaggio
6. Sbagliare numero
7. Le pagine gialle
8. Chiamare al telefonino
9. Richiamare più tardi
10. La segreteria telefonica

GRAMMATICA

Il gerundio e il progressivo (Textbook, pp. 335–336)

11.15 Cosa stanno facendo? How likely is it that these people are doing the following activities right now? Select whether each statement is probabile or improbabile.

1. Il tuo professore d'italiano sta studiando.	Probabile	Improbabile
2. Tu stai pensando in italiano.	Probabile	Improbabile
3. Il tuo migliore amico sta visitando l'Italia.	Probabile	Improbabile
4. Il coinquilino /La tua coinquilina sta ballando in discoteca.	Probabile	Improbabile
5. La tua migliore amica ti sta aspettando al bar.	Probabile	Improbabile
6. Il presidente degli Stati Uniti si sta divertendo.	Probabile	Improbabile

11.16 Ieri a quest'ora... Based on each drawing, write down what Flavio and some of his family and friends were doing yesterday.

1. Anna e Marco

______________________.

2. Mio padre

______________________.

3. Mia madre

______________________.

4. Io

______________________.

5. Damiano

______________________.

6. Giuseppe

______________________.

11.17 Probabilmente... Think about what the following people could be doing in each of these places at this moment. Then write down three of their possible activities, using the progressive construction and the correct verb tense.

1. Marco e Fabrizio al bar:

____

____

____

2. Tu e Franca dal parrucchiere:

____

____

____

3. Veronica a casa:

____

____

____

4. Ugo in biblioteca:

____

____

____

PERCORSO III

I piani per il futuro

VOCABOLARIO

Che farai dopo aver finito di studiare? (Textbook, p. 340)

11.18 Associazioni. You will hear four college students making statements about their futures. Listen to them and choose from the list below the occupations that are most logically described by their statements.

1. _____
2. _____
3. _____
4. _____

a. lo stilista
b. la giornalista
c. il vigile del fuoco
d. la scienziata

11.19 Aspirazioni per il futuro. Angelo has to conduct a poll for his sociology course. He asks Michela some questions about her plans for the future. Match Michela's answers to Angelo's questions.

Risposte di Michela	Domanda di Angelo
_____ 1. Mi laureerò tra un anno.	a. Vivrai a Roma?
_____ 2. Certo. Sto studiando proprio per trovare un buon posto di lavoro!	b. Cercherai subito un lavoro?
_____ 3. Spero di trovare un lavoro nel settore del marketing in una multinazionale.	c. Dove vivrai all'estero?
_____ 4. Ho un fidanzato ma per ora non abbiamo intenzione di sposarci. Vogliamo prima fare un po' di carriera e possibilmente lavorare qualche anno all'estero.	d. Che tipo di lavoro cercherai?
_____ 5. Non credo. Probabilmente vivrò a Milano.	e. Ti sposerai?
_____ 6. Chissà... vorrei vivere a New York o a Londra, ma dovrò guadagnare molti soldi per poter vivere in queste città.	f. Quando finirai l'università?

11.20 Il suo futuro. You will hear an Italian student talking about his future plans. Select every statement that expresses his intentions.

1. Prenderà un altro titolo di studio.
2. Farà un viaggio negli Stati Uniti.
3. Farà uno stage all'estero.
4. Avrà molte soddisfazioni personali.
5. Dovrà fare molti sacrifici per fare carriera.
6. Avrà dei figli, ma solo dopo aver guadagnato molti soldi.

GRAMMATICA

Dopo e *prima di* + infinito (Textbook, p. 343)

11.21 La sfera di cristallo. You and a friend look into a crystal ball and see your future. Match each sentence fragment with the phrase that best completes it.

1. Avrete successo nel lavoro, _____
2. Vi sposerete _______
3. Dopo cinque anni di matrimonio, _______
4. Dopo aver scritto un libro, _______
5. Dopo aver finito il liceo, _______

a. avrete un figlio.
b. sarete due scrittori famosi.
c. vostro figlio andrà all'università in Italia.
d. ma solo dopo aver fatto molti sacrifici.
e. prima di compiere trent'anni.

11.22 Prima e dopo. You will hear some students talking about the order in which they do certain things. Listen to their statements, and then explain what they do using either **prima di** or **dopo**, as indicated.

ESEMPIO: You hear: Prima vado dal parrucchiere e poi esco con il mio fidanzato.
You write: Prima di *uscire* con il mio fidanzato, vado dal parrucchiere.
Dopo *essere andata* dal parrucchiere, esco con il mio fidanzato.

1. Prima di ________________________________ andiamo in banca.
2. Dopo ________________________________ i compiti, gioca a tennis.
3. Prima di ________________________________, si alzano.
4. Dopo ________________________________ tutti i conti, ti compri quel vestito che ti piace tanto.

Nome: ______________________ Data: ______________________

ATTRAVERSO LA LIGURIA

11.23 La Liguria. Read the following passage about the beautiful "Gulf of the Poets" in the eastern end of the Liguria region, and then give short answers to the questions that follow.

Il Golfo dei Poeti

Il Golfo della Spezia (detto anche Golfo dei Poeti) è un'ampia e profonda insenatura (*inlet*) del litorale (coast) del Mar Ligure, situata all'estremità orientale (*eastern end*) della Liguria. Il golfo prende il nome dalla città della Spezia che si trova al centro del golfo stesso ed è un importante porto mercantile e militare. Alle due estremità del golfo (occidentale ed orientale, rispettivamente) si trovano i borghi (*villages*) di Porto Venere e Lerici, due località di grande interesse turistico.

Il soprannome (*nickname*) «Golfo dei Poeti» deriva dal fatto che nel corso dei secoli molti poeti, scrittori ed artisti hanno trascorso periodi di residenza nei borghi del golfo, folgorati (*dazzled*) dalla bellezza di questo «anfiteatro d'acqua». Fra i tanti artisti italiani e stranieri che hanno amato questo luogo, ricordiamo i poeti Francesco Petrarca e Eugenio Montale, gli scrittori Gabriele D'Annunzio e Filippo Tommaso Marinetti, D. H. Lawrence e Virginia Woolf, la scrittrice e pittrice George Sand, e i poeti romantici inglesi Lord Byron e Percy Bysshe Shelley. Quest'ultimo è legato in modo particolare al Golfo della Spezia. Shelley, infatti, ha abitato nella borgata marinara (*fishermen's village*) di San Terenzio, a Lerici, dal gennaio del 1822 all'8 luglio 1822, giorno in cui annegò (*drowned*) nelle acque del golfo, a causa di in una tempesta improvvisa, mentre rientrava a Lerici da Livorno a bordo della sua goletta (*schooner*) Ariel.

1. Qual è l'altro nome del Golfo dei Poeti?

   ____

2. Qual è la città che si trova al centro del Golfo dei Poeti?

   ____

3. Quali sono i due borghi di grande interesse turistico che si trovano alle due estremità del Golfo dei Poeti?

   ____

4. Perché è chiamato il «Golfo dei Poeti»?

   ____

5. Chi sono alcuni famosi scrittori italiani e stranieri che hanno amato questo golfo ed i suoi borghi?

   ____

6. Chi è il famoso poeta che ha vissuto a Lerici ed è morto nelle acque del golfo?

   ____

In pratica

GUARDIAMO

11.24 Prima di guardare: un equivoco (*misunderstanding*) dopo l'altro. Everyone is trying to make plans but, as the title of this episode indicates, assorted misunderstandings make things complicated. Before viewing, look at the photos and answer the following questions.

1. Elena telefona a Taylor: Taylor ha un progetto di studio questo fine settimana. Come pensi che risponderà quando Elena gli chiede di fare qualcosa insieme sabato? Ti sembra contento? Ti sembra contenta Elena? Perché?

______________________________ ______________________________

______________________________ ______________________________

______________________________ ______________________________

______________________________ ______________________________

2. Roberto telefona ad Elena: C'è molto da fare per la band nel fine settimana e Roberto telefona ad Elena. Pensi che vorrà vederla sabato? Perché? Secondo te, si vedranno questo fine settimana?

______________________________ ______________________________

______________________________ ______________________________

______________________________ ______________________________

______________________________ ______________________________

Nome: ______________________ Data: ______________________

11.25 Mentre guardi: Chi lo dice? As you view the video episode, select the person who says each line.

1. «Ti va di venire al cinema sabato?»
   a. Giulia b. Roberto c. Taylor d. Elena
2. «Vuoi venire a Napoli? ... va bene, perché no?...! Ma sì! Dai!»
   a. Giulia b. Roberto c. Taylor d. Elena
3. «Sabato ci sono le prove. Ci sarai?»
   a. Giulia b. Roberto c. Taylor d. Elena
4. «Venerdì? No. C'è il compleanno di una mia amica!»
   a. Giulia b. Roberto c. Taylor d. Elena
5. «Ma tu cosa farai dopo gli studi?»
   a. Giulia b. Roberto c. Taylor d. Elena
6. «Ma mica sono matto! Scriverò romanzi! Di successo!»
   a. Giulia b. Roberto c. Taylor d. Elena
7. «Ma no! Volevo dirti che sabato ci sarà una festa da amici... e mi chiedevo, se... magari volevi venire con me?»
   a. Giulia b. Roberto c. Taylor d. Elena

11.26 Dopo aver guardato: Cosa faranno sabato? Select the appropriate completions for the statements about the weekend plans of Taylor, Elena, and Giulia.

1. Taylor...
   a. andrà in biblioteca per fare ricerca per la sua tesina.
   b. rimarrà a casa a studiare.
   c. andrà al cinema con Elena.
   d. andrà a Napoli a vedere un dipinto.
2. Elena...
   a. passerà il pomeriggio con la sua zia napoletana.
   b. sarà a Napoli.
   c. andrà alla libreria Feltrinelli.
   d. andrà alla festa di compleanno di una sua amica.
3. Giulia...
   a. andrà a un concerto con Taylor.
   b. andrà a una festa da amici.
   c. sarà impegnata tutta la giornata.
   d. andrà a Napoli con Taylor.

11.27 Dopo aver guardato. E Roberto? Imagine that you run into Roberto on the street just after Elena has cut their phone call short. He is frustrated and vents about all that Elena has going on this week. Write down your conversation, including your own responses.

LEGGIAMO

11.28 Prima di leggere: sei matricole. Skim the following text. Then select the appropriate answer to each question.

Tutti famiglia e cellulare: sei matricole (*freshmen*) si raccontano

FIAMMETTA (Milano, 19 anni, Scienze politiche)

Famiglia: Ho tre fratelli più grandi, tre nipotini e due genitori meravigliosi. Mi diverto; mi fanno stare bene. La famiglia è il mio più grande punto di riferimento.

Oggetto di cui non posso fare a meno *(I can't do without):* Il burro cacao.

Telefonini & co.: Il cellulare è molto utile, ma lo uso più per ricevere telefonate che per farle.

Da grande (*when I grow up*): Il magistrato o la carriera diplomatica.

Sogno nel cassetto (*secret dream*): Passare tanto tempo in Kenya, a Malindi, con i 47 bambini dell'orfanatrofio (*orphanage*) fondato tanti anni fa da mia madre e mio padre.

VANIA (Bologna, 18 anni, Medicina)

Famiglia: So che non mi abbandonerà mai, qualunque cosa succeda.

Oggetto di cui non posso fare a meno: Il cellulare, ovviamente!

Telefonini & co.: Uso il cellulare per fare foto e mandare SMS a tutto il mondo!

Da grande: La pediatra.

Sogno nel cassetto: Realizzarmi nel lavoro, nell'amore e nella famiglia.

SONIA (Venezia, 18 anni, Lingue e letterature straniere moderne)

Famiglia: Ti fa diventare quello che sei, ti forma e ti da affetto (*affection*). Vorrei, però, un po' più di comprensione da parte dei miei genitori.

Oggetto di cui non posso fare a meno: La collana (*necklace*) che mi ha regalato mia nonna.

Telefonini & co.: Spendo tantissimo in SMS. Mi piace chattare perché conosci sempre persone nuove.

Da grande: La cantante o ballerina.

Sogno nel cassetto: Diventare famosa in tutto il mondo.

ARIANNA (Roma, 18 anni, Economia)

Famiglia: È un appoggio (*help, support*) e un sostegno sempre e comunque.

Oggetto di cui non posso fare a meno: Il cellulare, naturalmente!

Telefonini & co.: Non posso fare a meno della tecnologia e sono una fanatica degli SMS.

Da grande: Lavorare nell'ambito dello sport o della moda.

Sogno nel cassetto: Sembrerà banale (*common*), ma ciò che desidero soprattutto è la felicità.

MATTEO (Milano, 18 anni, Scienze Motorie)

Famiglia: Mi da affetto, è sempre disponibile, ma vorrei più comprensione. Mamma e papà hanno da ridire sulla musica che ascolto e su come mi vesto.

Oggetto di cui non posso fare a meno: I miei anelli (*rings*); ne avevo dieci, uno per dito, ma alcuni purtroppo li ho persi.

Telefonini & co.: Uso molto il computer, soprattutto per le ricerche in rete. Il telefonino, invece, lo uso poco, anche perché lo dimentico sempre da qualche parte.

Da grande: Lo sportivo; farò il professore di ginnastica.

Sogno nel cassetto: Suonare la chitarra e formare un gruppo musicale.

FRANCESCO (Napoli, 19 anni, Scienze della comunicazione)

Famiglia: Niente è meglio della famiglia. C'è sempre e comunque.

Oggetto di cui non posso fare a meno: La Playstation e il cellulare.

Telefonini & co.: È indispensabile tutta la tecnologia. Io, però, uso Internet per chattare e scaricare musica house.

Da grande: Lavorare nel mondo dello spettacolo.

Sogno nel cassetto: Trovare una sistemazione nel mondo del lavoro che mi soddisfi.

1. Che cos'è?
   a. una pubblicità
   b. un articolo
   c. un sondaggio (survey)
2. Secondo te, il titolo suggerisce che...
   a. in generale gli adolescenti vogliono sposarsi presto e farsi una famiglia.
   b. gli adolescenti non possono rinunciare alla famiglia e al cellulare.
   c. gli adolescenti pensano solo a fare carriera.
3. Secondo te, gli adolescenti intervistati...
   a. descrivono la loro routine giornaliera.
   b. descrivono le loro personalità.
   c. parlano delle loro famiglie e di sogni e aspirazioni.

11.29 Mentre leggi: la famiglia e il cellulare. Now, list all the words and expressions in the text which help explain the first-year students' relationships with their families and their use of cell phones.

____

____

____

____

____

____

11.30 Dopo la lettura: Chi? Select the name(s) of the person or people to whom each statement applies: Fiammetta (F), Vania (V), Sonia (S), Arianna (A), Matteo (M), Francesco (Fr).

1. La famiglia mi dà affetto. F V S A M Fr
2. I miei genitori a volte non mi capiscono. F V S A M Fr
3. Il cellulare è molto utile e indispensabile. F V S A M Fr
4. Uso il cellulare soprattutto per mandare SMS. F V S A M Fr
5. Spero di lavorare nel mondo dello spettacolo. F V S A M Fr

PARLIAMO

11.31 Andiamo in spiaggia sabato prossimo? Some friends call you to ask if you want to go to the beach with them on Saturday. Tell them that you would love to, but you'll be very busy on Saturday. Explain to them orally all the things you'll have to do that day.

11.32 Che cosa farai dopo la laurea? An Italian friend of yours wants to know your plans for the future. Listen to her questions and answer them aloud.

1. …
2. …
3. …
4. …
5. …
6. …

SCRIVIAMO

11.33 Prima di scrivere. A journalist who has conducted a survey of young people has asked you to supply a personal statement about five topics. Write a complete sentence about each.

1. Famiglia: ______________________________.

   ____
2. Oggetto di cui non posso fare a meno (*I can't do without*): ______________________________

   ____
3. Telefonini & co.: ______________________________

   ____
4. Da grande (*When I grow up*): ______________________________

   ____
5. Sogno nel cassetto (*Secret dream*): ______________________________

   ____

11.34 Scriviamo. Write a coherent paragraph about yourself incorporating your personal information about these five topics: **famiglia, oggetto di cui non posso fare a meno, Telefonini & co., da grande,** and **sogno nel cassetto.**

____

____

____

____

____

____

____

____

____

CAPITOLO 12 LA VITA CHE VORREI

PERCORSO I

La scelta della carriera

VOCABOLARIO

Che cosa vorresti fare? (Textbook, p. 357)

12.1 Carriere e professioni. Write the name of each profession described with the correct definite article.

ESEMPIO: Opera in un ospedale
Il chirurgo

Descrizione	Professione
1. Cura i malati in ospedale e aiuta i dottori.	______________
2. Insegna la letteratura italiana ai suoi studenti.	______________
3. Visita i malati e gli dà le medicine.	______________
4. Progetta case e palazzi.	______________

12.2 Che lavoro fanno? Read the descriptions and indicate which profession from the word bank each one describes.

l'idraulico	il dirigente	il chirurgo
l'operaia	la commercialista	il programmatore

1. Lavora in fabbrica: ______________
2. Lavora nel suo studio e calcola le tasse che dobbiamo pagare ogni anno: ______________
3. Lavora sempre con il computer: ______________
4. Lavora in sala operatoria e opera i pazienti: ______________
5. Istalla e aggiusta tubi dell'acqua e rubinetti: ______________
6. Coordina e dirige un gruppo d'impiegati in un'azienda: ______________

12.3 La professione migliore. Six friends talk about some advantages and disadvantages of the jobs they have or used to have.

A. Listen to their statements and match the name of each friend with her job or profession.

1. Elena	a. commercialista
2. Vittoria	b. cuoca (*cooks*) in un ristorante
3. Matilde	c. studentessa universitaria
4. Giovanna	d. architetto
5. Flaminia	e. cuoca in una mensa universitaria
6. Martina	f. professoressa

B. Now listen to the statements again and for each friend select the advantage and the disadvantage that appropriately describe her current or former job.

1. il lavoro di Elena
   a. è creativo
   b. è part-time
   c. è noioso e sedentario
   d. non dà molte soddisfazioni.
2. il lavoro di Vittoria
   a. è creativo
   b. è part-time
   c. si lavora molte ore al giorno
   d. si studiano materie interessanti
3. il lavoro di Matilde
   a. è part-time
   b. non dà molte soddisfazioni
   c. dà soddisfazione
   d. l'orario non è flessibile
4. il lavoro di Giovanna
   a. si guadagna poco
   b. è una professione rispettata e interessante
   c. permette di guadagnare molto
   d. si sogna di fare carriera
5. il lavoro di Flaminia
   a. è creativo
   b. è una professione rispettata e interessante
   c. è una professione noiosa e sedentaria
   d. permette di guadagnare molto
6. il lavoro di Martina
   a. è noioso e sedentario
   b. si studiano materie interessanti
   c. si sogna di fare carriera
   d. permette di guadagnare molto

12.4 Scegli un lavoro. Choose a job with which you are familiar and write two advantages and two disadvantages of that job based on your personal experience or the experience of someone you know well.

Vantaggi: ______________________________

____

Svantaggi: ______________________________

____

Nome: ______________________ Data: ______________________

GRAMMATICA

Il condizionale presente di *dovere, potere* e *volere* (Textbook, p. 360)

12.5 Il condizionale presente di *dovere*. Read the following statements and complete the suggestions about what each person should do, using the correct present conditional form of **dovere**.

1. Adoro i numeri.

   (Tu) ______________________ studiare matematica.

2. Carlo riceve due offerte di lavoro ma non riesce a decidere quale accettare.

   (Lui) ______________________ valutare (*evaluate*) i vantaggi e gli svantaggi dei due lavori.

3. Ci piace occuparci dei malati e delle persone anziane.

   (Voi) ______________________ fare gli infermieri.

4. Trovano il loro lavoro poco stimolante.

   (Loro) ______________________ avere più entusiasmo e cercare di vedere gli aspetti positivi del loro lavoro.

5. Non andiamo d'accordo con il nostro capufficio (*office manager*).

   (Noi) ______________________ spiegargli perché siamo insoddisfatti.

6. Faccio una vita sedentaria.

   (Io) ______________________ fare una vita più attiva.

12.6 Il condizionale presente di *potere*. Each of the following people has a particular problem. Read their statements and complete the solutions to their problems using the correct present conditional form of the verb **potere**.

1. Cesare abita lontano dal posto di lavoro.

   ______________________ abitare vicino al posto di lavoro.

2. Tu non hai una macchina.

   ______________________ comprare una macchina.

3. Chiara e Manuela lavorano fino alle otto di sera.

   ______________________ lavorare fino alle sei di sera.

4. Tu e Francesco non siete soddisfatti del vostro lavoro.

   ______________________ cambiare lavoro.

5. Ho un lavoro a tempo pieno e non posso mai andare a prendere mia figlia a scuola.

   Con un lavoro part-time, (io) ______________________ andare a prendere mia figlia a scuola tutti i giorni.

6. Io e Sabrina facciamo le commesse in un negozio d'abbigliamento da dieci anni.

   Con la nostra esperienza ______________________ aprire un negozio d'abbigliamento.

12.7 Il condizionale presente di *volere*. All the following people would like to see some changes in what they do. Match each sentence with the phrase that best completes it.

1. Simona è insoddisfatta del suo lavoro; _____
2. Piero e Silvio lavorano in banca; ma _____
3. Sono uno studente universitario ma non mi piace studiare; _____
4. Nello studio d'architettura in cui lavori, ti pagano poco; _____
5. Io e Anna lavoriamo in media dieci ore al giorno; _____
6. Non vi piacciono le persone con cui lavorate; _____

a. vorresti guadagnare di più.
b. vorreste dei colleghi più simpatici e interessanti.
c. vorremmo lavorare di meno.
d. vorrei già lavorare!
e. vorrebbe cambiare lavoro.
f. vorrebbero fare un lavoro più creativo.

12.8 Che cosa esprimono? Listen to the speakers as they express either **un desiderio** (*a desire*), **un consiglio** (*a suggestion*), **una possibilità** (*a possibility*), or **una richiesta** (*a polite request*). Then for each statement, select the correct option.

1.	a. un desiderio	b. un consiglio	c. una possibilità	d. una richiesta
2.	a. un desiderio	b. un consiglio	c. una possibilità	d. una richiesta
3.	a. un desiderio	b. un consiglio	c. una possibilità	d. una richiesta
4.	a. un desiderio	b. un consiglio	c. una possibilità	d. una richiesta
5.	a. un desiderio	b. un consiglio	c. una possibilità	d. una richiesta
6.	a. un desiderio	b. un consiglio	c. una possibilità	d. una richiesta

PERCORSO II

Speranze e desideri

VOCABOLARIO

Che cosa ti piacerebbe? (Textbook, p. 363)

12.9 A chi? Match each sentence fragment with the phrase that best completes it.

1. A una persona idealista e altruista non piace _____
2. Una persona ambiziosa con molte aspirazioni professionali ammira _____
3. Una persona che vuole lavorare nel cinema vorrebbe conoscere _____
4. Una persona che fa del volontariato _____
5. Un senzatetto _____
6. Una persona che fa sciopero _____

a. non ha una casa.
b. non va a lavorare per protesta.
c. una persona materialista ed egoista.
d. Bill Gates.
e. Martin Scorsese.
f. non è interessata ai soldi.

Nome: ______________________ Data: ______________________

12.10 Chi sono? Complete the sentences with your descriptions of the following people.

ESEMPIO: Un altruista è una persona che *aiuta il prossimo*.

1. Un egoista è una persona che ______________________.
2. Un ambizioso è una persona che ______________________.
3. Un idealista è una persona che ______________________.
4. Un ecologista è una persona che ______________________.
5. Gli assistenti sociali sono persone che ______________________.
6. Una persona che si occupa di politica è una persona che ______________________.

12.11 Tipiacerebbe... ? Listen as people express their likes and dislikes. For each of their statements, select the option that best relates to their desires.

1. **a.** fare sciopero **b.** fare il giro del mondo
2. **a.** aiutare la gente **b.** diminuire le tasse
3. **a.** eliminare la disoccupazione **b.** contribuire alla pace nel mondo
4. **a.** insegnare a rispettare l'ambiente **b.** votare per il partito degli ambientalisti
5. **a.** occuparmi di ecologia **b.** occuparmi di politica
6. **a.** essere un idealista **b.** essere egoista

GRAMMATICA

Il condizionale presente (Textbook, pp. 365–367)

12.12 Per esprimere aspirazioni, consigli e richieste. Conjugate the following verbs with the subjects shown in the present conditional.

1. io – volere ______________________
2. loro – dovere ______________________
3. noi – potere ______________________
4. tu – sognare ______________________
5. lui – pagare ______________________
6. voi – occuparsi ______________________
7. io – vivere ______________________
8. lei – difendere ______________________
9. lui – diminuire ______________________
10. loro – finire ______________________
11. tu – stare ______________________
12. noi – mangiare ______________________

12.13 Un sogno ad occhi aperti. Complete the conversation between Giacomo and Miriam by filling in the blanks with the correct present conditional forms of the verbs in parentheses.

GIACOMO: Quanto mi (1. piacere) ____________________ guadagnare tanti soldi!

MIRIAM: Tu (2. volere) ____________________ vincere la lotteria?

GIACOMO: Ma va'! Io (3. volere) ____________________ fondare un'azienda e renderla famosa nel mondo.

MIRIAM: Come sei ambizioso! (Tu) (4. dovere) ____________________ trovare il denaro. Senza un bel capitale iniziale, non puoi fondare un'azienda.

GIACOMO: Se diventassi un grande imprenditore, (io) (5. fare) ____________________ molta beneficienza, come Bill e Melinda Gates.

MIRIAM: Tu (6. occuparsi) ____________________ anche di politica?

GIACOMO: Sicuramente. Io (7. cercare) ____________________ di eliminare la disoccupazione, (8. diminuire) ____________________ le tasse a tutti, (9. difendere) ____________________ l'ambiente e (10. fondare) ____________________ un partito politico.

MIRIAM: Pensi che gli italiani ti (11. votare) ____________________? Pensi che (12. avere) ____________________ fiducia (*trust*) in te?

GIACOMO: Non lo so... sto sognando ad occhi aperti!

12.14 Consigli e forme di cortesia. Read the following short exchanges and change the verbs from the present indicative to the present conditional to make the suggestions and requests more polite.

ESEMPIO: —Marco, puoi / ____________ rileggere quell'annuncio, per favore?
—Marco, puoi / *potresti* rileggere quell'annuncio, per favore?

1. — Mi aiuti / ____________________ a fare i compiti d'italiano?

   — Mi dispiace, ma ho un appuntamento dal dentista.

2. — Abbiamo la macchina dal meccanico; potete / ____________________ prestarci la vostra?

   — Sì, ma riportatecela questa sera.

3. — Devo / ____________________ fare una telefonata urgente. Mi presti / ____________________ il tuo cellulare?

   — Certo, eccolo.

4. — Signor Rossi, posso / ____________________ leggere il Suo giornale?

   — Sì, lo prenda pure.

5. — Vogliono fare qualcosa per difendere l'ambiente.

   — Possono / ____________________ cominciare a riciclare il vetro, la carta e la plastica.

6. — Vogliamo fare qualcosa per migliorare la nostra società.

   — Potete / ____________________ occuparvi di politica.

Nome: ______________________________ Data: ______________________

12.15 È un consiglio o una richiesta cortese? Decide which of the following questions and statements make a suggestion (**un consiglio**) and which express a polite request (**una richiesta cortese**).

1. Ci aiutereste a fare i compiti di matematica?
   a. un consiglio **b.** una richiesta cortese
2. Potresti prestarmi la tua bicicletta?
   a. un consiglio **b.** una richiesta cortese
3. Mi daresti la tua macchina venerdì sera?
   a. un consiglio **b.** una richiesta cortese
4. Se volete migliorare la nostra società, potreste occuparvi di politica.
   a. un consiglio **b.** una richiesta cortese
5. Potrei usare il suo cellulare? Devo fare una telefonata urgente.
   a. un consiglio **b.** una richiesta cortese
6. Se vuoi aiutare le persone meno fortunate di te, potresti fare beneficienza.
   a. un consiglio **b.** una richiesta cortese

12.16 Se fossi ricco/a, ... The following are things that Marco would do if he were rich. Complete the sentences with the appropriate present conditional forms of the verbs in parentheses, as in the example.

ESEMPIO: Io (comprare) ______________________ Ferrari rossa.
Io *comprerei* una Ferrari rossa.

1. Io e mia moglie (girare) ______________________ il mondo e non (lavorare) ______________________.
2. Io (aiutare) ______________________ i poveri e (fare) ______________________ beneficenza.
3. Io non (essere) ______________________ preoccupato per la carriera.
4. Io non (occuparsi) ______________________ di politica.
5. Io e mia moglie (mangiare) ______________________ spesso in ristoranti giapponesi.
6. Io (iscrivere) ______________________ i miei figli a università prestigiose.

12.17 Futuro o condizionale? Indicate whether the speakers are talking about activities in the **futuro**, the **condizionale presente**, or the **indicativo presente** by selecting the correct response.

1.	futuro	condizionale presente	indicativo presente
2.	futuro	condizionale presente	indicativo presente
3.	futuro	condizionale presente	indicativo presente
4.	futuro	condizionale presente	indicativo presente
5.	futuro	condizionale presente	indicativo presente
6.	futuro	condizionale presente	indicativo presente
7.	futuro	condizionale presente	indicativo presente
8.	futuro	condizionale presente	indicativo presente

PERCORSO III

La residenza ideale

VOCABOLARIO

Dove ti piacerebbe vivere? (Textbook, p. 220)

12.18 L'intruso. Select the word or expression that does not belong in each group.

1. **a.** il monolocale	**b.** l'appartamento signorile	**c.** il traffico
2. **a.** la terrazza	**b.** l'aria condizionata	**c.** le manifestazioni culturali
3. **a.** trasferirsi	**b.** studiare	**c.** comprare casa
4. **a.** l'agenzia immobiliare	**b.** il rumore	**c.** l'annuncio sul giornale
5. **a.** l'appartamento signorile	**b.** il rumore	**c.** la tranquillità
6. **a.** luminoso	**b.** spazioso	**c.** trasferirsi

12.19 L'appartamento dei sogni. Complete the following passage about Camilla's dream apartment with the most appropriate words from the word bank.

terrazza	stanze	centro	aria
sogno	traffico	appartamento	bagno

Camilla e suo marito vorrebbero abitare in una zona costosa in (1) ________________ a Verona. Vorrebbero abitare in un (2) ________________ signorile con una (3) ________________ con una bella vista sul fiume Adige, una camera per gli ospiti e l' (4) ________________ condizionata. Sognano di arredare l'appartamento con mobili moderni. Adesso abitano fuori Milano in un piccolo appartamento in affitto. L'appartamento ha solo quattro (5) ________________: la cucina abitabile, il salotto, la camera da letto e il (6) ________________. Nella via in cui abitano, c'è molto (7) ________________. Non possono tenere le finestre aperte perché c'è molto rumore. A Camilla e suo marito piacerebbe trasferirsi in centro tra qualche anno. Stanno rinunciando persino alle vacanze estive per mettere da parte i soldi che gli permetteranno di realizzare il loro (8) ________________. Per ora, però, si accontentano di sognare ad occhi aperti!

Nome: ______________________ Data: ______________

12.20 È logico? Change each of the following illogical statements into a logical statement.

1. L'appartamento di Umberto ha una camera da letto e quattro bagni.

   ____

2. La cosa che desideriamo di più è il rumore.

   ____

3. Cerco un monolocale perché guadagno molto.

   ____

4. Vorrebbe un appartamento senza l'aria condizionata, perché detesta il caldo.

   ____

5. In un appartamento signorile non c'è mai una camera da letto per gli ospiti.

   ____

6. Mi piace tanto accendere il caminetto nelle sere d'estate.

   ____

7. L'appartamento dei miei genitori è molto luminoso: ci sono pochissime finestre.

   ____

8. Siamo andati all'agenzia immobiliare per comprare i biglietti dell'autobus.

   ____

GRAMMATICA

I pronomi doppi (Textbook, pp. 372–373)

12.21 Com'era l'appartamento? You and your fiancé/e are looking for an apartment to buy and your real estate agent has just shown one to you. Your fiancé/e, who had a previous business engagement and couldn't see the apartment, calls and asks you some questions about it. Answer his/her questions using the **pronomi doppi** and making all the necessary changes.

ESEMPIO: —Ci sono due camere da letto?
—Sì, ce ne sono due.

1. —Ci sono almeno due bagni?

   —______________________

2. —Ci sono terrazze?

   —______________________

3. —Hai dato il nostro numero di telefono e il nostro indirizzo all'agente immobiliare?

   —______________________

4. —Le hai detto che vogliamo un appartamento con l'aria condizionata?

   —______________________

5. —Ti ha detto quanto costa l'appartamento?

   —______________________

6. —Ci mostrerà l'appartamento in via Verdi la prossima settimana?

   —______________________

12.22 Cosa faresti se fossi il sindaco della tua città? A friend asks you what you would do if you were the mayor of your city or town. Write down his/her questions and your answers, as in the example.

ESEMPIO: dare soldi ai poveri della città
—Daresti dei soldi ai poveri della città?
—Sì, glieli darei. O *No, non glieli darei.*

1. interessarsi della disoccupazione

____

____

2. diminuire le tasse ai concittadini (*fellow citizens*)

____

____

3. insegnare ai bambini a rispettare l'ambiente

____

____

4. dire ai concittadini di riciclare il più possibile

____

____

5. costruire case per i poveri

____

____

6. creare più posti di lavoro per le donne

____

____

7. occuparsi degli anziani soli

____

____

8. organizzare molte manifestazioni culturali per i giovani

____

____

____

12.23 Cosa faresti con i soldi di un'eredità? Your friend Grazia asks you what you would do if you inherited a lot of money from a distant relative. First, listen to her questions. Then write down your answers using **pronomi doppi**.

ESEMPIO: You hear: Compreresti una bella macchina a tuo fratello?
You write: *Sì, gliela* comprerei. O *No, non gliela* comprerei.

1. ____________________ comprerei.
2. ____________________ offrirei.
3. ____________________ farei.
4. ____________________ regalerei.

Nome: ______________________________ Data: ____________________

ATTRAVERSO IL VENETO

12.24 Il Veneto. Read the following passage about the Verona arena, and then give short answers to each of the questions below.

L' Arena di Verona

Questo monumento, simbolo della città di Verona, si chiama così perché ai tempi degli antichi romani la sua platea (*parterre*) era ricoperta di sabbia («arena» in latino). È il terzo più grande anfiteatro romano in Italia (dopo il Colosseo e l'anfiteatro di Capua) ed è giunto in buono stato di conservazione (*well-preserved*) fino ai nostri giorni. I romani costruirono questo anfiteatro nella prima metà del I sec. d.C. per ospitare (*host*) gli spettacoli di cui erano particolarmente appassionati: i combattimenti (*battles*) fra gladiatori e le cacce (*hunts*) ad animali feroci ed esotici.

L'Arena è sempre stata utilizzata per manifestazioni spettacolari. Dopo i combattimenti e le cacce del periodo romano, nel Medioevo e fino a metà del XVIII secolo all'Arena si organizzavano giostre e tornei (*jousts and tournaments*). Dal 1913, l'Arena è diventata sede del più importante teatro lirico all'aperto (*outdoor*) del mondo, con 22.000 posti (*seats*) (in epoca romana, però, i posti erano circa 30.000). L'enorme spazio del palcoscenico (*stage*) consente, durante il periodo estivo (giugno–agosto), l'allestimento (*staging*) di una stagione lirica caratterizzata da quattro rappresentazioni grandiose (*spectacular stagings*). Particolare importanza è data alle opere di Giuseppe Verdi. A questo proposito, è necessario sottolineare che i colossali allestimenti (*productions*) per l'*Aida* sono il fiore all'occhiello (*flagship*) della lirica all'Arena.

L'Arena di Verona è famosa per la stagione operistica (*opera season*). Tuttavia, già da molti anni, è anche teatro d'importanti concerti rock e pop. L'acustica (*acoustics*) dell'Arena, sorprendente per i cantanti d'opera che non usano microfono, è perfetta anche per i potenti impianti di amplificazione (*powerful loudspeakers*) dei concerti rock. Memorabili sono stati i concerti dei Pink Floyd negli anni Ottanta. Più recentemente hanno cantato all'Arena, tra gli altri, cantanti come Peter Gabriel, Elton John, Stevie Wonder, Alicia Keys, Michael Bublé, Kylie Minogue, Laura Pausini, Luciano Ligabue e Jovanotti.

1. Che cos'è l'Arena di Verona?

   ____

2. Che tipo di spettacoli ospitava l'Arena ai tempi degli antichi romani?

   ____

3. Perché l'Arena di Verona è importante ai nostri giorni?

   ____

4. Quante opere vengono rappresentate (*are staged*) ogni anno durante la stagione lirica all'Arena di Verona?

   ____

5. Qual'è il fiore all'occhiello della stagione lirica all'Arena di Verona?

   ____

6. Si può ascoltare solo musica lirica all'Arena di Verona?

   ____

In pratica

GUARDIAMO

12.25 Prima di guardare: Che cosa succede? Preview without sound the first scene of this chapter's video episode. What seems to be going on? What do you think Taylor and Elena might be saying to each other? Why?

____

____

____

____

____

12.26 Mentre guardi: tre scene. Now, as you watch the entire episode, select all of the statements that accurately describe what happens in each of the following scenes.

1. Al Colosseo:
   a. Taylor e Elena si sono innamorati.
   b. Taylor e Elena vorrebbero vivere insieme.
   c. Taylor vorrebbe una casa vicino al Colosseo, ma c'è troppo traffico.
   d. Elena preferirebbe abitare vicino alla Fontana di Trevi.
2. Allo studio:
   a. Roberto è contento di vedere Elena.
   b. Elena arriva puntuale allo studio.
   c. Roberto non ha ancora pagato Elena per il video.
   d. Elena si arrabbia con Roberto e lascia lo studio.
3. In giardino:
   a. A Giulia piacerebbe viaggiare molto.
   b. Giulia è gelosa di Elena.
   c. Taylor va in vacanza con Elena a Napoli.
   d. Roberto chiede a Giulia dov'è Elena.

12.27 Dopo aver guardato: Mettiamo i sottotitoli! Match each image with the related quotation from the video.

1. ______________________

2. ______________________.

3. ______________________

4. ______________________

5. ______________________

a. «Ma, tu cosa faresti se fossi ricco e famoso?»

b. «Bella questa casa!»

c. «Scusa, ... hai visto Elena? La sto cercando.»

d. «E io vorrei già essere uno scrittore di successo!»

e. «Ah, poi dovresti imparare ad essere un po' più puntuale!»

12.28 **Dopo aver guardato: desideri e speranze.** By now you know Giulia, Elena, Taylor, and Roberto quite well. What do you imagine some of their wishes and hopes may be regarding the following: family, home, and professional and creative opportunities?

1. Giulia: ______________________________

____

____

2. Elena: ______________________________

____

____

3. Taylor: ______________________________

____

____

4. Roberto: ______________________________

____

____

LEGGIAMO

12.29 **Prima di leggere: per essere conosciuto in tutto il mondo.** Think about and write three qualities it takes to succeed in the following professions at an international level.

1. Un medico:

____

2. Un architetto:

____

3. Un'attrice:

____

Nome: ______________________________ Data: ______________________

12.30 Mentre leggi: tre italiani famosi. As you read the following text, make a list of the expressions related to the professional experiences of the three famous Italians who are described.

UMBERTO VERONESI, uno dei pionieri della lotta contro (*fight against*) i tumori in Italia, è nato il 28 novembre 1925 a Milano da una famiglia di origine contadina. Si è laureato in medicina nel 1950 e ha svolto la sua carriera scientifica a Milano (salvo brevi periodi di lavoro in Francia e in Inghilterra), entrando a far parte dell'Istituto Tumori subito dopo la laurea.

Oggi è conosciutissimo in tutto il mondo. È stato il primo italiano presidente dell'Unione Internazionale di Oncologia e, nel 1995, ha fondato la Scuola Europea di Oncologia che ora dirige con successo. Secondo Veronesi, l'arma più efficace contro i tumori maligni (che considera «curabili») è la prevenzione, basata su uno stile di vita sano e un'alimentazione corretta e, possibilmente, vegetariana.

RENZO PIANO è nato a Genova il 14 settembre 1937, e si è laureato al Politecnico di Milano nel 1964. Dopo aver lavorato presso studi d'architetti assai affermati all'epoca (come Franco Albini, Marco Zanuso, Louis Kahn e Z. S. Makowskj), e continuando ad aiutare il padre nel suo lavoro, ha iniziato in proprio un lavoro di sperimentazione che lo ha portato ad esiti (*results*) del tutto originali.

Alla fine degli anni Sessanta gli viene affidato uno dei progetti più discussi della sua carriera. Parigi, infatti, disponeva di una piazza non molto grande e del tutto anonima, che l'amministrazione cittadina aveva deciso di riqualificare, istituendo un centro per l'arte contemporanea. Ecco che nasce il Centre Georges Pompidou, detto anche «Beaubourg», cento mila metri quadrati nel cuore di Parigi, una costruzione architettonicamente ardita (*daring*) e costruita con materiali inusuali per l'epoca. Di lì in poi la carriera di Renzo Piano è stata un successo dopo l'altro.

SOFIA LOREN è nata a Roma il 20 settembre 1934 ma è cresciuta (*grew up*) a Pozzuoli, vicino a Napoli. Prima di sfondare (*make a name for herself*) nel mondo del cinema, ha partecipato a concorsi di bellezza, ha recitato nei fotoromanzi e in piccole parti cinematografiche con lo pseudonimo di Sofia Lazzaro. Sul set di «Africa sotto i mari» (1952), viene notata da Carlo Ponti, suo futuro marito, che le propone un contratto di sette anni.

Inizia così una carriera cinematografica che sulle prime la vede recitare in parti di popolana, come ad esempio «L'oro di Napoli» di Vittorio De Sica e poi a Hollywood al fianco di star come Cary Grant, Marlon Brando, William Holden e Clark Gable. Nel 1991 ha ricevuto l'Oscar, il César alla carriera e la Legion d'Onore. Niente male per una che veniva accusata di saper sostenere solo i ruoli di popolana e di aver fatto carriera grazie alla sua bellezza mediterranea.

____

____

____

____

12.31 Dopo la lettura: tre carriere eccezionali. Scan the reading passage again and answer the following questions about each person.

1. Come si sono preparati per la loro carriera?

   Umberto Veronesi:

   ____

   ____

   Renzo Piano:

   ____

   ____

   Sofia Loren:

   ____

   ____

2. Qual è stato il loro primo lavoro?

   Umberto Veronesi:

   ____

   ____

   Renzo Piano:

   ____

   ____

   Sofia Loren:

   ____

   ____

3. Qual è stato l'episodio determinante nella loro carriera?

   Umberto Veronesi:

   ____

   ____

   Renzo Piano:

   ____

   ____

   Sofia Loren:

   ____

   ____

4. Dopo avere letto le brevi biografie di questi tre italiani famosi, che idea ti sei fatto/a di loro? Descrivi brevemente la loro personalità.

   Umberto Veronesi:

   ____

   ____

   Renzo Piano:

   ____

   ____

   Sofia Loren:

   ____

   ____

PARLIAMO

12.32 Se vincessi alla lotteria... Tell orally what you would do about the following aspects of your life if you suddenly found yourself with a lot of money.

1. residenza
2. luogo / luoghi di residenza
3. lavoro
4. famiglia
5. tempo libero

12.33 L'appartamento ideale. You have decided to move out of your old apartment and you're now looking for a new apartment to rent. Explain orally to your real estate agent five features that the new apartment must have.

1. ...
2. ...
3. ...
4. ...
5. ...

SCRIVIAMO

12.34 Un americano famoso. An Italian friend asks you to describe a famous American for his school newspaper. Write a paragraph in Italian about an entrepreneur, politician, architect, sports star, or entertainment celebrity that you admire.

CAPITOLO 13

DOVE ANDIAMO IN VACANZA?

PERCORSO I

I mezzi di trasporto

VOCABOLARIO

Che mezzo prendi? (Textbook, pp. 387–388)

13.1 Come ti piace viaggiare? Match each means of transportation with the situation in which it is commonly used.

1. ______________

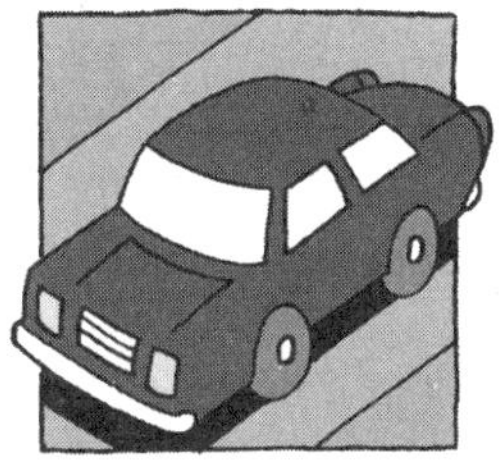

2. ______________

3. ______________

4. ______________

5. ______________

a. per fare un viaggio in Italia
b. per andare a casa dei parenti che vivono vicino a te
c. per fare una gita di gruppo
d. per andare da Roma a Napoli se non si ha una macchina
e. per fare una crociera

13.2 Perché lo preferisci? When you travel, you have certain preferences as to the means of transportation you use. Give two opinions of each means of transportation below, using the options in the word bank.

È faticoso/a	È conveniente
È comodo/a	È economico/a
È lento/a	È pericoloso/a
È efficiente	È adatto/a

1. Il treno: ______________________________
2. L'automobile: ______________________________
3. L'aereo: ______________________________
4. L'autobus: ______________________________
5. La nave: ______________________________

13.3 A proposito di mezzi di trasporto. Match the following descriptions with the words or phrases with which they are most associated.

1. Si prende il treno _____
2. Si aspetta l'autobus _____
3. Si prende la nave _____
4. Tipi di biglietto _____
5. Si fanno viaggi lunghi in macchina _____
6. Se c'è questo cartello, non puoi fumare. _____

a. vietato fumare
b. di prima o di seconda classe
c. alla fermata dell'autobus
d. al binario
e. al porto
f. in autostrada

13.4 Come vuole viaggiare? You will hear a travel agent talking to four prospective clients. All the clients have opinions about different forms of transportation.

A. Listen to the clients' conversations with the travel agent and decide whether the statements below are **vero** or **falso** or **non menzionato**.

1. La cliente preferisce viaggiare in treno.	Vero	Falso	**Non menzionato**
2. La cliente vuole prendere la nave.	Vero	Falso	**Non menzionato**
3. Il cliente vuole noleggiare un'auto.	Vero	Falso	**Non menzionato**
4. Il cliente vuole viaggiare in treno.	Vero	Falso	**Non menzionato**

B. Now that you know each client's preferred means of transportation, listen to the conversations again. For each client, give two reasons for his/her choice.

1. Ragioni: ______________________________
2. Ragioni: ______________________________
3. Ragioni: ______________________________
4. Ragioni: ______________________________

GRAMMATICA

I comparativi (Textbook, pp. 390–392)

13.5 Più, meno o uguale? For each of the following statements, select whether it is a comparison of superiority (**maggioranza**), inferiority (**minoranza**), or equality (**uguaglianza**).

1. Il traghetto è meno pericoloso dell'aereo.

   maggioranza minoranza uguaglianza

2. L'automobile è più comoda della moto.

   maggioranza minoranza uguaglianza

3. Una crociera è tanto rilassante quanto una vacanza ai Caraibi.

   maggioranza minoranza uguaglianza

4. Un lungo viaggio in macchina è più faticoso di un lungo viaggio in treno.

   maggioranza minoranza uguaglianza

5. L'autobus è meno veloce della metropolitana (metro).

   maggioranza minoranza uguaglianza

6. La macchina è tanto economica quanto il treno.

   maggioranza minoranza uguaglianza

7. Un aeroporto è più grande di una stazione.

   maggioranza minoranza uguaglianza

8. Il vagone letto è meno scomodo della cuccetta.

   maggioranza minoranza uguaglianza

13.6 Ancora comparativi. Complete the sentences with the correct comparative forms, based on the terms of equality or inequality given in parentheses.

1. L'autobus è ______________ veloce ______________ il treno. (uguaglianza)
2. Una nave è ______________ grande ______________ un aereo. (maggioranza)
3. Le crociere sono ______________ piacevoli ______________ viaggi in aereo. (maggioranza)
4. Un'auto consuma ______________ ______________ una moto. (uguaglianza)
5. Gli autobus sono ______________ rumorosi ______________ treni. (minoranza)
6. La bicicletta è ______________ comoda ______________ macchina. (minoranza)

13.7 Opinioni sui viaggi ed i mezzi di trasporto. How would you compare each of the following? Write two sentences for each pair, following the example.

ESEMPIO: la macchina / il treno
La macchina è più faticosa del treno.
La macchina è meno veloce del treno.

1. l'autobus / la macchina
2. l'autobus / il treno
3. la macchina / la bicicletta
4. l'aliscafo / il traghetto
5. un viaggio di lavoro / una vacanza
6. un biglietto di prima classe / un biglietto di seconda classe

13.8 Qual è stato il viaggio migliore? Two friends, Lucia and Stefano, are comparing the trip to France they took last year with their most recent trip to Spain. Listen to their conversation and decide whether each of the following statements is **vero, falso,** or non **menzionato**.

1. Il viaggio in Spagna è stato migliore del viaggio in Francia.	Vero	Falso	Non menzionato
2. La cucina francese è meno pesante della cucina spagnola.	Vero	Falso	Non menzionato
3. La cucina italiana è migliore della cucina francese.	Vero	Falso	Non menzionato
4. Secondo Lucia, viaggiare in treno è peggio che viaggiare in macchina.	Vero	Falso	Non menzionato
5. Secondo Stefano, viaggiare in treno è più divertente che viaggiare in macchina.	Vero	Falso	Non menzionato
6. Secondo Lucia, Madrid è più bella di Parigi.	Vero	Falso	Non menzionato
7. Il viaggio in Spagna è stato tanto lungo quanto il viaggio in Francia.	Vero	Falso	Non menzionato
8. Lucia e Stefano avevano più soldi per il viaggio in Francia che per il viaggio in Spagna.	Vero	Falso	Non menzionato

Nome: ______________________________ Data: ____________________

PERCORSO II

Alberghi e campeggi

VOCABOLARIO

Scusi, c'è posto? (Textbook, pp. 395–396)

13.9 In albergo o in campeggio? Match each phrase in the first list with the word or phrase that is most closely associated with it.

1. pagare _____
2. non ci sono camere libere _____
3. tenda e sacco a pelo _____
4. singola o doppia _____
5. al telefono, via fax o su Internet _____
6. la vista sul mare_____

a. la camera d'albergo o del residence
b. la prenotazione
c. il villaggio turistico
d. la carta di credito
e. il campeggio
f. tutto esaurito

13.10 Dove dovrebbe alloggiare? Estella Gandino has to decide where to stay during her trip and has received information about some possible locations. First, read her criteria. Then select the place where you think she should stay, based on the descriptions for each accommodation.

- Voglio spendere poco.
- Voglio avere un bagno privato.
- Voglio stare vicino alla spiaggia.
- Voglio starci una settimana.
- Voglio pagare con la carta di credito.

1. **Pensione Margherita:** prezzi economici a settimana, camere singole o doppie senza bagno, televisione e frigobar in ogni camera. La pensione si trova nel centro del paese e a un chilometro dal mare. Non si accettano carte di credito. ______________________________
2. **Hotel dei Navigatori:** albergo a cinque stelle, camere singole, doppie e matrimoniali con bagno. L'albergo è sul mare e possiede una spiaggia privata riservata ai clienti. La spiaggia è particolarmente adatta a chi è in cerca di tranquillità. Per camere con vista sul mare, aggiungere il 30% in più sul prezzo del tipo di camera desiderata. ______________________________
3. **Residence La Pineta:** prezzi ragionevoli, sconti per soggiorni di almeno cinque giorni, e si accetta carta di credito. Camere singole o doppie con bagno e angolo cottura (*kitchenette*). Televisione e collegamento ad Internet in ogni camera. Il residence è appena fuori dal paese. È immerso in una pineta ed è a dieci minuti a piedi dal mare. ______________________________
4. **Campeggio Porta del Sole:** a cento metri dal mare, bungalow e posti tenda. Il campeggio è dotato di molti comfort: piscina, animazione, tavola calda, e sala TV. Spiaggia privata riservata ai clienti del campeggio e attrazioni per bambini; possibilità di praticare sport. ______________________________

13.11 Un viaggiatore esigente. You will hear a young man talking about his criteria for choosing where to stay when he travels. As you listen, select all the items that he mentions.

1. l'albergo ___
2. la pensione ___
3. il prezzo ___
4. il bagno ___
5. la televisione ___
6. la vista sul mare ___
7. l'aria condizionata ___
8. la connessione Internet ___
9. la carta di credito ___
10. il parcheggio (*parking*) ___

GRAMMATICA

Il superlativo relativo (Textbook, pp. 398–399)

13.12 Confronti. Read again the descriptions of the four locations Estella Gandino is considering for her trip. Then complete the sentences with the location that best fits each description.

1. **Pensione Margherita:** prezzi economici a settimana, camere singole o doppie senza bagno, televisione e frigobar in ogni camera. La pensione si trova nel centro del paese e a un chilometro dal mare. Non si accettano carte di credito.
2. **Hotel dei Navigatori:** albergo a cinque stelle, camere singole, doppie e matrimoniali con bagno. L'albergo è sul mare e possiede una spiaggia privata riservata ai clienti. La spiaggia è particolarmente adatta a chi è in cerca di tranquillità. Per camere con vista sul mare, aggiungere il 30% in più sul prezzo del tipo di camera desiderata.
3. **Residence La Pineta:** prezzi ragionevoli, sconti per soggiorni di almeno cinque giorni, e si accetta carta di credito. Camere singole o doppie con bagno e angolo cottura (*kitchenette*). Televisione e collegamento ad Internet in ogni camera. Il residence è appena fuori dal paese. È immerso in una pineta ed è a dieci minuti a piedi dal mare.
4. **Campeggio Porta del Sole:** a cento metri dal mare, bungalow e posti tenda. Il campeggio è dotato di molti comfort: piscina, animazione, tavola calda, e sala TV. Spiaggia privata riservata ai clienti del campeggio e attrazioni per bambini; possibilità di praticare sport.

ESEMPIO: La sistemazione più dotata è *l'Hotel dei Navigatori.*

1. La sistemazione più lontana dal mare è ___.
2. La sistemazione meno lontana dal mare è ___.
3. Le due sistemazioni più lussuose sono ___ e ___.
4. Le due sistemazioni meno lussuose sono ___ e ___.
5. La sistemazione più adatta per gli sportivi è ___.

13.13 Che bel villaggio turistico! Fulvio and Barbara are talking about a beach resort in the Campania region where they have just spent their dream vacation. Complete the sentences below with the relative superlative form of the adjectives given. Remember to make all the necessary changes in order for the relative superlative to agree with the noun it modifies.

ESEMPIO: La vista dal ristorante è (bello) ______________ che abbiamo mai visto.
La vista dal ristorante è *la più bella* che abbiamo mai visto.

1. Questo villaggio turistico è (moderno) ________________ della Campania. C'è addirittura un Internet caffè.
2. La spiaggia è (bello) ________________ della costa tirrenica.
3. Il mare è (pulito) ________________ che abbiamo mai visto.
4. I frutti di mare (*seafood*) che si mangiano nel ristorante del villaggio turistico sono (buono) ________________ che abbiamo mai mangiato.
5. Il nostro bungalow era (grande) ________________ di tutto il villaggio turistico.
6. Le animatrici (*entertainment organizers*) sono (simpatico) ________________ che abbiamo mai avuto.
7. I prezzi sono probabilmente (alto) ________________ di tutta la Campania!

Il superlativo assoluto (Textbook, pp. 399–400)

13.14 Com'è andata la tua vacanza? Your friend Elisabetta just came back from vacation and tells you some of the details. Rewrite the sentences replacing **molto** with the adjective + the suffix **-issimo/a/i/e**.

ESEMPIO: I ristoranti erano molto eleganti.
I ristoranti erano elegantissimi.

1. Faceva molto caldo.
   ____
2. Gli alberghi erano molto cari ma molto belli.
   ____
3. Il cibo era molto buono.
   ____
4. Il servizio in camera dell'albergo «Tre Torri» era molto scadente (*poor*).
   ____
5. Le spiagge erano molto affollate (*crowded*).
   ____
6. Il mare era molto limpido.
   ____

13.15 Ricordi di viaggio. Read each pair of sentences. Then listen to Sara and Margherita's statements about their vacation in England last summer, and for each statement, select the sentence that best paraphrases the facts.

1. a. Sara e Margherita l'anno scorso hanno fatto una vacanza bellissima in Inghilterra.
   b. Sara e Margherita l'anno scorso hanno fatto una vacanza lunghissima in Inghilterra.
2. a. Sara e Margherita hanno conosciuto dei ragazzi americani simpaticissimi.
   b. Sara e Margherita hanno conosciuto dei ragazzi americani antipatici.
3. a. Sara e Margherita hanno mangiato molto male.
   b. Sara e Margherita hanno mangiato molto bene.
4. a. A Londra, Sara e Margherita hanno alloggiato in una pensione molto pulita.
   b. A Londra, Sara e Margherita hanno alloggiato in una pensione molto sporca (*dirty*).
5. a. Faceva bel tempo.
   b. Faceva brutto tempo.
6. a. Sara e Margherita si sono divertite molto.
   b. Sara e Margherita si sono divertite abbastanza.

PERCORSO III

Le vacanze

VOCABOLARIO

Dove andiamo in vacanza? (Textbook, p. 402)

13.16 Che luogo di vacanza ti ricorda? Match each sentence fragment with the phrase that best completes it.

1. La crema abbronzante, il costume da bagno e la maschera mi ricordano _____
2. Un sentiero e gli scarponi mi ricordano _____
3. Gli animali e la campagna mi ricordano _____
4. I musei e le mostre mi ricordano _____

a. una vacanza in montagna.
b. una vacanza in una città d'arte.
c. una vacanza in un agriturismo.
d. una vacanza al mare.

Nome: ______________________ Data: ______________

13.17 Le vacanze dei signori Mascetti. Complete the description of the Mascettis' summer vacation with the appropriate words and expressions from the word bank.

si abbronza	**crema abbronzante**	**fare scalate**	**motoscafi**
costume da bagno	**sentieri di montagna**	**occhiali da sole**	
fa il bagno	**fanno windsurf**	**scarponi da montagna**	

Ogni estate, i signori Mascetti trascorrono quindici giorni al mare e quindici giorni in montagna. Alla signora Mascetti piace molto il mare. Va in spiaggia ogni giorno, si mette il (1) ______________, gli (2) ______________, la (3) ______________ e poi si siede sulla sedia a sdraio (*beach chair*) e (4) ______________ per ore. Quando ha molto caldo (5) ______________ per rinfrescarsi. Qualche volta le piace guardare i ragazzi che (6) ______________ o i (7) ______________ che passano non lontano dalla riva del mare. Il signor Mascetti, invece, non vede l'ora (*cannot wait*) di partire per la montagna. Gli piace (8) ______________. Si sveglia molto presto la mattina, si mette gli (9) ______________ e va a camminare sui (10) ______________ che conosce bene.

13.18 Reazioni. Do you like to do the following things when you are on vacation? Comment on each of the following activities as shown in the example. Write your opinions on the lines provided.

ESEMPIO: andare in motoscafo
Non mi piace andare in motoscafo. Preferisco nuotare perché mi rilassa e mi aiuta a stare in forma.

1. abbronzarsi
____
____

2. fare windsurf
____
____

3. fare una scalata
____
____

4. riposarsi sulla spiaggia
____
____

13.19 **Guarda e descrivi.** Look at the following drawings and describe what is happening in each of them.

13.20 Dove sono andati? Listen as people talk about what they did last weekend. Based on the activities they did and/or what they saw, select the place where they spent the weekend.

1. a. al mare
   b. in montagna
   c. in un agriturismo
   d. in una città d'arte
   e. a casa
2. a. al mare
   b. in montagna
   c. in un agriturismo
   d. in una città d'arte
   e. a casa
3. a. al mare
   b. in montagna
   c. in un agriturismo
   d. in una città d'arte
   e. a casa
4. a. al mare
   b. in montagna
   c. in un agriturismo
   d. in una città d'arte
   e. a casa
5. a. al mare
   b. in montagna
   c. in un agriturismo
   d. in una città d'arte
   e. a casa
6. a. al mare
   b. in montagna
   c. in un agriturismo
   d. in una città d'arte
   e. a casa

GRAMMATICA

Aggettivi e pronomi indefiniti: un riepilogo (Textbook, p. 405)

13.21 Un bravo agente di viaggio. Complete the passage below by selecting the correct indefinite adjectives or pronouns.

Mirella e Silvana vogliono visitare la costiera amalfitana durante le vacanze di Pasqua. Oggi sono andate in (1) (qualcosa ; qualche ; alcuni) agenzia di viaggio per chiedere informazioni sugli alberghi. (2) (Altri ; Alcuni ; Tutti) gli alberghi sembravano avere un problema: (3) (altri ; alcuni ; qualche) erano troppo cari, (4) (altri ; qualche ; tutti) erano troppo lontani dal mare e in altri c'era già il tutto esaurito. Mirella non poteva crederci! (5) (Qualcosa ; Alcuni ; Qualcuno) le aveva detto che non è mai un problema trovare una camera d'albergo sulla costiera amalfitana. Alla fine, un agente di viaggio molto gentile ha provato a telefonare a (6) (ogni ; tutti ; altri) pensione della zona e, alla fine, è riuscito a trovare una camera doppia in una pensioncina di un borgo che si chiama Raito, appena sopra Vietri. Mirella e Silvana erano molto contente e non sapevano come ringraziarlo. Lui gli ha risposto che il suo lavoro è quello di accontentare i clienti e che se si ha pazienza e determinazione si trova sempre (7) (qualcuno ; tutti ; qualcosa).

13.22 Che cosa fai nel tempo libero? Each of us spends the weekend in different ways. Read the following sentences and rewrite them by replacing the indefinite adjective with another of the same meaning. Make all necessary changes.

ESEMPIO: Tutte le domeniche vado a mangiare fuori con mio marito.
Ogni domenica vado a mangiare fuori con mio marito.

1. Qualche volta preferisco rimanere a casa a leggere e guardare la televisione.

 ____

2. C'è sempre qualche mostra da vedere.

 ____

3. Cerco sulle guide turistiche alcune cose da visitare nella mia regione.

 ____

4. In inverno vado in montagna a sciare con alcuni amici.

 ____

5. In estate vado al mare ogni weekend.

 ____

6. Ognuno passa il weekend come più gli piace.

 ____

13.23 Le tue vacanze. You will hear six questions asking what you do when you are on vacation. Answer the questions in complete sentences.

1. ______________________________
2. ______________________________
3. ______________________________
4. ______________________________
5. ______________________________
6. ______________________________

Nome: ______________________ Data: ______________________

ATTRAVERSO LA CAMPANIA

13.24 La Campania. Read the following passage about the island of Capri, and then give short answers to the questions below.

L'isola di Capri

Capri è una splendida isola nel golfo di Napoli, situata di fronte alla penisola sorrentina. La costa dell'isola è frastagliata (*jagged*) con numerose grotte che si alternano a ripide scogliere (*cliffs*). Le grotte, nascoste sotto le scogliere, erano utilizzate in epoca romana come ninfei (*nymphaea*) delle sontuose ville che vennero qui costruite durante l'Impero. I ninfei erano grotte ornate (*embellished*) di piante acquatiche e statue in cui i romani organizzavano attività ricreative (*recreational*) o trascorrevano momenti di relax. La grotta più famosa è senza dubbio la Grotta Azzurra (*the Blue Grotto*), i cui magici effetti luminosi (*magical light effects*) sono stati descritti da moltissimi scrittori e poeti.

Caratteristici di Capri sono anche i famosi Faraglioni, tre piccole isole rocciose (*rocky isles*) a poca distanza dalla riva (*shore*) che creano uno spettacolare effetto scenografico e paesaggistico; ad essi sono stati attribuiti dei nomi per distinguerli: Stella per quello più vicino alla terraferma, Faraglione di Mezzo e Faraglione di Fuori (o Scopolo) per quello più lontano dall'isola.

Un'altra caratteristica di Capri è la Piazza Umberto I, più conosciuta come la Piazzetta di Capri, che è il cuore dell'isola, sia per i turisti che per gli abitanti del posto (*locals*). Chiunque arriva a Capri deve passare tra gli stretti spazi lasciati liberi dai tavolini dei vari bar, coperti dagli ombrelloni utilizzati per riparare dal sole. In passato gli spazi della piazzetta erano occupati dai banconi (*stands*) del mercato del pesce e della verdura, ma nel 1938 un giovane isolano, Raffaele Vuotto, aprì il suo bar ed ebbe l'idea di sistemare alcuni tavolini con le sedie. Da quel momento la piazzetta è diventata il centro della vita mondana (*social life*) di Capri tanto che nel corso degli anni si è guadagnata il soprannome di «salotto del mondo». Sotto gli ombrelloni degli storici bar ci si siede per fare colazione, bere un aperitivo dopo le lunghe ore trascorse in spiaggia o semplicemente chiacchierare con gli amici. In piazzetta, oltre ai bar, si trovano anche il chiosco dell'edicola (*newsstand*), il Municipio (*Town Hall*) di Capri e la stazione della Funicolare (*cable car*) Capri-Marina Grande.

1. Che cos'è Capri?
____
2. Qual'è la grotta più famosa di Capri?
____
3. Che cosa sono i Faraglioni?
____
4. Come si chiamano i tre Faraglioni?
____
5. Perché la Piazzetta di Capri è importante?
____
6. Chi e quando ha trasformato la piazzetta in centro della vita mondana di Capri?
____
7. Che cosa c'è nella Piazzetta di Capri oltre ai bar?
____

In pratica

GUARDIAMO

13.25 Prima di guardare: una vacanza romantica? Based on what you already know about Taylor and Elena's trip to Naples, provide some context for the photos and captions below, answering the following questions. (1) What do Taylor and Elena each want to do in Naples? Why? (2) Can the differences be resolved?

____

____

____

____

____

____

ELENA: Magari potremmo salire sul cratere!

TAYLOR: Magari la prossima volta, Elena. Io non sono qui in vacanza!

TAYLOR: Ma Elena, ho preso due singole! Sai, io dovrò studiare molto, e non vorrei distrubarti!

ELENA: (*ironic*) Ah, giusto! Grazie, Taylor! Beh, che gentile, hai fatto proprio bene!

Nome: ______________________ Data: ______________________

13.26 Mentre guardi: Mettiamo i sottotitoli! As you watch, match each image with the appropriate caption from the video.

1. ______________________

2. ______________________

3. ______________________

4. ______________________

5. ______________________

a. «Ma tu sei matto! Sei proprio cieco!»

b. «È una delle chiese più belle che abbia mai visto! Guarda!»

c. «Dai, prendiamo l'Intercity, Napoli non è lontana!»

d. «Scusa se mi hai visto strano in questi giorni, ma... il fatto è che io credo di essermi... ecco, innamorato di Giulia!»

e. «Beh, speriamo che se ne stia buono, questo weekend!»

13.27 Dopo aver guardato: conversazioni. Select all of the statements that accurately describe Taylor and Elena's conversation in each of the following scenes.

1. Alla stazione:
   a. Taylor e Elena prendono l'Intercity.
   b. L'Intercity è più veloce del Frecciarossa.
   c. Con la Carta Verde puoi comprare biglietti a prezzi scontati.
   d. Il Frecciarossa è meno costoso dell'Intercity.
2. Guardando il Vesuvio:
   a. Il Vesuvio non è un vulcano attivo.
   b. L'ultima eruzione del Vesuvio è stata nel 1844.
   c. Elena vorrebbe salire sul cratere del vulcano.
   d. Il Vesuvio è il vulcano più pericoloso d'Europa.
3. Per strada, dopo la visita alla chiesa di San Severino:
   a. Taylor arriva in ritardo.
   b. Ad Elena non è piaciuta affatto la chiesa.
   c. Ad Elena piace lavorare con Roberto.
   d. Secondo Taylor, ad Elena piace Roberto.
4. Al Gran Caffè Gambrinus
   a. Taylor confessa ad Elena di essersi innamorato di Giulia.
   b. Taylor ha deciso che parlerà a Giulia quando torna a Roma.
   c. Elena suggerisce a Taylor di dedicare una poesia a Giulia.
   d. Elena dice a Taylor di essersi innamorata di lui.

13.28 Dopo aver guardato: A Napoli con Elena e Taylor. Imagine that you are going to Naples for the weekend with Elena and Taylor. Write a dialogue in which you three discuss hotel arrangements (location, types of rooms, costs) and decide what to do in Naples.

Nome: ______________________ Data: ______________________

LEGGIAMO

13.29 Prima di leggere: la Campania. Read the following facts about the famous Campanian wine Montevetrano and the region associated with it. Look up three more pieces of information about this wine and the area in which it is produced, using your favorite search engine, and add them to the list.

- Il Montevetrano è un vino rosso prodotto in Campania, sulle colline (*hills*) intorno alla città di Salerno.
- Il vino si chiama «Montevetrano» perché i vigneti (*vineyards*) dai quali si produce si trovano ai piedi del castello medioevale di Montevetrano.
- Sulle colline intorno alla città di Salerno ci sono anche molti oliveti (*olive groves*) e quindi in questa zona, oltre al vino, si produce anche un ottimo olio d'oliva.
- Oggi sulle colline di Salerno ci sono molte antiche fattorie (*farms*) ristrutturate (*renovated*) e trasformate in bellissimi alberghi e agriturismo.
- Ogni anno molti turisti italiani e stranieri trascorrono le vacanze sulle colline salernitane (*of Salerno*) che non sono affollate come le stazioni balneari (*beach resorts*) ed il clima è più mite (*milder*) che sulla costa.
- ______________________
- ______________________
- ______________________

13.30 Mentre leggi: la migliore sistemazione. As you read the descriptions of different types of accommodations in the Salerno countryside, list the words and expressions related to the services offered by the different accommodations.

Agriturismo Country Resort La Collina
Località Fiano – Nocera Inferiore (Salerno)

Il Country Resort «La Collina» è di nuova costruzione. Nasce da un'azienda agricola e, pur essendo un agriturismo, ha tutte le caratteristiche di un villaggio turistico. È costituito da quattro confortevoli edifici circondati da colline, ampi giardini e sentieri per fare rilassanti passeggiate tra olivi e alberi da frutto. È il luogo ideale per una vacanza rilassante e all'aria aperta (*open-air*). Le camere sono tutte molto soleggiate, tranquille e con una splendida vista.

L'Agriturismo La Vecchia Quercia
Località Montevetrano – San Cipriano Picentino (Salerno)

L'Agriturismo La Vecchia Quercia è sorto dal restauro (*renovation*) di una tenuta (*estate*) composta da un antico casolare (*cottage*), due case coloniche (*farmhouses*), una piccola cappella (*chapel*) e una cantina (*wine cellar*). L'agriturismo si trova ai piedi (*at the foot*) del castello medievale di Montevetrano e nel cuore del Parco Regionale dei Monti Picentini. È circondato da un bellissimo giardino con piscina all'aperto, due campi da tennis e un maneggio (*horseback riding school*). Per gli ospiti più sedentari, l'agriturismo dispone di un ristorante, dove si degustano squisiti piatti tipici, e di una piacevole sala di lettura dalla quale si ammira uno stupendo panorama dei Monti Picentini.

B&B Il Priorato de la Querciantica
San Cipriano Picentino (Salerno)

Il Priorato (*Priory*) de la Querciantica è situato nel Parco Regionale dei Monti Picentini ma vicino al centro del paese di San Cipriano Picentino. Circondato da grandi querce (*oaks*) e da un giardino di rose ed erbe officinali, questo B&B offre sei camere doppie, tre con bagno privato e tre con bagno in comune. Gli ospiti possono scegliere la mezza pensione o la pensione completa, gustare i piatti tipici locali o da ricette del medioevo e, naturalmente, l'ottimo vino locale. C'è anche una ricca biblioteca composta da volumi che spaziano dalla letteratura alla storia dell'arte, dalla narrativa ai classici, dalla scienza alla filosofia, politica, giardinaggio, architettura, cucina storica e moderna. Inoltre, per chi ama il contatto con la natura, il B&B La Querciantica è un ottimo punto di partenza per lunghe passeggiate a piedi o in mountain bike nel verde del Parco dei Monti Picentini.

B&B Bacio del Sole
Località Nocelle – Positano (Salerno)

Nocelle è un piccolo borgo (*village*) a 450 metri sul livello del mare che domina sull'incanto paesaggistico (*enchanting landscape*) di Positano e Capri. Percorso da pittoresche stradine e scalinate, Nocelle è ancora oggi un villaggio rurale dove da sempre regna la tranquillità. Tra il profumo di limoneti e vigne, al B&B Bacio del Sole il tempo è scandito (*marked*) dal canto delle cicale. È il posto ideale per una vacanza che coniuga mare e montagna perché Nocelle dista solo 10 minuti di macchina dal centro di Positano ed è situato all'inizio del famosissimo «Sentiero degli Dei» (*Path of the gods*) che per 11 chilometri percorre le vette (*peaks*) della costiera amalfitana offrendo indimenticabili emozioni. Tutte le camere del B&B hanno un terrazzo e un giardino indipendente, una cucina completamente attrezzata, un bagno con vasca idromassaggio e doccia, la TV satellitare, una cassaforte (*safe*), l'aria condizionata e il telefono.

____

____

____

____

____

____

____

13.31 Dopo la lettura: Dove vuole stare? If you were to go on vacation in the Salerno countryside which accommodation would you choose? Write at least three reasons for your choice on the lines provided.

Sceglierei...

____

____

____

____

____

Nome: ______________________ Data: ______________________

PARLIAMO

13.32 Con quale mezzo preferisci viaggiare? You and your friends are planning a vacation and discussing possible means of transportation. One of them asks you some questions about your favorite means of transportation. Listen to her questions and answer them orally.

1. …
2. …
3. …
4. …

13.33 Devi assolutamente andare a... An Italian friend wants to visit one of the main tourist attractions in your area during spring break. Choose a landmark you think he should definitely visit and describe it to him orally, following the prompts below.

- la località
- le caratteristiche per cui la località è famosa
- i monumenti e i musei
- i piatti (*dishes*) tipici
- le attività per divertirsi

SCRIVIAMO

13.34 Il nostro albergo. You are the manager of a hotel on the beautiful Amalfi coast near Naples. You are competing to win an award for the best hotel on the coast, and you have to submit an essay stating the reasons why your hotel is outstanding.

A. Write three statements explaining why your hotel should win the award.

ESEMPIO: *Il nostro albergo è a cinque stelle ed ha una bellissima vista sul golfo di Salerno.*

____

____

____

B. Now, organize your ideas to create a strong argument and write a statement in support of your proposal to win the award for the best hotel on the Amalfi coast.

____

____

____

____

____

____

____

____

CAPITOLO 14

QUANTE COSE DA FARE IN CITTÀ!

PERCORSO I

Fare acquisti in città

VOCABOLARIO

Compriamolo in centro! (Textbook, p. 419)

14.1 I negozi. The drawing below shows some of the common stores you find in an Italian city. Look at it, and then match the store name with each numbered building.

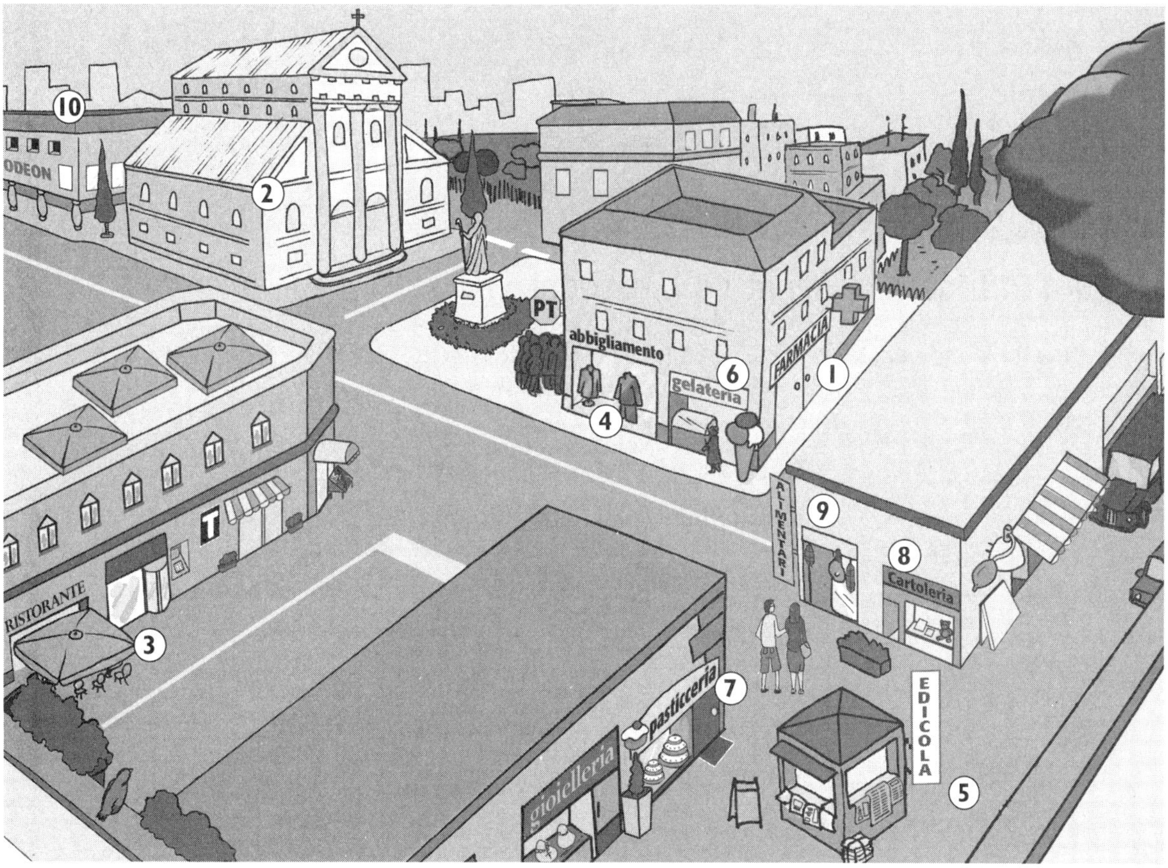

1. _____	6. _____	a. gli alimentari	f. il duomo
2. _____	7. _____	b. la pasticceria	g. il cinema
3. _____	8. _____	c. la cartoleria	h. la gelateria
4. _____	9. _____	d. l'edicola	i. il negozio d'abbigliamento
5. _____	10. _____	e. il ristorante	j. la farmacia

14.2 L'intruso. Select the word or expression that does not belong in each group.

1. a. la salumeria	b. la rosticceria	c. la farmacia
2. a. il gelato	b. la carne	c. la macelleria
3. a. la torta	b. la frutta	c. la pasticceria
4. a. un barattolo	b. una lattina	c. il dentifricio
5. a. l'abbigliamento	b. la sciarpa	c. un pacchetto
6. a. la banca	b. a fianco di	c. in fondo a
7. a. il dentifricio	b. lo spazzolino da denti	c. il mercato all'aperto
8. a. il supermercato	b. la frutta	c. il cinema

14.3 Facciamo la spesa. You will hear six people talking about things they need to buy. First, listen to what they say. Then for each statement, select the store they should go to.

1. a. la macelleria	b. il mercato all'aperto	c. la farmacia
2. a. il negozio d'abbigliamento	b. il fruttivendolo	c. la macelleria
3. a. il supermercato	b. la salumeria	c. la gelateria
4. a. il cinema	b. la banca	c. il centro commerciale
5. a. la rosticceria	b. la panetteria	c. il cinema
6. a. la farmacia	b. i grandi magazzini	c. la banca

GRAMMATICA

Il plurale di nomi e aggettivi (Textbook, p. 423)

14.4 Dove si fanno queste cose? Complete the descriptions below with the appropriate places, buildings, or store names from the word bank in their **plural forms.**

ristorante	parco	farmacia
pasticceria	biblioteca	albergo

1. Nelle ____________________ si vendono medicine.
2. Nelle ____________________ si legge e si studia.
3. Nei ____________________ si va a fare footing o delle passeggiate.
4. Negli ____________________ si dorme quando si viaggia o si è in vacanza.
5. Quando si va fuori a cena, si mangia nei ____________________.
6. Le torte si comprano nelle ____________________.

14.5 E se sono tanti? You will hear a speaker saying the names of some of the buildings or stores you find in a city. As you listen, write each building or store name in its plural form. Be sure to include the correct definite article with each.

1. ____________________
2. ____________________
3. ____________________
4. ____________________
5. ____________________
6. ____________________
7. ____________________
8. ____________________

L'imperativo informale con i pronomi (Textbook, p. 424)

14.6 Un coinquilino premuroso (*thoughtful*). You are sick with the flu and must stay in bed. Your roommate asks you what he can do for you. Answer all his questions, using the imperative forms of the verbs and substituting the appropriate pronouns for the words in boldface. Be sure to follow the model.

ESEMPIO: Devo comprare **il latte**? (No)
No, non comprarlo.
Compro **della zuppa**? (Sì)
Sì, comprane.

1. Non abbiamo più acqua gassata, devo comprare **l'acqua**? (Sì)
____
2. Devo comprare **del pane**? (No)
____
3. Devo prendere **delle arance**? Contengono molta vitamina C. (Sì)
____
4. Devo andare **in farmacia**? (Sì)
____
5. Devo telefonare **ai tuoi genitori**? (No)
____
6. Ti porto **la colazione**? (Sì)
____

14.7 Una cena impegnativa. A friend has invited a few classmates and two of her professors for dinner. Now, she has some doubts about what to wear and what to offer them. Read her comments and respond with a verb in the imperative form and a direct object pronoun.

ESEMPIO: «Ho invitato a cena alcuni miei compagni e due dei miei professori e non so se (*whether*) offrirgli l'aperitivo...»
Offriglielo. O Non offrirglielo.

1. «Non so se mettermi la gonna lunga rossa; forse è troppo elegante...»
____
2. «Non so se preparargli un secondo piatto di carne; magari uno di loro è vegetariano...»
____
3. «Penso di offrirgli delle paste come dolce...»
____
4. «Non so se dargli dello spumante con le paste...»
____

14.8 Scegli la risposta giusta. You will hear Pietro and Chiara asking their friend Viola questions about errands they are supposed to run. Select the answers that Viola gives, using the correct imperative forms and pronouns.

1. a. Fatela!	b. Fammela!	4. a. Vacci!	b. Andateci!
2. a. Prendila!	b. Prendetene!	5. a. Passateci!	b. Passaci!
3. a. Comprateglielo!	b. Compratemelo!	6. a. Usatela!	b. Usala!

PERCORSO II

In giro per la città

VOCABOLARIO

Scusi, per andare... ? (Textbook, pp. 427–428)

14.9 Dove arrivi? Imagine that you are a tourist visiting Sicily and spending a day in Catania. A resident tells you what you shouldn't miss and gives you directions to the places he thinks you should absolutely see. Look at the map of the historical center of Catania, read the directions given below, and select the name of the place to which each set of directions takes you.

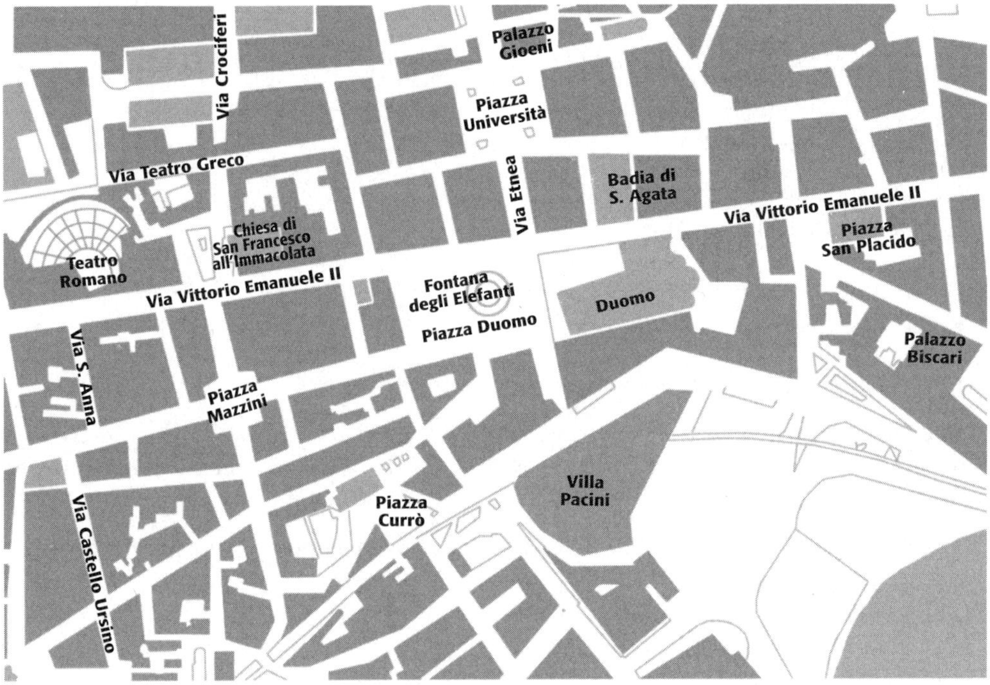

1. Sei in Piazza Università. Prendi via Etnea e vai sempre dritto fino a via Vittorio Emanuele. Attraversa la strada, vai al centro della piazza ed è proprio lì, di fronte a te. ____________________
2. Sei in Piazza Mazzini e Piazza Duomo è dietro di te. Vai dritto e poi gira a destra in via S. Anna. Vai sempre dritto. È proprio lì, di fronte a te. ____________________
3. Sei in Piazza Duomo. Gira a destra in via Vittorio Emanuele e vai sempre dritto. Prosegui per 100 metri e la trovi alla tua destra. ____________________
4. Sei davanti alla Chiesa di San Placido. Prendi via Vittorio Emanuele e poi gira a destra in via Etnea. Questa è la piazza di fronte a te. ____________________

a. La Chiesa di San Placido

b. Piazza Università

c. Il teatro romano

d. Piazza Duomo

Nome: ______________________________ Data: ____________________

14.10 **I tuoi luoghi preferiti.** Using the expressions you learned to give and follow directions, complete the following sentences with respect to the city where you live.

1. Per andare da casa mia al mio ristorante preferito,

   ____.

2. Per arrivare da casa mia al supermercato,

   ____.

3. Per andare da casa mia al mio parco preferito,

   ____.

4. Per arrivare da casa mia all'università,

   ____.

14.11 **Dove sono?** Listen to the short conversations and select the location in which each one most likely takes place.

1. a. al supermercato
   b. al ristorante
   c. in città
   d. in banca

2. a. all'università
   b. al ristorante
   c. al supermercato
   d. in cartoleria

3. a. al ristorante
   b. in banca
   c. al centro commerciale
   d. in città

4. a. in albergo
   b. al supermercato
   c. in macelleria
   d. in città

GRAMMATICA

L'imperativo formale (Textbook, pp. 430–431)

14.12 **L'imperativo formale.** Complete the following lists with the correct forms of the formal imperative.

VERBI REGOLARI (AFFERMATIVO)

	Singolare	Plurale
1. continuare	______________!	*Continuino!*
2. prendere	______________!	*Prendano!*
3. proseguire	______________!	*Proseguano!*
4. spedire	______________!	*Spedicano!*
5. divertirsi	*Si diverta!*	______________!

VERBI IRREGOLARI (AFFERMATIVO)

	Singolare	Plurale
6. sedersi	*Si sieda!*	______________!
7. andare	______________!	*Vadano!*
8. fare	______________!	*Facciano!*
9. bere	*Beva!*	______________!
10. uscire	______________!	*Escano!*
11. avere	*Abbia!*	______________!
12. essere	______________!	*Siano!*

14.13 Formale o informale? Read the scenarios below and select the most appropriate statement for each situation.

1. Un cliente alla panetteria
   a. Dammi un chilo di pane.
   b. Mi dia un chilo di pane.
2. Il cameriere di un ristorante a un cliente
   a. Se le piace il pesce, provi il risotto ai frutti di mare, è ottimo.
   b. Se ti piace il pesce, prova il risotto ai frutti di mare, è ottimo.
3. Una figlia a sua madre
   a. Mamma, se vai al supermercato, comprami uno spazzolino da denti nuovo.
   b. Mamma, se va al supermercato, mi compri uno spazzolino da denti nuovo.
4. Un turista a un passante
   a. Scusi, parla inglese?
   b. Scusa, parli inglese?
5. Una studentessa a un'altra studentessa
   a. Vada alla lezione d'italiano, è divertente!
   b. Va' alla lezione d'italiano, è divertente!
6. Uno studente universitario al suo professore di matematica
   a. Professore, dimmi se ho fatto bene il compito.
   b. Professore, mi dica se ho fatto bene il compito.

14.14 Cosa si dice ai turisti? You will hear an Italian couple giving suggestions to various American tourists. Listen to the statements and select **Sì** if they are likely to be given as advice, and **No** if they are not.

1. Sì No
2. Sì No
3. Sì No
4. Sì No
5. Sì No
6. Sì No
7. Sì No
8. Sì No
9. Sì No
10. Sì No

Nome: ______________________________ Data: ____________________

PERCORSO III

Al negozio d'abbigliamento

VOCABOLARIO

Su, dai, provatelo! (Textbook, pp. 434–435)

14.15 Che cosa indossano? Match the following people with the outfit that each of them is most likely to wear.

1. un turista _____
2. una donna d'affari _____
3. un avvocato _____
4. una signora a una prima (*opening*) a La Scala _____
5. un atleta _____
6. un signore a una prima a La Scala _____

a. una maglietta di cotone, una tuta e le scarpe da ginnastica
b. una collana, degli orecchini d'oro e un abito da sera
c. la camicia, il papillon (*bow tie*), lo smoking e le scarpe nere eleganti
d. una camicia, una cravatta (*tie*), un vestito, le calze e un paio di scarpe
e. i pantaloncini, una camicia a fiori molto colorata e le scarpe da ginnastica
f. una camicetta di seta, un tailleur e un paio di scarpe con i tacchi

14.16 E tu, cosa indosseresti? Describe your favorite outfit for formal and informal occasions.

1. Formale: ____
____
2. Informale: ____
____

14.17 Che cosa preferisci? Complete the sentences with the most logical word from the word bank.

cotone	**lino**	**lana**	**leggeri**	**pesanti**	**seta**

1. In inverno, preferisco degli abiti di __________________.
2. Quando faccio footing, preferisco una maglietta e dei pantaloncini di __________________.
3. Quando fa molto caldo, preferisco degli abiti di __________________.
4. Quando nevica e fa freddo, preferisco abiti __________________.
5. Quando vado a un matrimonio, preferisco un abito di __________________.
6. In estate, preferisco abiti __________________.

14.18 Acquisti prima della partenza. Giulia and Mauro are packing for their next vacation. Listen to their conversation, and then give short answers to each of the questions below, as in the example.

ESEMPIO: Che cosa non hanno Giulia e Mauro?
Vestiti leggeri da mettere in valigia.

1. Dove vanno tra pochi giorni Giulia e Mauro?
____
2. Perché decidono di entrare nel negozio?
____
3. Che cosa si prova Giulia?
____
4. Che cosa si misura Mauro?
____
5. Che taglia porta Mauro?
____
6. Che cosa compra di sicuro Giulia?
____

GRAMMATICA

I verbi riflessivi con i pronomi di oggetto diretto (Textbook, p. 437)

14.19 Un'amica curiosa. Your curious friend Stefania asks you questions about yourself and some other mutual friends of yours. Answer her questions with the appropriate reflexive verbs and direct-object pronouns.

ESEMPIO: Ti metti spesso il pigiama per andare a letto?
Sì, *me lo metto* spesso.

1. Ti metti il tailleur per andare all'università?
No, ma _______________ per andare ai colloqui di lavoro.
2. Ti metti molti anelli di solito?
No non _______________ molti.
3. Quando andate in un negozio d'abbigliamento, vi misurate molti abiti?
Sì, _______________ sempre moltissimi!
4. Vi mettete spesso le scarpe con i tacchi alti?
Sì, _______________ spesso.
5. Ti sei provata quella collana di perle di fiume?
No, non _______________. Costava troppo.
6. Giada e Noemi si sono messe i sandali nuovi ieri sera?
Sì, _______________. Gli stavano benissimo!

14.20 Come sono belli! Complete the sentences below with the appropriate reflexive verb forms with direct-object pronouns from the word bank.

misurateveli	**misurarmeli**	**misurarmela**	**mettitela**	**provatele**	**provatelo**

1. Che bella gonna! Posso ____________________?
2. Com'è bello quel giubbotto! Paolo, dai, ____________________!
3. Quelle scarpe con i tacchi alti ti starebbero bene. Dai, ____________________?
4. Che bei sandali marroni! Ragazze, ____________________!
5. Com'è bella quella tuta! Sergio, ____________________ e guardati allo specchio!
6. Quei guanti di pelle sono bellissimi. Posso ____________________?

14.21 Conosciamoci meglio. You will hear a speaker asking you six questions about your habits regarding clothing and accessories. Answer the questions affirmatively or negatively, in complete sentences. Be sure to use the correct direct-object pronouns in your answers.

ESEMPIO: Ti metti il cappello qualche volta?
Sì, me lo metto. O *No, non me lo metto.*
Ti proveresti degli occhiali di Prada?
Sì, me li proverei. O *No, non me li proverei.*

1. ________________________________
2. ________________________________
3. ________________________________
4. ________________________________
5. ________________________________
6. ________________________________

ATTRAVERSO LA SICILIA

14.22 La Sicilia. Read the following passage about the city of Palermo, and then give short answers to each of the questions below.

Alla scoperta della città di Palermo

Palermo è il capoluogo della Sicilia. Per ragioni culturali, artistiche ed economiche è stata tra le maggiori città del Mediterraneo e oggi è tra le principali mete (*destinations*) turistiche dell'Italia del sud. Molti visitatori ricordano Palermo per la bellezza dei suoi monumenti come la sua imponente (*imposing*) Cattedrale, la Chiesa della Martorana, affacciata (*overlooking*) sulla prestigiosa piazza Bellini, ed i suoi Palazzi come quelli dei Normanni e della Zisa, la cui costruzione risale (*dates back*) all'epoca della dominazione araba (*Arab rule*) in Sicilia (AD 827–1091). Ma la ricordano anche per gli eventi sociali che la città offre, come i festeggiamenti (*festivities*) per la Santa patrona cittadina (*patron Saint of the city*), Santa Rosalia, il chiassoso (*noisy*) Ballarò, il più antico mercato della città, e il famoso Teatro dei Pupi («pupi» è la parola siciliana per «marionette»). Quest'ultimo è un tipo di teatro delle marionette (*puppets*) tipico della tradizione medioevale siciliana, i cui protagonisti sono Carlo Magno e i suoi paladini (*paladins*). A questo proposito, non si può dimenticare che a Palermo si può anche visitare il Museo delle Marionette, un museo internazionale fondato circa trent'anni fa, agli inizi del 1970, per conservare un'arte tradizionale presente in tutta l'isola.

Anche la cucina palermitana, come del resto tutta la cucina siciliana, è un'arte antica che mostra contributi di tutte le culture che si sono stabilite (*settled*) in Sicilia durante tutta la sua storia. Dalle abitudini alimentari (*eating habits*) della Magna Grecia ai dolci arabi fino alle prelibatezze (*delicacies*) dei cuochi francesi delle famiglie aristocratiche, tutto contribuisce a rendere varia la tradizione culinaria (*culinary tradition*) di questa città. Oggi la cucina palermitana è famosa per la bontà (*excellence*) dei gelati, della pasta con le sarde (*with sardines*) e delle «panelle», frittelle (*fritters*) preparate con la farina di ceci (*garbanzo bean flour*). Altre specialità culinarie locali sono i piatti a base di pesce (*fish-based dishes*), le gustose pietanze di verdure come la caponata di melanzane (*eggplant «caponata»*) e, infine, due tipici dolci legati alla festa religiosa in onore di San Giuseppe, cioè le «sfince», ciambelline (*doughnuts*) con crema di ricotta, e il torrone di mandorle (*almond nougat*).

1. Per che cosa ricordano Palermo molti visitatori?

____

2. Quali sono alcuni importanti eventi sociali di Palermo?

____

3. Che cos'è il Teatro dei Pupi?

____

4. Qual è la caratteristica principale della cucina palermitana?

____

5. Quali sono alcune specialità culinarie palermitane oggi?

____

6. Che cosa sono le sfince ed il torrone di mandorle?

____

Nome: ______________________ Data: ______________________

In pratica

GUARDIAMO

14.23 Prima di guardare: Che cosa succede? At the beginning of this episode, Elena and Roberto stop to shop for clothes. Preview the first scene without audio, then you provide the script! Write a short dialogue where you imagine what they are saying to each other.

____

____

____

____

____

____

14.24 Mentre guardi: Mettiamo i sottotitoli! Now, view the full episode. As you watch, match each image with the appropriate caption.

1. ______________________

2. ______________________

3. ______________________

4. ______________________

a. «Ma viene Claudio?»

b. «Te le regalo io. Dopo tutto il lavoro che abbiamo fatto … che hai fatto, te le meriti!»

c. «Bella idea!»

d. «A dir la verità sei davvero stupenda!»

14.25 Dopo aver guardato: conversazioni. Select the two statements that best describe Roberto and Elena's conversation in each of the following scenes.

1. Al negozio di abbigliamento
   a. A Roberto piacciono le scarpe in vetrina.
   b. Elena vorrebbe comprare una cravatta a Roberto
   c. Roberto fa un regalo ad Elena.
   d. Roberto compra una giacca.
2. Per strada
   a. Elena e Roberto sono di nuovo amici.
   b. Elena è a Roma da tre mesi.
   c. Per andare a Piazza di Spagna, Elena e Roberto prendono un taxi.
   d. Elena è molto contenta di incontrare Claudio.
3. In Piazza di Spagna
   a. Roberto ed Elena aspettano Claudio.
   b. Elena è gelosa di Giulia.
   c. Elena vuole aiutare Roberto.
   d. Secondo Elena, Giulia è innamorata di Taylor.

14.26 Dopo aver guardato: acquisti a Roma. Imagine that you are shopping for clothes in Rome. You ask the salesperson to show you an item that you saw in the window. You try it on and, when you are about to pay, your friends Elena and Roberto come into the store. Write two short dialogues: the first one between you and the salesperson and the second one between you and Elena and Roberto. Be creative!

____

____

____

____

____

____

____

____

____

____

LEGGIAMO

14.27 Prima di leggere: un consumatore responsabile. When you shop, you have to make decisions. Read the statements below and select the three practices that best describe a responsible consumer.

1. Leggere l'etichetta (*label*) di un prodotto.
2. Non leggere o domandare il prezzo del prodotto che si vuole comprare.
3. Informarsi sulla qualità di un prodotto prima di comprarlo.
4. Buttare via (*throw away*) la ricevuta (*receipt*).
5. Confrontare i prezzi di un prodotto in negozi diversi.
6. Comprare un prodotto solo perché è di una marca famosa.

Nome: ______________________ Data: ______________________

14.28 Mentre leggi: Quando comprate un prodotto. The article below advises on how to be a responsible consumer. As you read it, make a list of both the words you already know and those you recognize as cognates.

Come diventare consumatori responsabili

a. Quando comprate un prodotto, ricordatevi che la vostra scelta avvantaggia un'azienda (*benefits one business*) piuttosto che un'altra.

b. Prima di fare un acquisto, confrontate i prezzi e la qualità dei prodotti di aziende diverse e dello stesso prodotto in negozi diversi.

c. Leggete attentamente le etichette dei prodotti e la data di scadenza (*expiration date*) dei prodotti alimentari e delle medicine. Queste informazioni devono sempre essere leggibili. Inoltre, se comprate un prodotto che deve essere installato o montato (*assembled*), le relative istruzioni devono essere chiare.

d. Prima di firmare un contratto di acquisto, leggetene attentamente tutte le sezioni, anche quelle scritte in caratteri molto piccoli (*the fine print*). Se c'è qualcosa che non capite, domandate spiegazioni al venditore (*seller*).

e. I documenti scritti in vostro possesso vi aiuteranno a risolvere eventuali problemi se il prodotto che comprate è difettoso. Verificate sempre che la vostra ricevuta contenga i dati del venditore, le informazioni sul prodotto che avete comprato ed il prezzo.

f. Ricordate che la pubblicità non dà informazioni obbiettive. Il prodotto migliore non è necessariamente quello che si pubblicizza in televisione o sui giornali.

g. Consumate prodotti alimentari che non fanno male alla vostra salute. Comprate cibi senza additivi, fertilizzanti o conservanti artificiali.

h. Comprate prodotti in contenitori riciclabili o riutilizzabili, dando così il vostro contributo alla protezione dell'ambiente.

____

____

____

14.29 Dopo la lettura: consigli. Match each point made in the article with the most appropriate statement of consumer advice (listed on the next page).

1. Non si devono comprare alimenti dannosi (*harmful*) per la salute. _____
2. Non ci si deve fidare (*trust*) troppo della pubblicità. _____
3. Si deve leggere con attenzione l'etichetta di ogni prodotto che si compra. _____
4. Non ci si deve dimenticare che ogni acquisto che si fa è un «voto» all'azienda che lo produce. _____
5. Si devono sempre richiedere la ricevuta e la garanzia. _____
6. Si devono sempre confrontare prodotti simili di marche diverse. _____
7. Non si deve firmare nessun contratto senza prima averlo letto con attenzione. _____
8. Si deve contribuire alla protezione dell'ambiente. _____

a. Ricordatevi che la vostra scelta avvantaggia un'azienda (*benefits one business*) piuttosto che un'altra.

b. Confrontate i prezzi e la qualità dei prodotti di aziende diverse e in negozi diversi.

c. Leggete attentamente le etichette dei prodotti e la data di scadenza (*expiration date*).

d. Leggetene attentamente tutte le sezioni, anche quelle scritte in caratteri molto piccoli (*the fine print*).

e. Verificate sempre che la vostra ricevuta contenga i dati del venditore, le informazioni sul prodotto che avete comprato ed il prezzo.

f. Ricordate che la pubblicità non dà informazioni obbiettive.

g. Consumate prodotti alimentari che non fanno male alla vostra salute.

h. Comprate prodotti in contenitori riciclabili o riutilizzabili per proteggere l'ambiente.

PARLIAMO

14.30 Scusa, come arrivo a casa tua? You have invited a new friend over for dinner. She has just transferred from another university and still doesn't know her way around. She'll be coming to your place from the main library. Give her directions orally and be as specific as possible.

14.31 Prego, desidera? You enter an Italian clothing store because you saw a pair of pants that you love in the window. The store assistant asks you some questions in order to assist you. Listen to each of his questions and responses and answer them orally.

1. ...	4. ...	7. ...
2. ...	5. ...	8. ...
3. ...	6. ...	9. ...

SCRIVIAMO

14.32 Scriviamo. Are you a responsible consumer? First, think about two things you usually do, two things you never do, and two things you sometimes do when purchasing a product. Next, think about two other things that a responsible consumer should do. Then, complete the following statements.

Per diventare un consumatore più responsabile, io devo incominciare a...

____

____

Devo anche smettere di...

____

____

E devo continuare a...

____

____

Secondo me, un consumatore davvero responsabile non dimentica mai di...

____

____

CAPITOLO 15

ALLA SALUTE!

PERCORSO I

Il corpo e la salute

VOCABOLARIO

Che fai per mantenerti in forma? (Textbook, pp. 451–452)

15.1 Le parti del corpo. Match each sentence fragment with the phrase that best completes it.

1. Gli stivali si mettono _______
2. I pantaloni si infilano _______
3. Il braccialetto si mette _______
4. L'orologio si mette _______
5. La collana si mette _______
6. Il cappello si mette _______
7. La maglietta si infila _______
8. La cintura si mette _______

a. intorno alla vita (*waist*).
b. al collo.
c. in testa.
d. sulla parte superiore del corpo.
e. al braccio.
f. sulle gambe.
g. ai piedi.
h. al polso.

15.2 Con che parti del corpo le associ? Write the part of the body that you associate with each item of clothing or accessory pictured below. Be sure to write the words preceded by their definite articles.

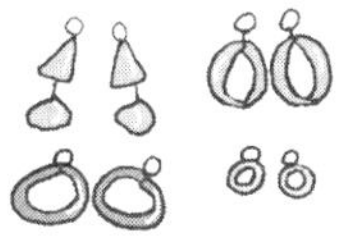

1. ____________________

2. ____________________

3. ____________________

4. ____________________

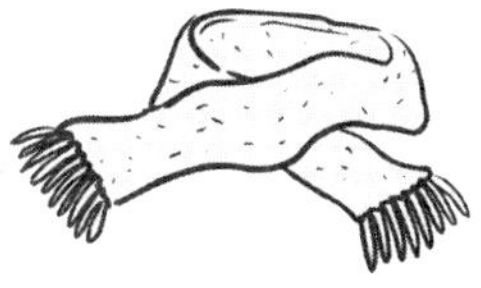

5. ____________________

6. ____________________

7. ____________________

15.3 **L'intruso.** Select the word or expression that does not belong in each group.

1. a. ingrassare	b. dimagrire	c. essere a dieta	d. essere nocivo
2. a. l'alimentazione sana	b. esagerare	c. fare bene	d. mantenersi in forma
3. a. fare sport	b. mantenersi in forma	c. ingrassare	d. prendere vitamine
4. a. sano	b. vegetariano	c. vegano	d. il fast-food
5. a. la bocca	b. il piede	c. le orecchie	d. gli occhi
6. a. le ossa	b. le vitamine	c. la pelle	d. il cuore

15.4 **Hai abitudini sane?** Listen to the conversation between Simone and Mario about their eating habits. Then answer the following questions.

1. Dove si svolge la conversazione tra i due amici?

____

____

2. Perché, secondo Simone, Mario ha un'alimentazione sana? Scrivi almeno tre attività che fa per mantenersi in forma.

____

____

3. Quali sono le tre abitudini alimentari di Simone che sono nocive per la sua salute?

____

____

4. Le tue abitudini alimentari assomigliano di più (*are most similar*) a quelle di Mario o a quelle di Simone? Perché?

____

____

Nome: ______________________________ Data: ____________________

GRAMMATICA

Le espressioni impersonali + l'infinito (Textbook, p. 454)

15.5 Che cosa non si consiglia in questi casi? Read the following statements. Then, for each of them, select the piece of advice that would be most incorrect to give.

1. Il tuo compagno di appartamento beve solo Coca-cola.
   a. È meglio bere dell'acqua.
   b. È necessario bere Coca-cola.
   c. Non bisogna bere solo Coca-cola.
2. Tuo fratello fa una vita molto sedentaria.
   a. È impossibile fare sport quando si fa un lavoro a tempo pieno.
   b. Bisogna fare sport.
   c. È meglio fare regolarmente un po' di attività fisica.
3. La tua migliore amica è molto stanca.
   a. Non è necessario studiare così tanto.
   b. Bisogna riposarsi e rilassarsi ogni tanto.
   c. È meglio non riposarsi mai.
4. Tua madre ha il raffreddore (*a cold*).
   a. È necessario prendere delle vitamine, specialmente della vitamina C.
   b. Bisogna andare subito all'ospedale.
   c. È meglio evitare di prendere freddo.

15.6 Che problemi hanno? Anna and Valentina have some problems. Below are the statements of advice they received from a friend. For each piece of advice, decide what the problem is and write it down.

ESEMPIO: Non bisogna fumare.
Fumano. / Fumano troppo.

1. È meglio rilassarsi.

   ____
2. Bisogna dimagrire.

   ____
3. È meglio non andare da McDonald's.

   ____
4. È necessario bere molta camomilla prima di andare a dormire.

   ____
5. È possibile fare attività fisica due o tre volte alla settimana.

   ____
6. Non è impossibile fare i compiti e studiare un po' tutti i giorni.

   ____

15.7 Di che cosa parlano? Listen to the following short dialogues. Then select the subject of each conversation.

1. a. Lucia e Paola partono per una vacanza domani e devono ancora fare le valige.
   b. Lucia e Paola hanno un esame domani.
2. a. Sandra e Simona fanno molto sport.
   b. Sandra e Simona lavorano molte ore al giorno.
3. a. Mauro e Sergio parlano di come si fa a mantenersi sani.
   b. Mauro e Sergio devono assolutamente fare una dieta.
4. a. Carlo e Fabrizio vogliono dimagrire.
   b. Carlo e Fabrizio non vogliono ingrassare.

PERCORSO II

Dal medico

VOCABOLARIO

Come si sente? (Textbook, p. 457)

15.8 Che disturbo hai? Match each health complaint with the appropriate piece of advice.

1. Ho mal di testa! _______
2. Mi fa male lo stomaco! _______
3. Ho la febbre alta e mal di gola! _______
4. Ho la tosse (*cough*)! _______
5. Ho l'influenza! _______
6. Mi sono fatto male a un ginocchio! Forse è rotto! _______
7. Ho mal di denti! _______

a. Va' dal dentista.
b. Prendi lo sciroppo.
c. Prendi un'aspirina ogni quattro ore, stai a letto e bevi molti liquidi.
d. Fai una radiografia.
e. Prendi l'antibiotico.
f. Prendi un'aspirina.
g. Prendi un antiacido (*antacid*).

Nome: ______________________________ Data: ____________________

15.9 L'influenza. Read the following conversation between two roommates, Marta and Elena. Elena caught the flu and Marta is willing to help in any way she can. After reading, fill in the blanks with the correct information.

MARTA: Elena, sei pallida (*pale*) oggi. Stai male?

ELENA: Ho mal di gola.

MARTA: Misurati la febbre!

ELENA: L'ho già misurata. È alta, ho la febbre a 39 gradi.

MARTA: Prendi subito un'aspirina e poi va' dal dottore.

ELENA: Sono andata dal dottore questa mattina. Mi ha detto che ho l'influenza. Devo prendere un'aspirina ogni cinque ore, lo sciroppo due volte al giorno e una compressa di antibiotico ogni dodici ore. Inoltre, devo riposarmi e bere molti liquidi per almeno tre giorni.

MARTA: Ti ha dato la ricetta per l'antibiotico? Devo andare in farmacia a comprartelo?

ELENA: Sì, grazie Marta, sei molto gentile. Io mi metto a letto perché ho i brividi (*chills*) e mi gira la testa (*I feel dizzy*).

MARTA: Va' a letto e riposati. Io vado subito in farmacia e quando torno ti faccio un buon tè caldo.

1. Febbre: ______________________________
2. Sintomi: ______________________________
3. Diagnosi del medico: ______________________________
4. Consigli del medico: ______________________________

   ____

   ____
5. Che cosa fa Marta per aiutare Elena? ______________________________

   ____

   ____

15.10 Consigli. Listen to two patients as they describe their ailments. After each description, read the five pieces of advice and indicate whether they are **buono** or **cattivo** or **indifferente** (*irrelevant*) for the patient.

Consigli per il paziente A:

1. Bisogna che Lei stia a letto e si riposi.	Buono	Cattivo	Indifferente
2. È meglio che Lei telefoni a un suo amico.	Buono	Cattivo	Indifferente
3. Deve andare in montagna a sciare.	Buono	Cattivo	Indifferente
4. È necessario che Lei prenda l'aspirina e beva molto.	Buono	Cattivo	Indifferente
5. È importante che Lei vada in piscina a nuotare.	Buono	Cattivo	Indifferente

Consigli per il paziente B:

6. Deve bere molti liquidi.	Buono	Cattivo	Indifferente
7. È importante che Lei vada in palestra e faccia molta ginnastica.	Buono	Cattivo	Indifferente
8. Bisogna che io Le faccia un'iniezione antidolorifica.	Buono	Cattivo	Indifferente
9. Si riposi e stia a letto, se può. Prenda un'aspirina ogni quattro ore.	Buono	Cattivo	Indifferente
10. È meglio che Lei mangi leggero.	Buono	Cattivo	Indifferente

GRAMMATICA

Il congiuntivo presente (Textbook, pp. 460–461)

15.11 Il congiuntivo presente. Complete the lists below by writing the missing present indicative and present subjunctive verb forms.

	Presente Indicativo	Presente Congiuntivo
A. ingrassare	**1.** (io) ______________	che io ingrassi
	2. (tu) ingrassi	che tu ______________
	3. (lui/lei) ingrassa	che lui/lei ______________
	4. (noi) ______________	che noi ingrassiamo
	5. (voi) ingrassate	che voi ______________
	6. (loro) ingrassano	che loro ______________
B. soffocare	**7.** (io) soffoco	che io ______________
	8. (tu) soffochi	che tu ______________
	9. (lui/lei) ______________	che lui/lei soffochi
	10. (noi) soffochiamo	che noi ______________
	11. (voi) ______________	che voi soffochiate
	12. (loro) soffocano	che loro ______________
C. soffrire	**13.** (io) soffro	che io ______________
	14. (tu) ______________	che tu soffra
	15. (lui/lei) soffre	che lui/lei ______________
	16. (noi) soffriamo	che noi ______________
	17. (voi) soffrite	che voi ______________
	18. (loro) soffrono	che loro ______________
D. dimagrire	**19.** (io) ______________	che io dimagrisca
	20. (tu) dimagrisci	che tu ______________
	21. (lui/lei) dimagrisce	che lui/lei ______________
	22. (noi) ______________	che noi dimagriamo
	23. (voi) dimagrite	che voi ______________
	24. (loro) dimagriscono	che loro ______________

Usi del congiuntivo (Textbook, p. 461)

15.12 Dal medico. Complete the following statements, using the verbs from the word bank in the present subjunctive.

soffrire	**dimagrire**	**mangiare**
seguire	**misurarsi**	**prendere**

1. È importante che Lei ____________________ le medicine.
2. Bisogna che voi ____________________ la febbre ogni cinque ore.
3. È meglio che Lei ____________________ poco per un paio di giorni. Ha fatto indigestione.
4. È necessario che voi ____________________. Dovete perdere almeno 4 o 5 chili.
5. Credo che Carlo ____________________ molto. Si è rotto la caviglia destra.
6. Dubito che i miei figli ____________________ i miei consigli.

15.13 Che pazienza! Tommaso's roommates are sick in bed with the flu. Since they have terrible sore throats, they write Tommaso notes to let him know what they need him to do for them. Read each note and then write, from Tommaso's point of view, what his roommates want him to do. Be sure to follow the example closely.

– Comprare sciroppo per la tosse.
– Prendere succo d'arancia al supermercato.
Grazie.
Marco
– Chiamare il dottore.
– Non organizzare feste o cene con gli amici nei prossimi giorni.
☺ Marco e Leonardo.
– Telefonare al dentista per cancellare appuntamento
– Preparare brodo di pollo1 per cena
Grazie. Leonardo –
Avvisare il professore di biologia che siamo ammalati.
– Pulire la casa.
Grazie mille!
Marco e Leonardo

1. chicken soup

ESEMPIO: *Marco vuole che io gli compri lo sciroppo per la tosse in farmacia.*

1. ____

____.

2. ____

____.

3. ____

____.

4. ____

____.

15.14 Che cosa pensa il dottore? Listen to Dr. Monaco's comments and decide whether the following statements are **vero, falso,** or **non menzionato.**

1. Pensa che noi mangiamo al fast-food troppo spesso.	Vero	Falso	Non menzionato
2. Dubita che i suoi pazienti ascoltino i suoi consigli.	Vero	Falso	Non menzionato
3. Insiste sempre che il signor Ferrara dimagrisca un po'.	Vero	Falso	Non menzionato
4. Vuole che io mi prenda una lunga vacanza.	Vero	Falso	Non menzionato
5. Vuole che io prenda meno medicine.	Vero	Falso	Non menzionato
6. Pensa che la signora Mattei abbia l'influenza.	Vero	Falso	Non menzionato
7. È contento che voi siate ammalati.	Vero	Falso	Non menzionato
8. Teme che Grazia abbia un braccio rotto.	Vero	Falso	Non menzionato

Il congiuntivo presente dei verbi irregolari (Textbook, p. 463)

15.15 Il congiuntivo presente dei verbi irregolari. Complete the lists below by writing the missing verb forms.

	avere	essere	stare	fare	potere	venire
1. che io	abbia	________	stia	faccia	________	venga
2. che tu	abbia	sia	________	________	possa	________
3. che lui/lei	________	________	stia	________	possa	venga
4. che noi	________	________	________	facciamo	________	veniamo
5. che voi	abbiate	siate	________	________	possiate	________
6. che loro	________	________	________	________	________	________

Nome: ______________________________ Data: ____________________

15.16 Un paziente indisciplinato. Signor Battocchio is an undisciplined patient and, although he is running a fever, he refuses to listen to his doctor's advice. Rewrite the following statements using the present subjunctive.

ESEMPIO: Il signor Battocchio non prende lo sciroppo.
La dottoressa vuole che il signor Battocchio *prenda* lo sciroppo.

1. Il signor Battocchio ha la febbre alta.
   La dottoressa pensa che il Signor Battocchio ________________ la febbre alta.
2. Il signor Battocchio non prende le medicine e non beve liquidi.
   La dottoressa desidera che il Signor Battocchio ________________ le medicine e ________________ liquidi.
3. Il signor Battocchio esce da casa anche con la febbre alta e va a lavorare.
   La dottoressa preferisce che il Signor Battocchio non ________________ di casa con la febbre alta e non ________________ a lavorare.
4. Il signor Battocchio è molto testardo (*stubborn*) e non ascolta i consigli della dottoressa.
   Bisogna che il Signor Battocchio ________________ meno testardo e che ________________ i consigli della dottoressa.
5. Il signor Battocchio dice che basta un bicchiere di vino al giorno per levare il medico di torno (*to keep the doctor away*).
   È meglio che il Signor Battocchio non ________________ che basta un bicchiere di vino al giorno per levare il medico di torno.
6. Al signor Battocchio non piacciono i dottori.
   È molto probabile che al Signor Battocchio non ________________ i dottori.

15.17 Sofia ha una brutta cera... Giulia and Martina are talking about a mutual friend who has not been feeling very well recently. Rewrite the following statements, using the expressions in parentheses in the present subjunctive.

ESEMPIO: Sofia è ammalata. (andare a letto)
È necessario che *vada a letto*.

1. Sofia ultimamente è molto pallida; forse è anemica. (fare una cura di ferro)
   È bene che ____.
2. Sofia mangia tutti i giorni al fast-food. (non esagerare con il fast-food)
   Bisogna che ____.
3. Sofia ha sempre mal di testa e non riesce a studiare. (andare dal dottore)
   È meglio che ____.
4. Sofia dorme pochissimo. (non uscire tutte le sere e non tornare a casa alle tre del mattino)
   È necessario che ____.
5. Sofia e il suo ragazzo vanno spesso in birreria. (non bere troppo)
   È importante che loro ____.
6. Sofia non sta bene, dobbiamo aiutarla! (volere il nostro aiuto)
   È improbabile che ____.

15.18 Qual è il consiglio migliore? You will hear two doctors describe some of their patients' health issues. Complete the following sentences by selecting the best suggestion for each problem.

1. È necessario che il signor Paoli...
   a. mangi esclusivamente frutta e verdura.
   b. faccia una dieta più equilibrata e dimagrisca un po'.
   c. stia a letto e si riposi.
2. Bisogna che la signora Rigoni...
   a. dimagrisca.
   b. vada all'ospedale immediatamente.
   c. prenda l'antibiotico e stia a letto per qualche giorno.
3. E bene che i signori Casu...
   a. facciano al più presto una radiografia; lei alla gamba e lui alla schiena.
   b. vadano in palestra regolarmente.
   c. si mantengano in forma.
4. Credo che i signori Corradetti...
   a. debbano prendere le vitamine tutti i giorni.
   b. debbano farsi subito una radiografia.
   c. debbano prendere un'aspirina e, bere molti liquidi e abbiano bisogno di riposarsi.

PERCORSO III

L'ambiente e le nuove tecnologie

VOCABOLARIO

Credo che le nuove tecnologie abbiano solo danneggiato l'ambiente. (Textbook, pp. 467–468)

15.19 La protezione dell'ambiente. Complete the following lists with both a problem related to each topic and a possible solution for it.

	Tema	Problema	Possibile soluzione
1.	La natura	__________	__________
2.	L'aria	__________	__________
3.	I rifiuti	__________	__________
4.	Le risorse naturali	__________	__________
5.	Lo smog	__________	__________
6.	Il cibo	__________	__________

15.20 Gli alimenti e la tecnologia. Match each phrase with the word it defines.

1. È la scienza che applica tecnologie avanzate alla biologia _____
2. Sono usati in agricoltura per distruggere insetti, parassiti, piante infestanti o altro che possa danneggiare le coltivazioni _____
3. Sostanza che addizionata a un alimento ne impedisce (*prevents*) o ne rallenta (*slows down*) l'alterazione _____
4. Alimenti provenienti da coltivazioni non trattate chimicamente e non manipolate geneticamente _____
5. Prodotti alimentari manipolati geneticamente _____

a. pesticidi
b. cibo biologico
c. alimenti transgenici
d. biotecnologia
e. conservante

15.21 Il problema dell'alimentazione. You will hear a short speech about the problem of feeding the world's population. Listen to the speech, and then determine whether each of the following statements is **vero**, **falso**, or **non menzionato**.

1. In questo secolo sul nostro pianeta, tutti mangiano molto.	Vero	Falso	Non menzionato
2. Molto presto non ci sarà più acqua da bere.	Vero	Falso	Non menzionato
3. La popolazione mondiale diminuisce di anno in anno.	Vero	Falso	Non menzionato
4. Gli scienziati stanno lavorando per risolvere il problema dell'alimentazione nel Terzo Mondo (*Third World*).	Vero	Falso	Non menzionato
5. Nei Paesi del Terzo Mondo si coltivano soprattutto patate.	Vero	Falso	Non menzionato
6. L'ingegneria genetica ha già aiutato ad aumentare la produzione di riso.	Vero	Falso	Non menzionato
7. Il riso geneticamente modificato non esiste.	Vero	Falso	Non menzionato
8. Grazie alla ricerca scientifica, la produzione è aumentata di circa il 60%.	Vero	Falso	Non menzionato

GRAMMATICA

Il congiuntivo passato (Textbook, p. 469)

15.22 Problemi ecologici. Form sentences by matching the numbered phrases with those that best complete them.

1. Penso che l'agricoltura biologica _______
2. È certo che le risorse naturali del nostro pianeta _______
3. Crediamo che la deforestazione _______
4. Bisogna che i rifiuti _______
5. È possibile che a causa dell'inquinamento (*pollution*) dei mari _______
6. Per diminuire lo smog nelle città _______
7. Dubito che _______
8. Non dubitiamo che lo strato dell'ozono _______

a. siano riciclati.
b. molti pesci si siano estinti.
c. sono quasi finite.
d. si possano coltivare piante che migliorano la qualità dell'aria.
e. sia la causa di molti tumori.
f. sia un'agricoltura che rispetta l'ambiente.
g. abbia causato danni irreparabili al nostro pianeta.
h. è necessario che tutti vadano a lavorare in bicicletta.

15.23 I pensieri di uno studente ecologicamente impegnato. Rewrite the following thoughts of an eco-friendly Italian college student, using the past subjunctive.

ESEMPIO: Penso che molte fabbriche inquinino i mari.
Penso che molte fabbriche *abbiano inquinato* i mari.

1. Credo che il governo italiano non faccia abbastanza per proteggere l'ambiente.

   Credo che il governo italiano non ______________________ abbastanza per proteggere l'ambiente.

2. Non dubito che il partito dei Verdi (*the Green party*) abbia delle proposte interessanti per la salvaguardia dell'ambiente.

   Non dubito che il partito dei Verdi ______________________ delle proposte interessanti per la salvaguardia dell'ambiente.

3. Penso, però, che poche persone li ascoltino.

   Penso, però, che poche persone li ______________________.

4. È improbabile che il governo obblighi gli italiani a riciclare, usare la benzina verde e riscaldare le case con forme di energia alternative.

   È improbabile che il governo ______________________ gli italiani a riciclare, usare la benzina verde e riscaldare le case con forme di energia alternative.

15.24 Positivo, negativo o indifferente? You will hear six statements relating to the environment and our health. As you listen, select whether each statement reflects a positive (**positivo**), negative (**negativo**), or indifferent (**indifferente**) attitude regarding the protection of the environment and our health.

1. positivo	negativo	indifferente
2. positivo	negativo	indifferente
3. positivo	negativo	indifferente
4. positivo	negativo	indifferente
5. positivo	negativo	indifferente
6. positivo	negativo	indifferente

15.25 Presente o passato? Indicativo o congiuntivo? Listen to six statements about the environment and our health and select whether the verb in the dependent clause is in the **indicativo presente**, **congiuntivo presente**, or **congiuntivo passato**.

1. indicativo presente	congiuntivo presente	congiuntivo passato
2. indicativo presente	congiuntivo presente	congiuntivo passato
3. indicativo presente	congiuntivo presente	congiuntivo passato
4. indicativo presente	congiuntivo presente	congiuntivo passato
5. indicativo presente	congiuntivo presente	congiuntivo passato
6. indicativo presente	congiuntivo presente	congiuntivo passato

Nome: ______________________ Data: ______________________

ATTRAVERSO L'ABRUZZO

15.26 L'Abruzzo. Read the following passage about the seven "wonders" of the Abruzzo region, and then give short answers to each of the questions below.

Le sette meraviglie dell'Abruzzo

Un famoso settimanale italiano ha recentemente intervistato un campione significativo (*representative sample*) di abruzzesi (*inhabitants of the Abruzzo region*) e gli ha chiesto quali fossero, secondo loro, al di là delle classiche attrazioni turistiche—come l'antica cittadina di Sulmona; L'Aquila, il capoluogo dell'Abruzzo; Pescara, città natale di Gabriele D'Annunzio e il Gran Sasso d'Italia, la montagna più alta degli Appennini—le sette cose da non perdere visitando la loro regione. Ecco il risultato del sondaggio con le sette «meraviglie» in ordine di importanza:

1. Il Parco Nazionale d'Abruzzo – Diventato parco nazionale nel 1922, si estende (*ranges*) su 44.000 ettari e include (*overlaps with*) anche le regioni del Molise e del Lazio (per 1/4 della superficie totale). Il Parco offre 150 itinerari escursionistici (*hiking trails*) e dieci sentieri-natura (*nature trails*).
2. La costa dei trabocchi – I «trabocchi», antiche palafitte (*pile-dwellings*) per la pesca (*fishing*) sospese sul mare, sono caratteristici di un lungo tratto della costa meridionale abruzzese da Ortona a Vasto.
3. La Cattedrale di San Giustino (Chieti) – È di origine antichissima. L'edificio attuale risale al secolo XIV ed è stato parzialmente ristrutturato (*renovated*) nel Settecento; conserva un elegante campanile (*bell tower*) costruito tra il 1335 ed il 1498, oltre ad interessanti affreschi (*frescos*).
4. L'eremo (*hermitage*) di Celestino – Fra' Pietro da Morrone, importante eremita (*hermit*) delle montagne della Majella, lasciò le sue montagne nell'estate del 1294 (all'età di 79 anni) quando venne eletto papa e prese il nome di Celestino V. Dopo pochi mesi, però, rinunciò al papato (*renounced the papacy*) per tornare a fare l'eremita sui monti (*mountains*) della Majella. A causa della (*Due to*) sua rinuncia al papato, Dante Alighieri nell'*Inferno* (la prima delle tre cantiche della *Divina Commedia*) lo descrive come «colui che fece per viltade il gran rifiuto (*he who by his cowardice made the great refusal*)».
5. Alba Fucens – Si trova su un'altura a 1000 metri di quota (*above sea level*) ed è la più importante città romana d'Abruzzo, edificata nel 303 a.C. Sono particolarmente interessanti i resti della basilica, dell'anfiteatro e delle terme (*baths*) romani. Imponenti (*imposing*) sono anche le mura megalitiche (*megalithic walls*) del periodo pre-romano.
6. Gli arrosticini – Sono un piatto tipico della cucina abruzzese, apprezzati sia in Italia che all'estero. Sono degli spiedini (*skewers*) di carne di pecora o di agnello. Nascono dalla tradizione pastorizia (*stock raising*) della regione, infatti il gran numero di pecore (*sheep*) e agnelli (*lambs*) allevati in Abruzzo hanno fatto sì che questa carne fosse molto utilizzata.
7. La pasta – Sono molte le specialità abruzzesi a base di pasta. Riportiamo qui le quattro più votate nel sondaggio: i ravioli di ricotta e spinaci, la zuppa di sagne (*diamond-shaped pasta*) e ceci con i bastardoni (*peperoni secchi rossi*), gli anellini alla pecorara (*shepherd's style*) e i maccheroni alla chitarra con ragù d'agnello (*lamb sauce*).

1. Quali sono le classiche attrazioni turistiche dell'Abruzzo?

____

2. Quali sono, secondo il campione significativo di abruzzesi intervistati per il sondaggio, le sette «meraviglie» dell'Abruzzo?

____

3. Che cosa offre il Parco Nazionale d'Abruzzo?

____

4. In quale importante opera (*work*) di Dante Alighieri è descritto Celestino V?

____

5. Che cos'è Alba Fucens?

____

6. Che cosa sono gli arrosticini?

____

In pratica

GUARDIAMO

15.27 Prima di guardare: Dov'è Taylor? The big night for the band has arrived and everything is ready, but Taylor is nowhere to be found! Elena and Roberto and then Giulia express their fears, conjectures, and hopes about the situation. Match their statements with the verb or verb phrases that best complete them.

1. ELENA: Mi sa che neanche Giulia ____
2. ELENA: Speriamo non ... niente! ____
3. ROBERTO: L'unica cosa importante questa sera è che la band ____
4. GIULIA: Penso che ... idea. ____
5. GIULIA: Dice che non ... bene! ____

a. vinca.
b. si sente
c. è arrivata.
d. abbia cambiato
e. sia successo

15.28 Mentre guardi: Taylor non vuole cantare. Now, view the video episode. As you watch, match each image with the appropriate caption from the video.

1. ______________

2. ______________

3. ______________

4. ______________

5. ______________

a. «Credo che tu non possa stare qui, eh?...
Vai lì... Vai!»

b. «Tu... fai sempre il cattivo, ma lo so che in fondo... hai un animo sensibile. Ti prego!»

c. «No, io non ci vengo!»

d. «Senti. Io sono venuto a prenderti e adesso tu salirai in macchina con me, e canterai la canzone che abbiamo provato con la band!»

e. «Ciao, Elena, scusa il ritardo. Ho fatto tardi!»

15.29 **Dopo aver guardato: le conclusioni.** Put the following statements about events in this episode in the correct order by numbering them from 1 to 8.

_______ Roberto trova Taylor sul letto.
_______ Giulia dice a Elena che Taylor non si sente bene.
_______ Roberto chiede a Taylor di cantare per mostrare il suo amore per Giulia.
_______ Elena vuole telefonare a Taylor.
_______ Roberto dice a Taylor che c'è un trucco per vincere la paura.
_______ Taylor dice di avere mal di testa, mal di stomaco, e mal di gola.
_______ Roberto è preoccupato perché Taylor non è allo studio televisivo.
_______ Roberto va alla villa in macchina.

15.30 **Dopo aver guardato: il malato immaginario.** Imagine that, like Taylor, you are trying to avoid a situation that scares you by faking all sorts of aches and pains. Write a dialogue in which a friend encourages you to be brave.

____
____
____
____
____
____
____

LEGGIAMO

15.31 **Prima di leggere: abitudini alimentari cattive!** Do you know anyone with bad eating habits? Describe in detail four eating habits that may prevent people from keeping in shape and staying healthy.

1. ____
2. ____
3. ____
4. ____

Nome: ______________________ Data: ______________________

15.32 Mentre leggi: mangiare bene per non ingrassare. The passage below is an instructional flyer that advises people on how to improve their eating habits. As you read it, write down all the good and bad eating habits that are mentioned.

Perché non riesci a dimagrire?

Per aiutarti a capirlo descriviamo le principali cattive abitudini alimentari che fanno ingrassare le persone, spiegandoti come trasformarle in buone abitudini:

- In genere non ti preoccupi di mangiare cibi a basso contenuto calorico e con pochi grassi.

L'olio, il burro, la margarina e i formaggi sono le maggiori fonti di grassi nella nostra dieta. Per questo motivo, bisogna che tu riduca l'uso di tutti questi prodotti. Elimina il burro, non usare più di un cucchiaio di olio per condire l'insalata e non mangiare formaggi più di due volte la settimana.

- Per motivi di lavoro mangi spesso al ristorante.

Quando vai al ristorante, è importante che tu ordini sempre piatti che non siano fritti o ad alto contenuto di grassi. Evita anche le salse e i sughi pesanti. Inoltre, è necessario che tu faccia molta attenzione ai dessert. Se puoi, lascia che li mangino gli altri. Per quanto riguarda il vino, non dimenticare che un bicchiere di vino ha 95 calorie. Per dimagrire, è meglio bere solo acqua minerale.

- Generalmente mangi bene ma non riesci a dire di no alle caramelle e ai biscottini che ti offrono i colleghi e gli amici.

È bene che controlli la tua frenesia da carboidrati! Non è certamente la fame che ti fa mangiare caramelle e biscottini ma l'ansia. Invece di caramelle e biscottini, mangia un po' di frutta oppure mastica dei *chewing gum* senza zucchero.

- Non fai attenzione a ciò che inghiotti (*swallow*), pensi di essere senza speranze e credi che non riuscirai mai a migliorare le tue abitudini alimentari.

È meglio che incominci immediatamente a fare attenzione non solo a ciò che mangi ma anche quando, dove e a che ora lo mangi. Questo ti costringerà a pensare alla tua routine alimentare. Successivamente, scegli una delle tue cattive abitudini e sostituiscila con una buona abitudine. Quando ci sarai riuscita, scegli un'altra cattiva abitudine e cambiala. Incomincerai a perdere peso perché avrai eliminato dalla tua dieta quotidiana molte calorie che non ti erano necessarie. Non è tanto una questione di autodisciplinarsi ma piuttosto di mettere a punto una strategia semplice ma efficace.

1. Buone abitudini alimentari:

____

____

____

____

2. Cattive abitudini alimentari:

____

____

____

____

15.33 Dopo la lettura: consigli alimentari. Choose three of the bad eating habits that you have identified in the reading passage, and write two useful pieces of advice that would help solve each problem. Base your answers on the information given in the passage.

1. Cattiva abitudine alimentare: ____________________

   Consigli:

   ____

   ____

2. Cattiva abitudine alimentare: ____________________

   Consigli:

   ____

   ____

3. Cattiva abitudine alimentare: ____________________

   Consigli:

   ____

   ____

PARLIAMO

15.34 Come ti mantieni in forma? Explain orally four things you do in order to stay healthy and keep in shape. Give as many details as possible.

1. …
2. …
3. …
4. …

15.35 Che cosa devono fare? Two of your Italian friends are not feeling well and they ask you what they should do in order to get better. Following the prompts below, describe orally at least three remedies for each health problem.

A. Gabriella ha il mal di stomaco.

1. …
2. …
3. …

B. Stefano ha la febbre alta.

1. …
2. …
3. …

SCRIVIAMO

15.36 Scriviamo. Write a paragraph about your lifestyle and eating habits. Do you lead a healthy lifestyle? Do you keep in shape? If so, how? Also explain what your eating habits are and what is important for you to do in order to make better choices.

I miei propositi alimentari per il futuro

CAPITOLO 16 GLI ITALIANI DI OGGI

PERCORSO I

Il governo italiano e la politica

VOCABOLARIO

Com'è il governo italiano? (Textbook, p. 483)

16.1 Le caratteristiche di uno stato democratico. Complete the following words or expressions with the correct vowels. Be careful: the nouns are preceded by their definite articles.

Le elezioni

1. __ l __ g g __ r __
2. __ __ v __ t __
3. __ __ g __ v __ r n __

La democrazia

4. __ __ C __ s t __ t __ z __ __ n __
5. __ __ __ l __ z __ __ n __
6. __ __ d __ r __ t t __

I diritti dei cittadini

7. __ __ s __ n d __ c __ t __
8. __ __ l __ b __ r t __ d __ p __ r __ l __

16.2 Il cruciverba. Complete the following puzzle according to the clues given. Then, use the letters that intersect to spell the name of another European nation that borders on Italy.

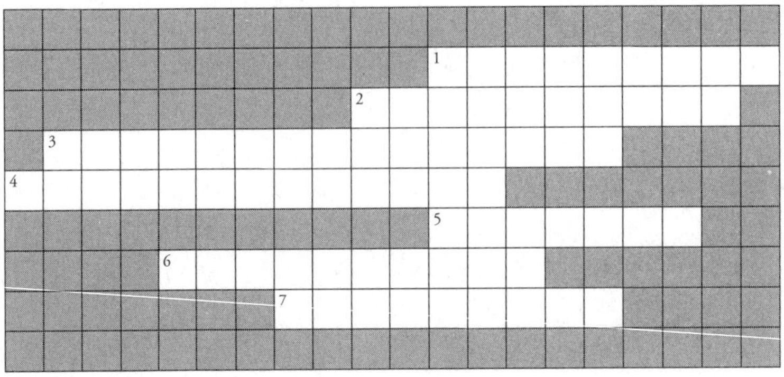

1. Si attraversa per andare da una nazione all'altra
2. L'insieme dei rappresentanti dei partiti votati dai cittadini
3. Il diritto di esprimere le proprie idee
4. Altro nome per l'Italia
5. Divide una nazione dall'altra
6. Una demòcrazia
7. Protegge le persone che lavorano

16.3 L'Unione Europea. Having read about the European Union in your textbook, listen to the following short description giving more information and decide whether the following statements are **vero, falso,** or **non menzionato.**

1. I bambini italiani di oggi sono solo cittadini europei.	Vero	Falso	Non menzionato
2. L'Unione Europea è anche chiamata Comunità Europea.	Vero	Falso	Non menzionato
3. Chi non ha una cittadinanza europea viene chiamato «extracomunitario».	Vero	Falso	Non menzionato
4. Il sogno di creare l'UE esiste dal 1960.	Vero	Falso	Non menzionato
5. L'Unione Europea non è ancora completa.	Vero	Falso	Non menzionato
6. I cittadini italiani possono lavorare in qualsiasi nazione dell'Unione Europea.	Vero	Falso	Non menzionato
7. L'euro è la moneta comune a tutte le nazioni dell'EU.	Vero	Falso	Non menzionato
8. L'euro è diventata la moneta comune dell'EU nell'anno 2000.	Vero	Falso	Non menzionato

Nome: ______________________ Data: ______________________

GRAMMATICA

Il congiuntivo o l'indicativo (Textbook, p. 488)

16.4 La Repubblica Italiana. You and a friend are working on an assignment for your Italian class. You must prepare a presentation on the Italian government. Your friend is certain about the characteristics of the Italian government, but you are not. Rewrite each sentence below to reflect your doubts and uncertainties, as in the example.

ESEMPIO: Sono certa che l'Italia è una democrazia.
Credo che l'Italia *sia* una democrazia.

1. So che l'Italia è una repubblica parlamentare.
   Penso che l'Italia ______________ una repubblica parlamentare.
2. Sono sicuro/a che il Presidente della Repubblica Italiana è eletto dal Parlamento.
   È probabile che il Presidente della Repubblica Italiana ______________ eletto dal Parlamento.
3. È certo che il Presidente della Repubblica Italiana ha soprattutto funzioni rappresentative.
   Credo che il Presidente della Repubblica Italiana ______________ soprattutto funzioni rappresentative.
4. È ovvio che il Parlamento è eletto dai cittadini.
   È possibile che il Parlamento ______________ eletto dai cittadini.

16.5 La politica italiana. Now write four sentences in which you express what you think you know about politics in Italy. Be sure to follow the example.

ESEMPIO: Credo che il Presidente del Consiglio abbia potere esecutivo.

1. ______________________________
2. ______________________________
3. ______________________________
4. ______________________________

Il congiuntivo o l'infinito (Textbook, p. 489)

16.6 Giovani impegnati in politica. Giusi, Franco, and Luca are friends with different political views. Match each phrase with the one that best completes the sentence.

1. Giusi è un'idealista e spera _______
2. Giusi dubita _______
3. Franco e Luca pensano _______
4. Franco e Luca non vogliono _______
5. È certo che Giusi, Franco e Luca _______
6. È difficile che Giusi, Franco e Luca _______

a. che Giusi entri nel sindacato.
b. di cambiare il mondo.
c. hanno posizioni politiche diverse.
d. continuino ad essere amici.
e. di non partecipare alla manifestazione organizzata da Giusi.
f. che Franco e Luca partecipino alla manifestazione.

16.7 Congiuntivo o infinito? Listen to each of the following statements and select whether the **congiuntivo** or the **infinito** is used.

1. congiuntivo   infinito
2. congiuntivo   infinito
3. congiuntivo   infinito
4. congiuntivo   infinito
5. congiuntivo   infinito
6. congiuntivo   infinito

Il congiuntivo imperfetto (I) (Textbook, pp. 490–491)

16.8 Il congiuntivo imperfetto. Conjugate the following verbs in the imperfect subjunctive.

	io	tu	lui/lei	noi	voi	loro
1. aiutare	______	______	______	______	______	______
2. eleggere	______	______	______	______	______	______
3. finire	______	______	______	______	______	______
4. essere	______	______	______	______	______	______
5. avere	______	______	______	______	______	______
6. fare	______	______	______	______	______	______
7. dire	______	______	______	______	______	______

16.9 Congiuntivo presente o imperfetto? Read each statement and decide whether the present subjunctive or the imperfect subjunctive is needed. Then complete the sentence by selecting the correct verb form.

1. Alberto credeva che il nuovo governo (diminuisca / diminuisse) le tasse.
2. Fabio e Silvia credevano che i loro amici (votino / votassero) per la coalizione di sinistra.
3. Non pensavo che tu e Marta vi (interessiate / interessaste) di politica.
4. Penso che il Parlamento italiano si (riunisca / riunisse) quasi tutti i giorni.
5. Non dubito che tu (possa / potessi) diventare un uomo politico importante.
6. Mio padre dubita che io (abbia / avessi) le sue stesse idee politiche.
7. Era necessario che noi (votiamo / votassimo).
8. È possibile che ci (sia / fosse) presto una crisi di governo.

Nome: ______________________________ Data: ______________________

16.10 Prima delle elezioni. Giulio is describing the feelings and experiences he had before the last elections. Complete the paragraphs below with the correct imperfect subjunctive forms of the verbs in parentheses.

Prima delle elezioni politiche della scorsa primavera mi ero informato sui programmi dei partiti e sui loro candidati. Io credevo che (1. essere) ________________ facile decidere per chi votare ma mi sbagliavo. Pensavo che tutti i candidati (2. preoccuparsi) ________________ degli italiani e che loro (3. volere) ________________ veramente risolvere i problemi dell'Italia.

Speravo che discutere con gli amici mi (4. aiutare) ________________ a capire le intenzioni dei vari partiti, sia di sinistra che di destra, ma non è stato così. Pieno di speranze (*hopes*), avevo incominciato a domandare ai miei amici quale partito (5. avere) ________________ intenzione di votare. Dubitavo che i miei amici (6. interessarsi) ________________ molto di politica ma non credevo che (7. essere) ________________ completamente disinteressati. Io ero convinto che noi giovani (8. dovere) ________________ partecipare alla vita politica del nostro Paese e non credevo che i miei coetanei (*peers*) (9. considerare) ________________ la politica una cosa noiosa.

PERCORSO II

I nuovi italiani

VOCABOLARIO

Chi sono gli italiani? (Textbook, p. 494)

16.11 L'intruso. Select the word or expression that does not belong in each group.

1. a. discriminare b. accettare c. avere la mentalità aperta
2. a. la straniera b. l'immigrata c. la classe sociale
3. a. illegale b. legale c. industrializzato
4. a. la tolleranza b. il pregiudizio c. lo stereotipo
5. a. il Paese industrializzato b. il visto c. il Paese emergente
6. a. il pregiudizio b. l'assistente familiare c. la mentalità chiusa

16.12 La convivenza nella società multiculturale. Based on the chapter vocabulary, make a list of four attitudes that facilitate living together peacefully in a multicultural society and four attitudes that make it difficult.

1. Aiuta la convivenza: ____

____

2. Non aiuta la convivenza: ____

____

16.13 I problemi dell'immigrazione. You will hear six statements about the issue of immigration. Listen to them and decide whether each statement is **vero, falso,** or **non menzionato.**

1. Vero Falso Non menzionato
2. Vero Falso Non menzionato
3. Vero Falso Non menzionato
4. Vero Falso Non menzionato
5. Vero Falso Non menzionato
6. Vero Falso Non menzionato

GRAMMATICA

Il congiuntivo imperfetto (II) (Textbook, p. 497)

16.14 Desideri di un'immigrata. Below are some things that Sanije, a young Albanian immigrant, would like to happen. Match each phrase with the one that best completes the sentence.

1. Vorrei che gli italiani _______
2. Vorrei che le mie figlie _______
3. Vorrei che la vita _______
4. Mi piacerebbe che anche i miei genitori _______
5. A mio marito piacerebbe che io _______
6. Vorrei che l'Albania _______

a. fosse meno cara in Italia.
b. lavorassi di meno.
c. venissero in Italia.
d. dessero più facilmente lavoro agli immigrati albanesi.
e. entrasse nell'Unione Europea.
f. studiassero e trovassero un buon lavoro.

16.15 Metti in ordine le frasi. Unscramble the sentences and conjugate the verbs in the present conditional or imperfect subjunctive to reveal the hopes and desires of some students. Be sure to follow the example.

ESEMPIO: io / volere / essere / tu / che / meno intollerante / essere
Io vorrei che tu fossi meno intollerante.

1. che / esistere / piacere / il pregiudizio / mi / non

____

2. volere / il governo / dei problemi dell'immigrazione / noi / che / seriamente / occuparsi (*deal with*)

____

3. ci / che / gli immigrati / tutti / un lavoro / trovare / piacere

____

4. gli immigrati / che / accettati / essere / volere / noi

____

Frasi con il *se* (Textbook, p. 498)

16.16 Ancora sull'immigrazione. A young Italian man is commenting on the status of immigration in Italy. Complete each sentence with the correct imperfect subjunctive form of the verb given.

1. Io voterei per il candidato dei Verdi se lui (occuparsi) ________________ di più dei problemi dell'immigrazione.
2. La convivenza sarebbe migliore se tutti (essere) ________________ più tolleranti.
3. Tu non potresti lavorare in Italia se non (avere) ________________ un permesso di soggiorno.
4. Jorge e Maria comprerebbero una casa se (guadagnare) ________________ di più.

16.17 All'ufficio immigrazione. You will hear four short dialogues that take place at the immigration office. Listen to each of them, and then complete the following sentences with an if-clause.

1. Se Maria ____________________, potrebbe fare un corso d'italiano per stranieri.
2. Se Olzaina e Luan ____________________, potrebbero rinnovare il permesso di soggiorno.
3. Se Cecilia e Jesus ____________________, potrebbero andare in Perù l'estate prossima.
4. Se Sanije ____________________, potrebbe andare a trovare sua sorella a Detroit.

PERCORSO III

La presenza italiana nel mondo

VOCABOLARIO

Da dove vieni? Dove vai? (Textbook, p. 502)

16.18 Una vita da emigrante. Complete the following passage on Italian immigration in the world with the appropriate words or expressions from the word bank.

pregiudizi	perseverare	abbandonare	radici
fare fortuna	discriminazione	nostalgia	coraggio
patria	emigranti	difficoltà	economiche

Una volta gli italiani emigravano a causa delle (1) ____________________ e speravano di (2) ____________________ in un Paese straniero. Oggi quasi tutti gli italiani che lasciano il proprio Paese sono (3) ____________________ intellettuali. Qualunque sia il motivo, ci vuole molto (4) ____________________ per (5) ____________________ la propria (6) ____________________ e le proprie (7) ____________________. La (8) ____________________ è un sentimento che non abbandona mai gli emigranti, né quelli di ieri né quelli di oggi. Bisogna fare molti sacrifici e (9) ____________________ per cambiare radicalmente la propria vita. Inoltre, la (10) ____________________ e i (11) ____________________ rendono spesso difficile l'inserimento degli emigranti nella nuova realtà sociale.

16.19 Nei panni di (*In the shoes of*) un emigrante. Answer the following questions about immigration in complete sentences, from your point of view.

1. Quali sono i motivi per cui una persona emigra dal suo Paese d'origine?

____

2. Tu emigreresti? In quale Paese andresti? Perché?

____

3. Quali sentimenti proveresti se dovessi emigrare?

____

4. Che cosa ti mancherebbe di più del tuo Paese?

____

16.20 Maria racconta... Listen to Maria's story, and then answer the following questions in complete sentences.

1. Da dove viene Maria?

____

2. Quanti anni aveva quando ha abbandonato l'Italia?

____

3. Come sono stati i suoi primi anni passati negli Stati Uniti?

____

4. Durante i primi anni negli Stati Uniti, Maria ha mai pensato di ritornare in patria? Perché?

____

5. Chi le ha fatto cambiare vita? Perché?

____

6. Da quanti anni Maria vive negli Stati Uniti?

____

GRAMMATICA

Il congiuntivo: l'uso dei tempi (Textbook, p. 505)

16.21 Commenti sull'emigrazione. Read the comments on Italian immigration below and complete them by selecting the correct form of the subjunctive: present, past, or imperfect.

1. Penso che le tradizioni italiane (siano / siano state / fossero) ancora importanti per gli emigrati.
2. Non credo che oggi gli emigrati di seconda o terza generazione (parlino / abbiano parlato / parlassero) il dialetto dei loro nonni.
3. Non sapevo che ci (siano / siano stati / fossero) più amalfitani a New York che ad Amalfi.
4. Penso che il governo non permetterà che la fuga dei cervelli (diventi / sia diventata / diventasse) un problema per la ricerca scientifica italiana.
5. Sono contenta che i miei nonni (tornino / siano tornati / tornassero) in Italia dopo la fine della guerra (*war*).
6. Mi piacerebbe che le mie cugine di Chicago (vengano / siano venute / venissero) a trovarmi a Potenza!

Nome: ______________________ Data: ______________________

16.22 I ricordi di un emigrante. An elderly man recalls how and why he left his village in the northeast of Italy and emigrated to the U.S. Complete the following sentences with the correct form of the subjunctive: present, past, or imperfect.

Sono nato in un paesino del Veneto, non lontano da Verona. La mia famiglia era una famiglia di contadini (*farmers*) e i tempi erano duri. Quando ero piccolo, mi vergognavo che la mia famiglia (1. essere) ______________ povera. Speravo che mio padre (2. diventare) ______________ ricco improvvisamente (*suddenly*) e (3. comprare) ______________ una casa in una grande città.

Un giorno, quando avevo quindici anni, mio padre mi ha detto: «Vorrei che tu (4. andare) ______________ in America. Lo zio Giuseppe ti aiuterà a trovare un buon lavoro». Così ho abbandonato il mio paese e la mia famiglia e sono emigrato. Credevo che in America le persone (5. essere) ______________ tristi e antipatiche. Invece ho trovato persone molto gentili che mi hanno aiutato. Immaginavo che gli americani non (6. divertirsi) ______________ mai e (7. lavorare) ______________ sempre. Invece ho incontrato persone simpatiche e allegre.

Adesso sono contento che mio padre mi (8. mandare) ______________ in America a lavorare. Credo che lui (9. fare) ______________ la cosa giusta. Non so se si (10. vivere) ______________ meglio in Italia o in America. Penso che ci (11. essere) ______________ cose positive in entrambi (*both*) i Paesi e che (12. essere) ______________ importante apprezzare (*appreciate*) gli aspetti positivi di sia dell'Italia che dell'America.

Come mi piacerebbe che i miei figli (13. vedere) ______________ l'Italia e (14. visitare) ______________ il paesino del Veneto dove sono nato!

Il passato remoto (Textbook, pp. 507–508)

16.23 Che cosa fecero? Next to each of the following forms of the **passato remoto**, write both the appropriate personal pronoun and the infinitive of the verb.

	Chi?	Infinito
1. partimmo	______________	______________
2. emigrai	______________	______________
3. abbandonarono	______________	______________
4. nacque	______________	______________
5. scrivesti	______________	______________
6. veniste	______________	______________
7. lesse	______________	______________
8. dissi	______________	______________

16.24 Prime esperienze in un Paese straniero. Rewrite each of the following sentences, using the **passato prossimo** instead of the **passato remoto.**

ESEMPIO: Voi emigraste durante la seconda guerra mondiale.
Voi *siete emigrati* durante la seconda guerra mondiale.

1. All'inizio voi affrontaste molte difficoltà economiche.
   All'inizio voi __________________ molte difficoltà economiche.
2. Tu fosti molto fortunato ad incontrare persone che ti aiutarono.
   Tu __________________ molto fortunato ad incontrare persone che ti __________________.
3. La mia famiglia non abbandonò le tradizioni italiane.
   La mia famiglia non __________________ le tradizioni italiane.
4. Noi volemmo partire per trovare un lavoro migliore.
   Noi __________________ partire per trovare un lavoro migliore.
5. Io venni negli Stati Uniti nel 1950.
   Io __________________ negli Stati Uniti nel 1950.
6. Antonio e Giuseppe scrissero una lettera al padre dicendogli di non preoccuparsi.
   Antonio e Giuseppe __________________ una lettera al padre dicendogli di non preoccuparsi.

16.25 Passato remoto o passato prossimo? Listen to the following statements and select whether the **passato remoto** or the **passato prossimo** is used.

1. passato remoto passato prossimo
2. passato remoto passato prossimo
3. passato remoto passato prossimo
4. passato remoto passato prossimo
5. passato remoto passato prossimo
6. passato remoto passato prossimo

Nome: ______________________ Data: ______________

ATTRAVERSO IL MOLISE E LA BASILICATA

16.26 Il Molise e la Basilicata. Reread the cultural section in your textbook and answer the following questions in short answers, based on the highlighted Italian regions.

1. Dove sono il Molise e la Basilicata?

____

2. Quali sono le regioni italiane che confinano con il Molise?

____

3. Quali sono le regioni italiane che confinano con la Basilicata?

____

4. Qual è il mare del Molise?

____

5. Qual è il mare della Basilicata?

____

6. Qual è la città più importante del Molise? E della Basilicata?

____

7. Quali sono due attrazioni turistiche da visitare in Basilicata? Che cosa sono?

____

8. Qual è la principale caratteristica sia del Molise che della Basilicata?

____

In pratica

GUARDIAMO

16.27 Prima di guardare: Che cosa succede? We now see Roberto, Taylor, and Elena together at the beginning of the last episode. Look at the two photos: Where are they? What do you think is going on? Why is Taylor there? What might the topic(s) of conversation be? Write a short paragraph with your surmises.

____

____

____

____

____

16.28 Mentre guardi: Chi parla? While you watch the video, indicate who says each line.

1. «Dio! Vorrei sparire!»
   a. Roberto
   b. Taylor
   c. Elena
   d. Giulia
   e. Claudio

2. «Ricordati il trucco che ti ho insegnato!»
   a. Roberto
   b. Taylor
   c. Elena
   d. Giulia
   e. Claudio

3. «Questa canzone è per te. Io... io ti amo! Ecco... L'ho detto.»
   a. Roberto
   b. Taylor
   c. Elena
   d. Giulia
   e. Claudio

4. «Signore e signori, eccoci giunti alla parte finale dell'*Estate Rock Festival...*»
   a. Roberto
   b. Taylor
   c. Elena
   d. Giulia
   e. Claudio

5. «E io che pensavo ti piacesse Elena!»
   a. Roberto
   b. Taylor
   c. Elena
   d. Giulia
   e. Claudio

6. «Se ci facessimo una bella spaghettata di mezzanotte?»
   a. Roberto
   b. Taylor
   c. Elena
   d. Giulia
   e. Claudio

16.29 Dopo aver guardato: Cosa succede? Put the following statements about events in this episode in the correct order by numbering them from 1 to 6.

_______ Claudio annuncia lo sciopero dei mezzi pubblici.

_______ I Controsenso vincono il festival.

_______ Roberto rivela ad Elena il trucco che ha insegnato a Taylor.

_______ Taylor guarda l'*Estate Rock Festival* alla TV.

_______ Roberto dice che Taylor è veramente italiano.

_______ Taylor arriva allo studio televisivo.

Nome: ______________________ Data: ______________________

16.30 Dopo aver guardato: la spaghettata di mezzanotte. Imagine that you were at the TV studio watching the *Estate Rock Festival*, and that you then join Taylor and his friends for their midnight **spaghettata.** Write the script for your own finale of the video where you help out with the preparation of the **spaghettata** at the villa, congratulate Taylor on his performance, and say goodbye to Giulia, Roberto, Elena, and Taylor explaining why you enjoyed getting to know them.

____

____

____

____

____

____

____

____

LEGGIAMO

16.31 Prima di leggere: la ricerca scientifica in Italia. Read the following facts about scientific research in Italy, and then answer the questions below.

I fatti:

- La legge sulla ricerca del 21 gennaio 2001 stabilisce che il governo italiano paghi il 95% dello stipendio degli scienziati italiani sparsi per il mondo che accettano di tornare a lavorare in Italia.
- Nel sistema universitario italiano i professori ordinari (*full professors*) con meno di 35 anni sono 9 su 18.651 e quasi tutti i direttori (*chairs*) dei dipartimenti del CNR (Consiglio Nazionale delle Ricerche)* hanno più di 63 anni.

**The CNR is the Italian equivalent of the NSF (National Science Foundation).*

1. Che immagine emerge dell'università italiana?

____

____

2. Secondo te, quali sono le principali differenze tra il sistema universitario italiano e quello americano?

____

____

16.32 Mentre leggi: il caso del professor Brambilla. Read the article below and decide whether the following statements are **vero, falso,** or **non menzionato.**

Il ritorno di un cervello mai fuggito

In Italia, il problema della fuga dei cervelli (*brain drain*) non è un tema nuovissimo. Basti pensare, in tempi meno recenti, a uomini come Filippo Mazzei (amico di Thomas Jefferson e ispiratore di un pezzo della dichiarazione d'indipendenza americana), Lorenzo Da Ponte (il librettista di Mozart) o Enrico Fermi (padre dell'energia atomica). O in anni più vicini, l'inventore del microchip Federico Faggin o il direttore delle ricerche del Sloan Kettering di New York Pier Paolo Pandolfi. Una fuga collettiva non solo malinconica per chi se ne va, ma dannosa (*harmful*) sia per l'immagine che per l'economia del Paese. Un'esagerazione? Forse. Ma è per risolvere questo problema che, nel gennaio del 2001, era nata l'idea di una legge che regolasse il «rientro dei cervelli». Proprio grazie a questa legge, un mese fa un'università italiana ha assunto (*hired*) Guido Brambilla come professore di geografia economica. L'età del «giovane» neoassunto (*rookie*) è interessante: sessant'anni. Ancora più interessante, però, è il nome della prestigiosa università alla quale l'Italia lo ha strappato (*snatched*). Stanford? Princeton? Yale? Berkeley? No: l'Università Zokhiomj di Ulaanbaatar, in Mongolia. Se la cerchiamo su Internet, non la troviamo, ma il professor Guido Brambilla ha dichiarato ai giornalisti: «Esiste, esiste. Vi assicuro che c'è. In passato ci andavo per almeno un mese all'anno. Ora non ci vado più». È indubbio che il professor Brambilla conosca bene il Paese di Genghis Khan. Ha scritto una guida turistica, una raccolta di poesie, una di fiabe e anche un manuale di economia mongola. Nonostante ciò (*Despite all this*), la domanda che molti italiani si fanno è: serve a questo la legge sul rientro dei cervelli? Serve per riportare in Italia un anziano signore che, tranne brevi viaggi in Mongolia insieme alla moglie, ha sempre vissuto in Italia?

1. In Italia, la fuga dei cervelli è un problema recente. — Vero / Falso / Non menzionato
2. La legge sul rientro dei cervelli regola il ritorno di tutti gli emigrati italiani nel mondo. — Vero / Falso / Non menzionato
3. Guido Brambilla ha meno di 35 anni. — Vero / Falso / Non menzionato
4. A Guido Brambilla piace molto la Mongolia. — Vero / Falso / Non menzionato
5. Guido Brambilla è di Milano. — Vero / Falso / Non menzionato
6. Guido Brambilla non ha mai scritto niente sulla Mongolia. — Vero / Falso / Non menzionato
7. Il titolo dell'articolo «Il ritorno di un cervello mai fuggito» suggerisce come la legge sul rientro dei cervelli non dia sempre i risultati voluti. — Vero / Falso / Non menzionato
8. La moglie di Guido Brambilla è nata in Mongolia. — Vero / Falso / Non menzionato

16.33 Dopo la lettura: la legge sul ritorno dei cervelli in fuga. Now correct the statements below with examples from the article.

1. In Italia, la fuga dei cervelli è un problema recente.

   ____.

2. La legge sul rientro dei cervelli regola il ritorno degli emigrati italiani nel mondo.

   ____.

3. Guido Brambilla ha meno di 35 anni.

   ____.

4. Guido Brambilla non sa nulla della Mongolia.

   ____.

5. Guido Brambilla non ha mai scritto niente sulla Mongolia.

   ____.

PARLIAMO

16.34 Dove ti piacerebbe vivere? A friend of yours wants to know if you would ever want to live in Italy. Following the prompts given below, explain your reasons orally.

- motivo / motivi principale/i
- città
- periodo di tempo
- caratteristiche positive dell'Italia
- caratteristiche negative dell'Italia
- sentimenti che proveresti vivendo in Italia

16.35 Una società multiculturale perfetta. What would be the characteristics of a flawless multicultural society? Think about five characteristics and describe them orally.

1. ...
2. ...
3. ...
4. ...
5. ...

SCRIVIAMO

16.36 Scriviamo. Interview an Italian-American person you know.

A. Ask the person you are interviewing the following questions.

1. Da quale paese o regione italiana viene la tua famiglia?

2. Il tuo primo parente che è immigrato negli Stati Uniti è arrivato da solo o con altri parenti?

3. Se è arrivato con altri parenti, chi erano?

4. Dove è andato negli Stati Uniti e che cosa ha fatto?

5. Quali sono le tradizioni italiane che tu e la tua famiglia rispettate ancora?

6. Qual è una ricetta italiana che ancora si cucina nella tua famiglia?

7. Pensi che l'Italia contemporanea sia diversa dal Paese che i tuoi parenti avevano lasciato? Perché?

B. Now write a paragraph based on the interview and describe the person's experiences and feelings concerning his/her Italian origins.

GRAMMATICAL EXPANSION: *ANCORA UN PO'*

Altri usi di *ci* e *ne*

As you learned, **ci** can be used to replace nouns and phrases referring to places, and **ne** can replace a direct object preceded by a quantity. **Ci** and **ne** are always placed directly in front of conjugated verbs.

— Vai spesso **al cinema**?	— *Do you go to the movies often?*
— No, non **ci** vado mai.	— *No, I never go (there).*
— Cosa metti **nel vaso**?	— *What are you going to put in the vase?*
— **Ci** metto delle belle rose gialle.	— *I'm going to put some beautiful yellow roses (in it).*
— Quante **rose** metti nel vaso?	— *How many roses are you going to put in the vase?*
— **Ne** metto **sei**.	— *I'm going to put six (of them).*

1. **Ci** can also be used to replace **a** + an infinitive phrase after verbs such as **andare** and **venire**.

— Quando vai **a giocare a tennis**?	— *When are you going to play tennis?*
— **Ci** vado sabato.	— *I'm going on Saturday.*
— Venite con noi **a ballare**?	— *Are you coming dancing with us?*
— Sì, **ci** veniamo volentieri.	— *Yes, we would love to come.*

2. **Ci** can also replace a prepositional phrase introduced by **a** after the verbs **credere a** and **pensare a**.

— Credi **ai racconti** del ragazzo?	— *Do you believe the boy's stories?*
— Certo, **ci** credo veramente.	— *Sure, I really believe in them.*
— Pensate molto **al passato**?	— *Do you think a lot about your past?*
— No, non **ci** pensiamo affatto.	— *No, we don't think about it at all.*

3. **Ne** can also replace a prepositional phrase introduced by **di** and **da**.

— Abbiamo paura **dello smog**.	— *We are afraid of smog.*
— **Ne** avete paura per la salute?	— *Are you afraid (of it) for your health?*
— Il professore ha parlato **di Michelangelo**?	— *Did the professor talk about Michelangelo?*
— Sì, **ne** ha parlato ieri.	— *Yes, he spoke of him yesterday.*
— Quando sei uscita **da scuola**?	— *When did you get out of school?*
— **Ne** sono uscita alle due.	— *I came out (of there) at two o'clock.*

4. In compound tenses, when **ne** replaces a prepositional phrase, the past participle does not agree with the noun replaced.

— Hanno discusso **della pittura** del Rinascimento?	— *Did they discuss Renaissance painting?*
— Sì, **ne** hanno parlato a lungo.	— *Yes, they discussed it quite a bit.*

GE.1 **La vita in piazza.** Un amico ti chiede cosa fate tu e i tuoi amici quando vi ritrovate in piazza. Rispondi alle domande e sostituisci i nomi in corsivo con **ci** o **ne**.

ESEMPIO: — Parlate *di calcio*?

— *Certo, ne parliamo spesso.* o No, *non ne parliamo mai.*

1. Andate tutte le sere *nella stessa piazza*?

 ____

2. I giovani pensano *alla scuola* quando sono insieme?

 ____

3. Discutete *di politica*?

 ____

4. Restate *in piazza* fino a tardi?

 ____

5. A che ora tornate *a casa*?

 ____

6. Parlate *di canzoni* americane qualche volta?

 ____

7. Andate *in pizzeria* qualche volta?

 ____

8. Entrate *in un bar* quando piove?

 ____

Altri pronomi relativi

You have already studied the relative pronouns **che** and **cui**. Below are some other common relative pronouns.

chi	*the person(s) who, he/she/those who*
quello / ciò che	*what, whatever, that which*
Chi viaggia molto ha una mentalità aperta.	*Those who travel a lot have an open mind.*
Non capite **quello che** dico.	*You don't understand what I say.*

1. **Chi** always refers to people and is often used in proverbs. The verb that follows **chi** is always singular.

Ascolto **chi** mi capisce.	*I listen to those who understand me.*
Voglio dare aiuto **a chi** ne ha bisogno.	*I want to give help to those who need it.*
Chi dorme non piglia pesci.	*The early bird catches the worm.* (Literally: *He who sleeps, doesn't catch fish.*)

2. **Quello / Ciò che** refers only to things.

Sai **quello che** è successo a Marta?	*Do you know what happened to Marta?*
Non capisco **ciò che** vuoi dire.	*I don't understand what you mean.*
Ordina **quello che** vuoi: pago io!	*Order what (whatever) you want: I'm paying!*

Nome: ______________________ Data: ______________________

GE.2 **Le vacanze.** Sei appena tornato/a dalle vacanze e racconti quello che hai fatto. Completa le frasi scegliendo il pronome relativo corretto.

ESEMPIO: Ecco le fotografie (di cui / chi / <u>che</u>) ho fatto al mare.

1. Ho fatto tutto (quello che / cui / che) ho voluto!
2. Non capisco (che / cui / chi) non si diverte al mare!
3. Ecco la barca (cui / chi / che) abbiamo affittato.
4. Ecco la spiaggia in (che / quello / cui) ho passato tutti i pomeriggi.
5. Questa è la ragazza con (che / cui / chi) sono uscito spesso.
6. Gli amici (quello/ che / chi) ho conosciuto in vacanza sono simpaticissimi.
7. Ho fatto (chi / quello che / cui) mi avevano consigliato tutti.
8. (Cui / Che / Chi) ama il mare come me, dovrebbe avere vacanze più lunghe.

Il futuro anteriore

1. The future perfect, **il futuro anteriore**, expresses an action that will have taken place by a specific time in the future, or an action that will take place before another action in the future (*I will have seen, I will have gone*). It is frequently used after **appena** (*as soon as*) **dopo che** (*after*), **quando** (*when*), and **se** (*if*).

   Alle nove, **avrò finito** di studiare. — *At nine o'clock, I will have finished studying.*

   Sabato **saranno già tornati** a casa. — *Saturday they will have already returned home.*

   Andrò al cinema **dopo che avrò finito** di studiare. — *I will go to the movies after I have finished studying.*

2. The future perfect is also used to indicate probability in the past or speculation about an action that might have taken place.

   Oggi Anna non è venuta a lavoro. — *Today Anna didn't come to work.*

   Dove **sarà andata**? — *Where could she have gone?*

   — Dov'è Carlo? — *— Where is Carlo?*

   — **Sarà partito.** — *— He probably left.*

   Chissà come **avrà fatto** a trovare quel posto! *Who knows how he managed to find that position!*

3. The future perfect is formed with the future of **avere** or **essere** + *the past participle* of the verb. As in the **passato prossimo**, transitive verbs are conjugated with **avere**; intransitive, reflexive, and reciprocal verbs are conjugated with **essere**. When the verb is conjugated with **essere**, the past participle agrees in gender and number with the subject. When the verb is conjugated with **avere**, it agrees with the direct-object pronoun.

	incontrare	**uscire**	**divertirsi**
io	avrò incontrato	sarò uscit**o/a**	mi sarò divertit**o/a**
tu	avrai incontrato	sarai uscit**o/a**	ti sarai divertit**o/a**
lui/lei	avrà incontrato	sarà uscit**o/a**	si sarà divertit**o/a**
noi	avremo incontrato	saremo uscit**i/e**	ci saremo divertit**i/e**
voi	avrete incontrato	sarete uscit**i/e**	vi sarete divertit**i/e**
loro	avranno incontrato	saranno uscit**i/e**	si saranno divertit**i/e**

GE.3 **Quando lo faranno?** Completa le frasi con il futuro anteriore dei verbi.

1. Prima dell'estate, (noi / finire) ______________________ tutti gli esami!
2. Ti telefoneremo quando (noi / arrivare) ______________________ al mare.
3. Giulio e Marina si sposeranno prima di Natale, certamente dopo che (trovare) ______________________ lavoro tutti e due.
4. Ti risponderò appena (io / ricevere) ______________________ la tua lettera.
5. Quando comprerai una macchina nuova? Dopo che (tu / trovare) ______________________ un buon posto?
6. Appena (laurearsi) ______________________, cercheranno un posto di lavoro.
7. Prima della fine di ottobre, (io / fare) ______________________ già diverse domande di lavoro.
8. Ci prepareremo solo dopo che Carla (venire) ______________________ a prenderci.

GE.4 **Cosa avranno fatto?** Hai organizzato una festa a casa tua e diversi amici non sono ancora arrivati. Ti domandi cosa avranno fatto. Completa le frasi con la forma corretta del futuro anteriore.

1. Chissà dove (andare) ______________________ Giulia e Marisa! (sbagliare) ______________________ strada?
2. Maria (fare) ______________________ tardi per comprare il gelato!
3. Lorenzo (uscire) ______________________ per andare a prendere la sua ragazza!
4. Giulia (decidere) ______________________ di venire a piedi.
5. Marco e Carla (prendere) ______________________ l'autobus sbagliato.
6. Forse io non gli (dire) ______________________ l'ora esatta!
7. Chissà se tu gli (dare) ______________________ l'indirizzo giusto!
8. (perdersi) __________ tutti per strada?

Il gerundio

The gerund, **il gerundio**, is equivalent to the English *-ing* form of the verb (*seeing, going, working*). The gerund is formed by adding **-ando** to the infinitive stem of **-are** verbs and **-endo** to the infinitive stem of **-ere** and **-ire** verbs.

Passano molto tempo **ascoltando** musica.	*They spend a lot of time listening to music.*
Dormendo poco, non ti riposi mai.	*By sleeping little, you never rest.*

Il gerundio		
parlare	scrivere	aprire
parlando	scrivendo	aprendo

The verbs **fare, dire,** and **bere** have irregular gerunds based on an archaic form of the infinitive.

fare (**facere**)	dire (**dicere**)	bere (**bevere**)
facendo	dicendo	bevendo

1. The gerund has many different English equivalents.

Dicendo ciò, hai offeso gli amici.	*Saying this, you offended your friends.*
Facendo i compiti, penso agli esami.	*While I'm doing my homework, I think of my exams.*
Bevendo solo acqua, non vi sentirete male.	*By drinking only water, you won't feel sick.*

2. As you already learned, **stare** + *gerund* can be used to indicate an action in progress.

— Che state **facendo**?	— *What are you doing?*
— Stiamo **riposando.**	— *We are resting.*

3. Unlike in English, the gerund cannot be used as the subject or the direct object of a sentence. In these cases, the infinitive is used.

Fumare fa male alla salute.	*Smoking is bad for one's health.*
Preferite **parlare** italiano o inglese?	*Do you prefer speaking Italian or English?*

GE.5 **Quante cose contemporaneamente!** Riscrivi le frasi usando il gerundio e spiega cosa fanno le seguenti persone. Fa' tutti i cambiamenti necessari.

ESEMPIO: Leggevo *mentre cucinavo.*
Leggevo *cucinando.*

1. *Mentre guidavo* verso l'aeroporto, ho fatto alcune telefonate.
____
2. Ascoltava musica *mentre studiava.*
____
3. *Mentre ballava* con Giulia, pensava a Monica.
____
4. *Quando parli* al telefono, fai sempre dei disegni.
____
5. *Mentre guidate,* qualche volta leggete il giornale!
____
6. Carlo e Maria lavorano sempre, anche *quando viaggiano* in aereo.
____

GE.6 **Che fate?** Un amico malato ti telefona e vuole sapere cosa tu e i tuoi amici fate a casa tua questo pomeriggio. Completa le frasi con il gerundio o l'infinito dei verbi.

1. Allora, che state (fare) ______________?
2. Io sto (suonare) ______________ la chitarra e Marcello sta (cantare) ______________. E tu? Non stai (parlare) ______________ troppo, se hai mal di gola?
3. Sì, ma mi sto (annoiare) ______________. Preferirei (leggere) ______________ o (guardare) ______________ la TV, ma mi fanno male gli occhi. Vi sto (telefonare) ______________ dal letto.
4. Forse (bere) ______________ molto succo d'arancia potresti stare meglio.
5. E voi, cosa volete (bere) ______________ e (mangiare) ______________ questo pomeriggio?
6. Con la pizza preferiamo (bere) ______________ la Coca-cola.
7. C'è qualcuno che sta (ballare) ______________?
8. Certo, anche (parlare) ______________ con te continuiamo a ballare!

Il condizionale passato

The past conditional (*I would have bought, I would have eaten*) expresses past wishes, intentions, and possibilities that can no longer be realized.

Avrei preferito studiare musica.	*I would have preferred to study music.*

1. The past conditional is formed with the present conditional of **avere** or **essere** + *the past participle* of the verb. As in the **passato prossimo**, transitive verbs are conjugated with **avere**; intransitive, reflexive, and reciprocal verbs are conjugated with **essere**. When the verb is conjugated with **essere**, the past participle agrees in gender and number with the subject. When the verb is conjugated with **avere**, it agrees with the direct-object pronoun if one is used.

— **Hai mangiato** il gelato?	— *Did you eat the ice cream?*
— No, ma lo **avrei mangiato** volentieri.	— *No, but I would have liked to eat it!*
Avrei giocato a calcio tutto il pomeriggio.	*I would have played soccer the whole afternoon.*
Sarebbero venuti anche a piedi.	*They would have even come on foot.*

	pagare	**partire**	**alzarsi**
io	avrei pagato	sarei partit**o/a**	mi sarei alzat**o/a**
tu	avresti pagato	saresti partit**o/a**	ti saresti alzat**o/a**
lui/lei	avrebbe pagato	sarebbe partit**o/a**	si sarebbe alzat**o/a**
noi	avremmo pagato	saremmo partit**i/e**	ci saremmo alzat**i/e**
voi	avreste pagato	sareste partit**i/e**	vi sareste alzat**i/e**
loro	avrebbero pagato	sarebbero partit**i/e**	si sarebbero alzat**i/e**

2. The past conditional is also used to express a future action from a past point of view. English, by contrast, uses the present conditional in such cases.

Sapevo che **sarebbe venuto** a trovarmi il giorno dopo.	*I knew he would come to visit me the next day.*
Mi ha scritto che **sarebbe partito** presto.	*He wrote me that he would leave soon.*
Hanno detto che **avrebbero portato** i CD.	*They said that they would bring the CDs.*
Gli abbiamo telefonato che **saremmo arrivati** tardi.	*We called him (to say) that we would arrive late.*

3. The past conditional of **dovere** expresses the English *should have (ought to) + past participle.*

Avresti dovuto studiare prima degli esami.	*You should have studied before your exams.*
Si sarebbe dovuto vestire meglio per la festa.	*He should have dressed better for the party.*

4. The past conditional of **potere** expresses the English *could (might) have + past participle.*

Non **avrei potuto** mangiare più niente.	*I could not have eaten anything else.*
Sareste potuti arrivare in tempo!	*You could have arrived on time!*

5. The past conditional of **volere** expresses the English *would have liked + infinitive.*

Avrei voluto studiare all'università.	*I would have liked to go to college.*
Avrebbero voluto parlargli.	*They would have liked to talk to him.*

Nome: ______________________________ Data: ____________________

GE.7 **Le promesse.** La tua migliore amica è andata a studiare in Italia. Prima di partire ha fatto molte promesse. Riscrivi le frasi e spiega cosa ha promesso. Usa il condizionale passato.

ESEMPIO: Scriverò ogni giorno.
Ha promesso che avrebbe scritto ogni giorno.

1. Spenderò poco.
   ____
2. Studierò molto.
   ____
3. Tornerò a casa prima di Pasqua.
   ____
4. Cercherò un lavoro.
   ____
5. Telefonerò una volta alla settimana.
   ____
6. Mi addormenterò sempre presto.
   ____
7. Parlerò solo italiano.
   ____
8. Non andrò sempre in macchina.
   ____

GE.8 **È troppo tardi.** Il weekend è finito e nessuno ha fatto le cose che avrebbe dovuto fare. Completa le frasi con il condizionale passato dei verbi **dovere, potere** e **volere**.

1. Giuseppe (dovere) ______________ portare la spazzatura fuori.
2. Tu (potere) ______________ pulire la casa.
3. Carlotta (volere) ______________ andare al cinema.
4. Tu e Gianna (dovere) ______________ fare i compiti d'italiano.
5. Luisa e Marco (dovere) ______________ prepararsi per il nuovo lavoro.
6. Noi (volere) ______________ vedere alcuni amici.
7. Silvio (potere) ______________ chiedere un consiglio a sua madre.
8. Voi (potere) ______________ passare il weekend al mare.
9. Tu (dovere) ______________ partire per l'Italia ma il tuo volo è stato cancellato.
10. Io e Giorgio (volere) ______________ arrivare puntuali a casa di Anna.

Il congiuntivo trapassato

The pluperfect subjunctive, **il congiuntivo trapassato,** is formed with the imperfect subjunctive of **avere** or **essere** + *the past participle* of the verb. As in the **passato prossimo,** transitive verbs are conjugated with **avere**; intransitive, reflexive, and reciprocal verbs are conjugated with **essere.** When the verb is conjugated with **essere,** the past participle agrees in gender and number with the subject. When the verb is conjugated with **avere,** it agrees with the direct-object pronoun if one is used.

Pensavo che **fossero arrivati** prima di noi.	*I thought they arrived before us.*
Credeva che io **avessi già visto** quel film.	*He thought I had already seen that movie.*

	lavorare	**venire**	**vestirsi**
che io	avessi lavorato	fossi venuto/a	mi fossi vestito/a
che tu	avessi lavorato	fossi venuto/a	ti fossi vestito/a
che lui/lei	avesse lavorato	fosse venuto/a	si fosse vestito/a
che noi	avessimo lavorato	fossimo venuti/e	ci fossimo vestiti/e
che voi	aveste lavorato	foste venuti/e	vi foste vestiti/e
che loro	avessero lavorato	fossero venuti/e	si fossero vestiti/e

1. The pluperfect subjunctive is used when the verb in the main clause is in a past tense and requires the subjunctive. It expresses an action that took place before that of the main clause.

Sperava che noi **fossimo già arrivati.**	*He was hoping we had already arrived.*
Credevo che voi **aveste prenotato** il ristorante.	*I thought you had made a reservation at the restaurant.*
Era impossible che **avessero capito** tutto.	*It was impossible they had understood everything.*
Avevo paura che **fossero partiti** senza i passaporti.	*I was afraid they had left without their passports.*

2. The pluperfect subjunctive is also used when the verb in the main clause is in the conditional and the action of the dependent clause took place before the action of the main clause.

Vorrei che tu non **avessi creduto** alla sua storia.	*I wish you had not believed his story.*
Avrei preferito che tu non **fossi andato.**	*I would have preferred that you had not gone.*

GE.9 Non lo sapevo che... Cambia le seguenti affermazioni dalla certezza al dubbio. Riscrivi le frasi usando un verbo che richiede il congiuntivo trapassato e fa' tutti i cambiamenti necessari.

ESEMPIO: Sapevo che era partito.
Non credevo che fosse partito.

1. Ha detto che non erano partiti.

____

2. Era vero che non si erano svegliati tardi.

____

3. Era chiaro che aveva mangiato troppo.

____

4. Ho saputo che eri andata al cinema.

____

5. Diceva che eravate tornati tardi.

____

Nome: ______________________ Data: ______________________

6. Era evidente che non avevo capito.

____

7. Era ovvio che non avevamo dormito abbastanza.

____

8. Sapevo che avevi fatto un viaggio.

____

GE.10 **I dubbi.** Usa le espressioni in parentesi e rispondi alle domande con il congiuntivo trapassato facendo tutti i cambiamenti necessari.

ESEMPIO: Era nato a Genova? (Credevo)
Credevo che fosse nato a Genova.

1. Era arrivato molto tardi? (Era impossibile)

____

2. Erano partiti senza di lui? (Marco aveva paura)

____

3. Anna era andata in crociera? (Era strano)

____

4. Avevate scelto l'albergo sbagliato? (Dubitavano)

____

5. Avevate perso le valige? (Pensavano)

____

6. Avevi già prenotato il volo? (Luisa credeva)

____

GE.11 **Ti ricordi?** Tu e i tuoi amici ricordate una gita che avete fatto al mare molto tempo fa. Completa le frasi con la forma corretta del congiuntivo trapassato.

1. Credevo che voi (portare) ______________________ da bere.
2. Luigi pensava che tu (venire) ______________________ da solo.
3. Non sapevamo che Anna e Luigi (fidanzarsi) ______________________.
4. Era strano che Paola e Chiara non (portare) ______________________ il costume da bagno!
5. Sembrava che Marco (finire) ______________________ la benzina.
6. Pensavo che la tua amica americana (arrivare) ______________________ in treno.
7. Avremmo preferito che le tue sorelle non (venire) ______________________. Sono troppo piccole!
8. Era incredibile che i miei genitori mi (dare) ______________________ il permesso di venire.

Il congiuntivo con le congiunzioni

The following conjunctions are always followed by verbs in the subjunctive.

affinché perché	*so that*
benché sebbene nonostante che	*although, even though*
a meno che non	*unless*
prima che	*before*
a condizione che purché	*provided* *that*
senza che	*without*

Sta facendo molti sacrifici **perché** i figli continuino a studiare. — *He is making many sacrifices so that his children continue to study.*

Hanno comprato una macchina nuova, **sebbene** non abbiano molti soldi. — *They bought a new car, even though they don't have much money.*

Questa sera vado al cinema, **a meno che non sia** troppo stanco. — *Tonight I will go to the movies, unless I'm too tired.*

Prepariamo tutto **prima che** arrivino! — *Let's prepare everything before they arrive!*

Veniamo a cena da voi, **purché** non lavoriate troppo. — *We will come to your place for dinner, provided that you don't work too hard.*

Abbiamo fatto una festa a sorpresa per Marisa, **senza che** lei lo capisse. — *We had a surprise party for Marisa, without her realizing it.*

1. **Perché** can mean *because* or *so that*. When it means *because*, it is followed by a verb in the indicative. When it means *so that*, it is followed by a verb in the subjunctive.

   Mangio perché **ho** fame. — *I'm going to eat because I'm hungry.*

   Lavoro perché **possano** mangiare. — *I work so that they can eat.*

2. **Prima che** and **senza che** are followed by the subjunctive only when the subjects of the two clauses are different. When the subject is the same, **prima di** and **senza** + *infinitive* are used.

   Sono arrivati **prima che** io fossi pronta. — *They arrived before I was ready.*

   Ti telefono **prima di** partire. — *I will call you before I leave.*

   Sono partiti **senza che** noi li vedessimo. — *They left without our seeing them.*

   Siamo partiti **senza** vederli. — *We left without seeing them.*

GE.12 Perché... ? Usa la congiunzione in parentesi per unire le frasi che seguono. Fa' tutti i cambiamenti necessari.

ESEMPIO: Faccio una passeggiata. Piove. (sebbene)
Faccio una passeggiata sebbene piova.

1. Scrivo ai miei cugini. Vengono per la mia laurea. (affinché)

   ____

2. Studia con me. Gli spiego la matematica. (perché)

   ____

3. Salutiamo i genitori. Partono per le vacanze. (prima che)

____

4. Compra i biglietti per il concerto. Luisa gli dà i soldi. (purché)

____

5. Suonate il piano. Preferite la chitarra. (benché)

____

6. Ti presto i miei CD. Tu me lo chiedi. (senza che)

____

GE.13 **L'opera.** Tu ed alcuni amici parlate di andare all'opera. Completa le frasi con una delle congiunzioni della lista.

purché	**benché**	**nonostante**
prima che	**senza che**	**a condizione che**

1. Pensate che ci siano ancora posti ____________________ sia l'ultimo giorno?
2. Ho paura che avremmo dovuto comprare i biglietti ____________________ fosse cosí tardi!
3. Come avremmo potuto, ____________________ confermassero la data!
4. Pensi che Andrea Bocelli canterà ____________________ abbia l'influenza?
5. Penso di sì, ____________________ non abbia la febbre alta.
6. Allora, vado io a comprare i biglietti per tutti, ____________________ mi diate i soldi subito.

Frasi ipotetiche al passato

If sentences that indicate situations no longer possible (*If you had slept better, you would feel fine. / If you had seen him, he would have told you.*), are expressed in Italian by using **se** + *the pluperfect subjunctive* and the present or past conditional in the result clause.

Sarei di buon umore, **se avessi dormito** di più.	*I would be in a good mood, if I had slept more.*
Se lo **avessimo saputo** in tempo, **saremmo venuti** a trovarti.	*If we had known on time, we would have come to visit you.*

Se clause	Main clause
Pluperfect subjunctive	Present conditional
	Past conditional

Note that the conditional is used in the main clause, never after **se**.

GE.14 **Troppo tardi!** Cambia le frasi seguenti al passato.

ESEMPIO: Se sapessi sciare, verrei con voi.
Se avessi saputo sciare, sarei venuto con voi.

1. Se tu sapessi il prezzo, non lo compreresti.

____

2. Se parlassimo la stessa lingua, ci capiremmo meglio.

____

3. Se avesse tempo, ci scriverebbe ogni giorno.

____

4. Se arrivaste tardi, ci telefonereste.

____

5. Se potessi farti un favore, te lo farei volentieri.

____

6. Se volessero, potrebbero benissimo prestarci la macchina.

____

GE.15 Se... Completa le frasi con il tempo corretto del congiuntivo o del condizionale e indica come le cose in passato sarebbero potute andare diversamente fra te e un'amica. Fa' tutti i cambiamenti necessari.

ESEMPIO: Se lei mi avesse chiesto scusa...
Se lei mi avesse chiesto scusa, *le avrei chiesto scusa anch'io.*

1. Le avrei telefonato, se anche lei mi...

____

2. Se lei mi avesse scritto, anch'io le...

____

3. Se fosse passata da casa mia, anch'io...

____

4. Avrei ricordato il suo compleanno, se anche lei...

____

5. Le avrei comprato un regalo di Natale, se anche lei...

____

6. Se lei non avesse parlato male di me, io non...

____

GE.16 Cosa avresti fatto? Prepara una lista di quattro cose che non hai fatto l'anno scorso e indica perché non le hai fatte. Poi scrivi frasi con il **se** per indicare come sarebbero potute andare le cose.

ESEMPIO: fare una crociera
Non ho fatto una crociera. Non avevo soldi.
Avrei fatto una crociera se avessi avuto soldi.

1. _______________

____

2. _______________

____

3. _______________

____

4. _______________

____

Nome: ______________________________ Data: ____________________

Il congiuntivo dopo il superlativo relativo

A verb in the subjunctive follows the relative superlative.

È **il** ristorante **più caro che ci sia** in città. *It's the most expensive restaurant that is in the city.*

È **la** città **piu bella che abbia mai visto!** *It's the most beautiful city I have ever seen!*

GE.17 Il viaggio in Italia. Alcuni amici ti fanno tante domande su quello che hai visto e che hai fatto in Italia. Rispondi usando il congiuntivo passato con il superlativo relativo.

ESEMPIO: Conosci un buon ristorante a Firenze? (Sabatini)
Sabatini è il ristorante più buono che io conosca a Firenze.

1. Hai visto una bella piazza? (Piazza di Spagna)

   ____

2. Hai ascoltato un'opera interessante? (*Aida*)

   ____

3. Hai visitato una grande città? (Milano)

   ____

4. Hai preso un treno veloce? (L'Eurostar)

   ____

5. Hai fatto una vacanza faticosa? (Questa vacanza)

   ____

6. Hai visto un affresco famoso a Roma? (*Il Giudizio universale*)

   ____

Fare + l'infinito

Fare + *the infinitive* is used to express *to have something done* or *to have someone do something.*

Riparo la macchina.	*I fix the car.*
Faccio riparare la macchina.	*I have the car fixed.*
Si è tagliato i capelli.	*He cut his hair.*
Si è fatto tagliare i capelli.	*He had his hair cut.*

1. Object pronouns usually precede **fare**.

Faccio prenotare il ristorante; **lo faccio** prenotare per le otto di sera.	*I have the restaurant reserved; I have it reserved for eight o'clock in the evening.*
Voglio far leggere dei racconti; voglio **farli** leggere per lunedì.	*I want to have some stories read; I want to have them read for Monday.*

2. When the **fare** + *infinitive* construction has only one object, it is a direct object. When the construction has two objects, the *thing* is a direct object and the *person who acts* is an indirect object.

Faccio scrivere Carlo; **lo faccio** scrivere prima di uscire.	*I have Carlo write; I have him write before going out.*
Faccio scrivere le cartoline; **le faccio scrivere** subito.	*I have the cards written; I have them written immediately.*
Faccio scrivere le cartoline a Marco; **gliele faccio** scrivere prima della partenza.	*I have Marco write the postcards; I have him write them before our departure.*
Non vi facciamo vedere film violenti; non **ve li facciamo** vedere mai.	*We won't have you watch violent movies; we never have you watch them.*

3. **Farsi** + *the infinitive* is used to express *to have something done for oneself*. If the person or the name of the person performing the action is expressed, it is preceded by **da**.

Ci facciamo comprare le riviste.	*We have the magazines bought for us.*
Ti fai tagliare i capelli dal parrucchiere.	*You have your hair cut by the hairdresser.*

4. When **fare** + *infinitive* is used in a compound tense, the past participle **fatto** agrees in gender and number with the direct object. **Farsi** + *the infinitive* is always conjugated with **essere** in compound tenses.

I giornali? **Li ho fatti** comprare.	*The newspapers? I had them bought.*
Le scarpe? **Me le hanno fatte** misurare in fretta.	*The shoes? They made me try them on in a hurry.*
I capelli? **Se li è fatti** tagliare dal parrucchiere.	*His hair? He had it cut by the hairdresser.*

GE.18 **A chi lo fa fare?** Usa i seguenti elementi e scrivi delle frasi complete per spiegare chi fa che cosa per le persone che seguono. Usa **fare** + l'infinito.

ESEMPIO: Il professore / scrivere le frasi / studenti
Il professore fa scrivere le frasi agli studenti.

1. La professoressa / fare le fotocopie / la segretaria
____
2. Il direttore / mandare le mail / me
____
3. Il fotografo / stampare le fotografie / te
____
4. La manager / scrivere le lettere / assistente
____
5. I genitori / lavare i piatti / i figli
____
6. La dottoressa / fare le analisi / infermiera
____

GE.19 **L'ho già fatto fare.** Rispondi alle domande e spiega a chi hai fatto fare le seguenti cose. Usa **fare** + l'infinito.

ESEMPIO: Hai preparato la torta? (Mario)
L'ho fatta preparare a Mario.

1. Hai scritto il tema? (mia sorella)
____
2. Hai spedito le lettere? (mio fratello)
____
3. Hai lavato la macchina? (meccanico)
____
4. Hai comprato i dolci? (Luisa)
____
5. Hai pagato i biglietti? (un'amica)
____

6. Hai fatto la prenotazione? (agenzia)

____

7. Hai pulito la stanza? (Giovanni)

____

8. Hai fatto i biscotti? (mia nonna)

____

La forma passiva

In the active voice, the subject of the sentence performs the action.

I cittadini eleggono il presidente?	*Do citizens elect the president?*

In the passive voice, **la forma passiva**, the subject of the sentence is acted upon.

Il presidente è eletto dai cittadini?	*Is the president elected by citizens?*

The passive voice in Italian is formed the same as in English. It consists of a form of **essere** in the required tense + *the past participle* of the verb. The past participle agrees in gender and number with the subject of the sentence. If expressed, the agent (the person or people performing the action), is introduced by the preposition **da**.

soggetto + **essere** + participio passato (+ **da** + persona)

Il presidente **sarà eletto** da tutti i cittadini?	*Will the president be elected by all citizens?*
Il Presidente del Consiglio non **è nominato** dal presidente.	*The Prime Minister is not nominated by the president.*
Le elezioni **sono state vinte** dal centrosinistra.	*The elections were won by the left-centerists.*
Penso che questa legge **sia stata scritta** per risolvere il problema della droga.	*I think that this law has been written to solve the drug problem.*

The passive voice can consist of two words in the case of simple tenses (*was read*), or of three words in the case of compound tenses (*had been read*). In compound tenses, both participles agree in number and gender with the subject of the sentence.

Active: Gli italiani **mangiano** la pasta.	**Active:** I ragazzi **avranno mangiato** la pasta.
Passive: La pasta è **mangiata** dagli italiani.	**Passive:** La pasta **sarà stata mangiata** dai ragazzi.

GE.20 Cosa è stato fatto? Riscrivi le seguenti frasi cambiando dalla forma attiva alla forma passiva. Fa' tutti i cambiamenti necessari.

ESEMPIO: I partiti formano una nuova coalizione.
Una nuova coalizione è formata dai partiti.

1. Michelangelo ha scolpito il *David.*

____

2. Botticelli ha dipinto *La primavera.*

____

3. Alessandro Manzoni riscrive *I promessi sposi* a Firenze.

____

4. Chi vincerà le prossime elezioni?

____

5. Il Senato e la Camera dei deputati formano il Parlamento italiano.

____

6. Gli italiani hanno approvato la costituzione.

____

GE.21 **Le feste natalizie.** Un'amica ti chiede chi ha fatto e chi farà le seguenti cose a casa tua. Rispondi alle domande con la forma passiva del verbo e indicando l'agente.

ESEMPIO: Chi prepara la cena di Natale? (mia madre)
La cena di Natale è preparata da mia madre.

1. Chi ha comprato i regali per i bambini? (i miei genitori)
   ____
2. Chi ha addobbato l'albero di Natale? (mio fratello)
   ____
3. Chi farà i biscotti? (la nonna)
   ____
4. Chi preparerà la tavola? (mia sorella)
   ____
5. Chi mangia il panettone? (tutti)
   ____
6. Chi canta le canzoni natalizie? (una cugina)
   ____
7. Chi ha ricevuto molti regali? (mio nonno)
   ____
8. Chi porterà i giocattoli ai bambini il 6 gennaio? (la Befana)
   ____
9. Chi ha cucinato i ravioli? (mio zio)
   ____
10. Chi ha portato lo spumante? (gli zii)
    ____